ZHONGXUE LIKE KECHENG BIAOZHUN
GUOJI BIJIAO YU YANJIU HUAXUEJUAN

中学理科课程标准
国际比较与研究

（化学卷）

王 磊 主编

北京师范大学出版集团
BEIJING NORMAL UNIVERSITY PUBLISHING GROUP
北京师范大学出版社

图书在版编目(CIP)数据

中学理科课程标准国际比较与研究. 化学卷/王磊主编. —北京：北京师范大学出版社，2014.3
ISBN 978-7-303-12730-6

Ⅰ. ①中… Ⅱ. ①王… Ⅲ. ①中学化学课－课程标准－对比研究－世界 Ⅳ. ①G633.73

中国版本图书馆 CIP 数据核字(2014)第 039241 号

出版发行：北京师范大学出版社 www.bnupg.com
北京新街口外大街 19 号
邮政编码：100875
印 刷：北京中印联印务有限公司
经 销：全国新华书店
开 本：184 mm×260 mm
印 张：15.75
字 数：360 千字
版 次：2014 年 3 月第 1 版
印 次：2014 年 3 月第 1 次印刷
定 价：33.00 元

策划编辑：李连杰　　责任编辑：齐永平
美术编辑：王 蕊　　装帧设计：李尘工作室
责任校对：李 菡　　责任印制：马 洁

主　编　王　磊

编　者　王　磊　黄鸣春　姜言霞

王维臻　张荣慧　张莉娜

前言

科学教育是基础教育中的重要领域之一，在提高全民科学素养、培养未来拔尖创新人才方面具有至关重要的作用，是国家“软实力”的基础和国家科技实力的有力支撑。国际上，许多国家对科学教育给予了高度重视，美国更是将科学教育视为国家安全并投入大量的人力和物质资源以“追求卓越”“力争上游”。在欧美等教育发达国家，科学教育的发展已经形成了基于研究和证据的决策机制，这使得科学课程得以在反映时代需求而快速发展的同时，既保证了高质量和有效性，又维持了这些国家在人才培养方面的优势地位。在科学教育领域，我们面临着多方位的挑战。

我国从2000年开始启动了第八次基础教育课程改革。理科课程在这次改革当中发生了革命性的变化，在继承以往课程特点和实践经验的基础上，确立了全新的课程理念、课程目标、课程内容和教学与评价策略。在近十年的改革实践中，许多理科教师的教学行为已经发生了变化，新课程的推进取得了实质性的进展，为今后的发展奠定了良好的基础。

科学课程具有很强的时代特征，需要依据社会的需求、科技的发展和教育研究的新成果等要素来阶段性地更新和发展，更新的周期通常在10年到15年。根据国家发展战略，我国要在2020年成为创新型国家，这样的发展目标给科学教育提出了极高的要求，而我们目前在科学教育研究方面的状况尚无法为实现这个宏伟目标提供足够的支撑。因此，科学教育和科学教育研究前进的步伐就要加紧。为确保我国科学教育发展方向的准确和有效，我们需要以研究和证据为依据，为科学课程的每一个改进和变化提供坚实的决策基础。本书系所依据的“中学理科课程标准国际比较与研究”课题正是在这样的背景下提出的。

通过多所高校、几十位参与项目工作的团队成员的努力，完成预定的工作目标和任务：把握国际科学教育发展动态，跟踪教育发达国家的重大项目进展及科学教育的发展趋势；详尽收集和分析教育发达国家的高中理科课程标准、国际上科学教育重要研究机构、团队和领军专家的工作重点及最新成果；客观评价国际上科学教育新进展和新成果的学术价值及应用价值，准确判断这些成果与我国科学教育发展的适切度，提出适用于我国科学课程发展前瞻性的建议；开展科学教育的探索性、实践性研究和比较教育的论证研究，为我国科学课程建设和教师教育提供可信的证据和素材。

本书系就是该课题成果的汇集和展示，其全部内容以中外高中理科课程的比较研究为主线，在介绍国外课程标准特色的同时研判我们在理科课程改革中的方向、成就及需要关注的问题。这些内容既可以作为科学教育师范生、研究生学习的资料，也可以作为我国科学教育工作者在课程标准修订、教科书的研制及教师研修课程设计等方面的基本素材。

本研究涉及文献收集、课程标准的翻译、比较分析、形成报告等多方面的工作，所翻译的课程文本及研究报告用A4纸双面打印、装订后，叠在一起的厚度超过了50厘米。由于工作中有多个团队参与，也由于我们对科学教育的理解和见识所限，书中难免会有一些疏漏和不妥。在我们期待得到读者批评指正的同时，更希望它能够成为后续研究的话题和新的起点。

刘恩山

2014年2月18日于北京

目　录

绪 论

——中学化学课程标准国际比较研究的内容、方法和主要结果

2001年至今，我国基础教育化学课程改革已经走过十多年的历程，新课程在课程理念、课程目标、课程结构、课程内容、课程评价等方面一系列新的变革对化学课程和教学领域产生了深刻的影响。与此同时，在理论和实践层面也不可避免地出现一些问题，引起一些争议。就化学课程而言，例如，分必修和选修设置课程内容和水平要求是否符合实际需求，必修课程的内容范围和要求程度是否合适，必修与选修课程之间的层级和跨度是否合理，具体知识主题(如有机化学课程内容)必修和选修分层是否必要，物质结构与性质模块内容的深度和广度是否合理等。从本质上看，这些争议共同反映出在化学课程领域，课程的设置、课程内容的选取与组织、学习水平的设定与课程评价等方面存在一系列亟待研究的问题。2011年，义务教育化学课程标准完成了第一轮的修订，高中化学课程标准紧随其后也将面临新一轮的修订。正是基于上述背景，我们进行了基于国际化学课程标准比较的化学课程前瞻性研究，以深入了解不同国家和地区在化学课程的课程设置、课程内容的选取与组织、学习水平的设定和课程评价等方面的特色和趋势。从而为解决上述几个方面的问题提供策略和参考。

一、研究方法和过程

(一)研究对象

本研究根据在国际大型测试中有突出表现以及对我国经济、政治和文化上具有重要价值的原则来选择国家和地区样本，主要选取美国、加拿大、法国、芬兰、日本、韩国、澳大利亚、英国、中国等国家的中学化学或科学课程标准文件；还选取了中国台湾的化学或科学课程标准文件作为研究对象，其中美国的课程标准包括其在2011年颁布的科学教育框架、2009年的大学理事会标准以及部分州的科学及化学课程标准。“化学核心知识的学习进阶”研究主题选择了以上全部研究对象，其余的研究主题均是以加拿大安大略省、美国大学理事会、法国、芬兰、日本、韩国、澳大利亚维多利亚州、英国、中国大陆和中国台湾高中化学课程标准作为研究对象。

(二)研究过程和方法

本研究首先进行基于具体国家和地区的两两比较研究，以期发现特色和找到值得

关注的维度，然后通过从第一步中抽提出的关键词进行“课程结构”“化学核心概念的学习进阶”“知识内容深度与广度”“表现标准”“能力要求”“科学研究”“课程评价”几个维度的专题研究，以期深入了解不同国家和地区在化学课程的课程设置、课程内容的选取与组织以及学习水平的设定和课程评价等方面的特色和趋势。从而为解决我国在上述几个方面的问题提供策略和参考。本研究的方法既有定性分析也有定量比较。定性分析是主要的研究方法，侧重于对文本的分析、比较和归纳。定量分析主要体现在“化学核心概念的学习进阶”专题研究部分。具体做法是：对比和分析 72 份不同国家和地区的课程标准文件，统计某一概念在这些课程标准中出现的频次和年级分布的集中点。

二、主要研究结果及其启示

(一)高中化学课程设置和课程组织的研究结果及其启示

我们选取了具有普通高中学术倾向的课程设置和课程组织形式进行研究，梳理了 9 个国家和地区的高中化学课程结构；从而得到高中化学课程结构设计的三个核心变量。

一是高中阶段化学学科内容的课程形式。化学内容一般以三种课程形式出现，即科学、物质科学、分科化学。9 个国家和地区中仅有法国是在高中阶段一直采用物质科学的综合理科形式呈现化学学科知识。其他国家和地区均在选修阶段开始出现分科形式的化学。

二是化学课程的设置与学生学习的关系。高中阶段的化学学科普遍作为选修的内容，且面向的是不同职业取向的学生，个别国家的部分学生完全不需要学习化学学科的内容，如日本、芬兰等。

三是课程内容的横向和纵向组织模式。一般分为必修和选修，选修又有横向类型划分和纵向水平划分两个维度。不同国家和地区一般都会进行水平层级的划分，所有被研究的国家和地区都对化学选修课程进行了类型或层级的划分，只有加拿大安大略省和中国台湾对必修阶段的化学也进行了层级设定，这两种划分所针对的就是课程内容的横向取向和纵向组织的问题。

除上述共性外，我们还发现学生职业分流与化学课程内容的横向取向划分和纵向进阶有着紧密的关系。但很少有国家或地区能够将学生的职业分流和化学课程的横向取向和纵向组织很好地联系和贯通起来，这一点上，加拿大安大略省是一个比较成功的案例。

高中化学课程设置和课程组织结构的专题比较研究对中国大陆高中化学课程结构修订的启示是：

(1)中国大陆高中化学课程设置必修和选修两个层级是合理的，选修课程按照课程内容类型和学生需求分类设置多样化的课程模块供学生自主选择，是具有特色和先进性的。

(2)选修课程进行了横向类别划分，但在纵向水平层次划分上略显不足，这与我们国家学校层面的课程选择和实施传统、现实的文理分开的高考及其录取模式之间差异较大。特别是在高考指挥棒的影响下，这样的选修内容组织可能导致中国大陆虽有众多选修模块，但是选择方式仍然很单一。

(3)就选修课程的具体内容而言，对于体现化学学科特色的化学实验内容，目前只有中国大陆和中国台湾将其作为独立的选修模块，而在中国大陆的教学实践中这个选修模块往往受到其他主体化学知识内容模块的冲击而被忽视，中国台湾则是针对理科生强制学分执行，因此，在实验化学部分，我们的模块选择方式值得商榷。

(二)中学化学课程内容的选取与组织研究的结论与启示

1. 中学化学核心概念的学习进阶

中学化学核心概念的学习进阶指的是中学化学核心概念内容在不同学段课程中的分布和具体陈述表达，它直接指向化学课程内容的选取与组织问题。这种进阶图示的获得是以当前国际化学课程内容的选取与组织所达成的共识为前提。

本研究选取了包括美国 2011 年科学教育框架、各州科学和化学课程标准以及上述 9 份课程标准在内共 72 份课程文件进行分析梳理，通过分析某一概念的选用频率及年级分布，筛选出物质、反应、能量所包含的概念及各个概念适宜的学习年级段分布，经过统计分析，我们得出中学化学核心概念的整体学段进阶图示和各个核心概念的学段进阶图示。

通过对不同化学核心概念的出现年级频次统计以及概念表述汇总梳理，我们发现所研究的国家和地区在化学核心知识内容的设计上已经基本形成了一些稳定的模式，各个不同学段化学核心概念的学习进阶呈现出较为明确的层级模型。我们得到的化学核心概念整体进阶如下表。

表 1 中学化学几大核心概念的整体进阶图示

年级	物质				反应	能量
	状态	元素周期系	溶液和酸碱盐	构成		
幼儿园	有三态，三态形状上不同	无	无	物品可以进行拆分，拆分后的部分可以按不同的组合方式形成有不同用途的材料	现象层次的变化	我们需要能量，能量在生活中有许多应用

续表

年级	物质				反应	能量
	状态	元素周期系	溶液和酸碱盐	构成		
小学	三态之间可以转化	存在元素周期表	无	物品可以被拆分到肉眼看不见的物质，此时的物质具有重量	性质层次的变化，有两种变化：物理变化和化学变化	宏观能量有多种表现形式，互相之间可以转化，燃烧可以获得热能，加热和冷却会影响物质转化
初中	微粒运动不同	周期表是一种工具/模型，用于为元素分类和确定元素的性质	溶液是溶质与溶剂组成的。溶质、溶剂与溶液三者之间有一定的量的关系。显酸性或碱性的溶液有各自的性质规律，互相之间发生中和反应	物质是由微粒（类似空心球体，不区分原子分子）组成的，微粒极小但处于永不停息的运动中	原子层次的变化，化学变化的实质是原子的重组	热和温度的微观实质，能量转化过程中守恒，光合作用以及燃料燃烧产生能量
高中	微粒排列不同和相互作用不同；存在第四态	元素周期表经历了一定的历史发展，元素周期表体现了元素的位、构、性之间的关系。利用元素周期表可以研究原子内部结构、分类元素、预测元素性质、表征物质	水是良好的溶剂并具有某些特性与其微观结构有关。溶解过程是溶质微粒与溶剂微粒之间的相互作用。酸和碱的界定因此而有多种理论，酸碱盐在水溶液中的某些行为遵循平衡规律	每一种元素因原子内部结构的不同而具有不同的反应性质，不同元素的原子会相互结合形成化学键，这种结合要遵循一定的规则。原子以一定的方式结合成分子，分子之间或者原子之间可以形成简单分子、网络结构	电子和核层次的变化。化学变化的实质是微粒间的相互作用，表现为能量的变化。化学反应是有一定进程和规律的反应	化学反应中能量变化的实质，微观状态下的能量是量子化的，能量转化有一定的规律，核反应实现了物质和能量的转化

宏观 → 中观 → 亚微观 → 微观+符号

2. 高中化学具体主题内容深度和广度

高中化学具体主题内容深度和广度的研究针对的仍然是课程内容的选取与组织，对于这部分内容，我们将分析重点放在以下两方面：一方面是在相同学段，如必修阶段和选修阶段，选取知识内容的差异；另一方面是关于同一个化学知识主题，不同国家和地区在知识内容的深度和广度的差异。

研究中对必修与选修阶段的界定为：必修指公共必修部分，即高中所有学生都要学习的知识；选修为部分学生需要学习的知识，主要关注理科倾向或大学倾向的化学选修课程。由于美国大学理事会的化学标准并非针对全体学生，将之视为选修。

研究中关注的具体化学知识主题包括无机元素化合物、化学键与分子结构、原子结构和周期律、化学反应速率、化学平衡、气体、水溶液、氧化还原与电化学、化学热力学、有机化学共10个主题。对各主题深度和广度比较结论的得出主要是基于知识点多少以及相关概念学科本体的难度来确定。

以下是研究获得的统计列表："—"表示该主题部分缺失，"★"表示高于中国大陆选修；"▲"表示高于中国大陆必修；"○"表示与中国大陆相当。

表 2　高中化学具体主题内容深度和广度比较统计情况列表

国家/地区	中国				美国	加拿大		日本		韩国		芬兰		法国		澳大利亚	
主题	必修	选修	台湾		选修	必修	选修	必修	选修	必修	选修	必修	选修	必修	选修	必修	选修
			必修	选修													
无机元素化合物		—	—	○			—		—			—		—	—	—	—
化学键与分子结构			○	★	▲	▲	★	—		—		▲		—	★	▲	—
原子结构和周期律			○	★	★	▲	★			—	○	—		○	—		—
化学反应速率			—	★	★	—	★	—		—		—		—	○	—	
化学平衡			—			—	★	—		▲		—		—	○	—	
气体	—	—	—	★	★	—		—	—	—	★	—	—		—		—
水溶液			▲	★		▲	★					—			★	○	
氧化还原与电化学			▲	★	—	—	★					—		—	○		○
化学热力学					★	—	○	—	—			—		▲		—	
有机化学			▲	★		—	★	▲		—		▲		▲	★	▲	

通过上面的统计表，我们可以得到四个方面的初步结论。

首先，就主题内容的选择而言，"气体"主题中国大陆没有，传统上中国大陆将这部分内容划归物理学科，但美国、加拿大、韩国、澳大利亚和中国台湾将之放在化学学科。“无机元素及化合物”主题的选择也有较大差异，中国大陆、加拿大、日本放在必修，但是美国、芬兰和中国台湾放在选修，韩国分层设置，法国、澳大利亚没有这部分内容。

其次，就主题内容的组织而言，中国大陆高中的知识选择和组织基本采用螺旋上升的方式，相同的知识主题在必修和选修同时出现。其他国家或地区则并不完全是特定知识的螺旋上升的方式，在原子结构、化学键与分子结构、水溶液、有机化学等知识主题上，必修和选修各个国家或地区多分层涉及，而反应原理的相关知识，如化学反应速率、化学平衡等则主要集中在选修中学习。

再次，各国和地区课程标准中具体课程内容深度和广度的差异主要表现在关注点的不同，如下表所示。

表 3　高中化学具体主题内容差别的关注点统计表

主　题	关　注　点
无机元素化合物	有/无；多少
化学键与分子结构	偶极、Lewis 结构式与 VSEPR 等理论、键能、键长、键角、电负性值/表
原子结构和周期律	原子模型、电子亲和能、电负性、电离能、洪特规则、泡利不相容原理、吸收和反射光谱
化学反应速率	反应级数、影响反应速率的因素：表面积、质量作用定律
化学平衡	熵变，反应商，引入多少平衡常数：K_{eq}，K_{sp}，K_w，K_a，K_b，K_p，
水溶液	K_a、缓冲溶液
氧化还原与电化学	氧化数、电极电势
化学热力学	体系与环境、焓、吉布斯自由能
有机化学	含氮有机物、反应类型

最后，就主题内容的深度和广度而言，美国和加拿大的整体知识深度和广度要高于中国大陆，且主要体现在“化学键与分子结构”“原子结构”的深度和广度要求较高。另外，中国大陆长期被视为优势主题的“有机化学”深度和广度要低于多个国家和地区，主要体现在代表物的选取偏少。中国大陆在“化学反应速率”“氧化还原反应与电化学”“水溶液”三个主题的深度和广度上也没有明显优势。

(三)高中化学课程标准的学习水平设定和“课程评价”研究的结论与启示

1. 高中化学课程标准的学习水平设定

“能力要求”“表现标准”所体现的是对学生学习水平的刻画，而将核心概念与学生的“能力”“表现”有效整合，通过影响“课程评价”最终推动科学教育的根本变革正在成为科学教育研究领域的重要研究内容，一些重要的课程文件均反映了这样的趋势。如美国 2011 年出版的《科学教育框架》认为在课程标准应该包括内容标准和表现预期。

美国大学理事会的科学课程标准则将表现预期视为“为了理解目标或者提升对目标的理解，学生知道、运用并参与形成基本知识的方式”，将其作为学科内部的每个内容主题下的子主题。加拿大安大略省课程标准中以总体期望和具体期望(相当于表现预期)的形式，将课程总体期望与学科领域核心概念主题融合，并且具体化为“具体期望”。

因此，我们依据相关课程标准文件对“表现标准”的功能、构成和呈现方式进行了初步研究，结果如下。

首先，就功能而言，表现标准可以有效地整合学科核心概念和科学实践，从而解决知识与能力的整合问题，进而解决评价设计的操作性问题，同时能够指导教学。

其次，就构成和呈现方式而言，表现标准描述的是期望学生运用并建构他们的科学知识以完成一项目标或任务的方式，其呈现方式是基于核心主题的任务(任务描述可以是事件或者问题)，并结合相关概念陈述将学科知识与科学实践整合起来，同时配合一定的标准进行水平刻画。

表现标准的研究带给我们的启示有以下三点。

(1)课程标准中应当包含表现标准

基于科学教育的特点——需要同时兼顾科学知识和科学能力(或科学实践)，需要通过表现标准来实现科学知识和科学能力的有效融合，促使教学和评价更加具有针对性。也可以在一定程度上引导中国大陆的评价方式由偏重具体技能向兼顾科学实践整体的转变。

(2)表现标准的组成部分

为了实现科学实践与科学概念理解的整合，表现标准应当包括基于核心学科主题或核心能力(例如：探究能力)的任务，对每个核心主题研制相应的表现标准。任务可以是解释、设计、评价等类型的活动，且必须与核心概念关联。另外，表现标准还应当包括对任务表现的评价标准和完成任务需要的关键知识。

(3)表现标准的呈现方式

基于表现标准的组成部分，表现标准可以有多样化的呈现方式。其核心在于必须有能展示出学生能力的任务活动。

对于“能力要求”，我们通过对相关课程标准文件中提到的有关能力的内容进行了简要分析，主要关注课程标准文件中所提及的“能力类型”和“能力内涵”，分析得到的结论和启示如下。

(1)科学探究能力是众多国家和地区关注的能力

中国台湾、加拿大、日本、英国和韩国都明确提出这一能力类型，并且加拿大、英国和韩国都对科学探究能力的内涵给出明确的界定。另外法国的“综合能力”和澳大利亚的“核心技能”也都有部分内涵与科学探究能力是重合的。这说明研究科学探究能力培养的有效方式和策略，应该受到中国大陆教育研究工作者的进一步重视和关注。

(2)能力内涵的解析与“学科知识”和“学生表现”之间要建立具体可用的联系

加拿大将科学探究能力作为一个系列置于每学科、每年级的课程目标之前，同时嵌入其他系列的具体知识中，将能力目标的内涵通过学科知识具体化，实现了能力目标与知识理解的双向对接，加强了操作性。与之对比，中国大陆化学课程标准中的“过程与方法”目标陈述就显得过于上位，缺乏基于具体知识的“过程与方法”目标陈述，仅有的“活动建议”偏重于体现具体活动，而不能很好地将“过程与方法”与具体知识对接，尚无法明确体现对能力的要求。

(3)“核心能力”已经被提出，但内涵界定有待完善

分析各国家/地区的课标中有关能力的表述可以看出，已有部分国家和地区开始关注“核心能力”，如澳大利亚和中国台湾。但是对核心能力的内涵界定还有待于深入研究。澳大利亚关于核心能力的界定实际上与探究能力有较大的重合。中国台湾“化学 2009 年的课纲”中首次提出“核心能力”，但是课纲对这种“核心能力”本身的解构并不充分，同时也缺乏外化表现和学科特性。仅仅停留在上位的词语罗列和技术化追求的水平上。因此强调能力提升是课程发展趋势性的任务，任重而道远。

2. 高中化学课程标准的课程评价

关于“课程评价”，我们通过对各个国家和地区的课程标准文件分析得出以下两个结论。

(1)从课程标准修订纵向思路来看，评价建议的修订必然是向具体化、可操作的方向发展。以下两个国家的做法值得借鉴。

其一，澳大利亚的做法。澳大利亚课程标准有完整的评价设计，包括评价的内容、方式、类型和成绩的给出；其活动表现性评价成为学校评价的方式，并且在课程标准中规定活动表现性评价为获取证书所占比例的 34%。

其二，韩国的做法。按照科学、化学 1、化学 2 分级列述评价的内容。这一点跟美国评价学习进阶有类似之处。

(2)在评价结果的呈现方式上，加拿大运用成绩报告卡的方式将评价结果报告给学生和家长，这种呈现方式值得我们关注。

综合来看，“表现标准”“能力要求”“课程评价”三个方面既是从课程标准文件中提取出来的前瞻性研究关键词，也是对“评价”问题从宏观到微观层面的一个深入剖析，总体上来说，课程评价正在走向具体化和结构化，但进一步的研究和完善的空间依然很大。

第一章

中学化学课程目标国际比较研究

化学课程目标规定了学生通过化学课程的学习最终应达到的基本要求，它体现了国家教育方针的要求和化学课程的发展方向。因此，制订和确立科学合理的化学课程目标对实现化学课程价值具有重要的意义。

泰勒指出课程目标的来源主要有五个方面：对学习者本身的研究；对当代校外生活的研究；学科专家对目标的建议；利用哲学选择目标；利用学习心理学选择目标。其中最后两个方面也称为课程目标确立的过滤器。除此之外，各学科课程目标的最终确立还要依据居于其上位的教育目的。由于世界各国的文化背景和发展状况不尽相同，学生的校外社会生活具有一定差异，因此，同一课程的课程目标在世界范围内具有多样性，主要体现在课程目标的内涵要素有所不同，课程目标的水平要求有一定差异，课程目标的表现形式有区别等。

在此，我们重点对当前世界几个典型国家和地区的化学课程目标进行横向比较研究。通过对比分析其中的化学课程目标要求，总结国际化学课程目标的特点及其发展趋势，以期对我国化学课程目标的修订和完善提供参考和借鉴。

第一节　典型国家和地区的化学课程目标分析

一、中国大陆化学课程目标及特点

1. 中国大陆化学课程目标简介

中国大陆中学化学学习分为两个相对独立的阶段：初中和高中。《义务教育化学课程标准(2011 年版)》和《普通高中化学课程标准(实验)》两个教育文件分别对初中和高中化学课程目标从知识与技能、过程与方法、情感态度与价值观三个维度进行了明确的说明。

《义务教育化学课程标准(2011 年版)》明确指出，通过义务教育阶段化学课程的学习，学生主要在以下三个方面得到发展[1]。

· 知识与技能

(1)认识身边一些常见物质的组成、性质及其在社会生产和生活中的初步应用，能用简单的化学语言予以描述。

(2)形成一些最基本的化学概念，初步认识物质的微观构成，了解化学变化的基本特征，初步认识物质的性质与用途之间的关系。

(3)了解化学、技术、社会、环境的相互关系，并能以此分析有关的简单问题。

(4)初步形成基本的化学实验技能，初步学会设计实验方案，并能完成一些简单的化学实验。

·过程与方法

(1)认识科学探究的意义和基本过程，能进行简单的探究活动，增进对科学探究的体验。

(2)初步学习运用观察、实验等方法获取信息，能用文字、图表和化学语言表述有关的信息；初步学习运用比较、分类、归纳和概括等方法对获取的信息进行加工。

(3)能用变化和联系的观点分析常见的化学现象，说明并解释一些简单的化学问题。

(4)能主动与他人进行交流和讨论，清楚地表达自己的观点，逐步形成良好的学习习惯和学习方法。

·情感·态度·价值观

(1)保持和增强对生活和自然界中化学现象的好奇心和探究欲望，发展学习化学的兴趣。

(2)初步建立科学的物质观，增进对"世界是物质的""物质是变化的"等辩证唯物主义观点的认识，逐步树立崇尚科学、反对迷信的观念。

(3)感受并赞赏化学对改善人类生活和促进社会发展的积极作用，关注与化学有关的社会热点问题，初步形成主动参与社会决策的意识。

(4)增强安全意识，逐步树立珍惜资源、爱护环境、合理使用化学物质的可持续发展观念。

(5)初步养成勤于思考、敢于质疑、严谨求实、乐于实践、善于合作、勇于创新等科学品质。

(6)增强热爱祖国的情感，树立为中华民族复兴和社会进步学习化学的志向。

中国大陆普通高中化学课程立足于九年义务教育的基础，以进一步提高学生的科学素养为宗旨，确立了如下所述的课程目标[2]。

·知识与技能

(1)了解化学科学发展的主要线索，理解基本的化学概念和原理，认识化学现象的本质，理解化学变化的基本规律，形成有关化学科学的基本观念。

(2)获得有关化学实验的基础知识和基本技能，学习实验研究的方法，能设计并完成一些化学实验。

(3)重视化学与其他学科之间的联系，能综合运用有关的知识、技能与方法分析和解决一些化学问题。

·过程与方法

(1)经历对化学物质及其变化进行探究的过程，进一步理解科学探究的意义，学习科学探究的基本方法，提高科学探究能力。

(2)具有较强的问题意识，能够发现和提出有探究价值的化学问题，敢于质疑，勤于思索，逐步形成独立思考的能力，善于与人合作，具有团队精神。

(3)在化学学习中，学会运用观察、实验、查阅资料等多种手段获取信息，并运用比较、分类、归纳、概括等方法对信息进行加工。

(4)能对自己的化学学习过程进行计划、反思、评价和调控，提高自主学习化学的能力。

·情感·态度·价值观

(1)发展学习化学的兴趣，乐于探究物质变化的奥秘，体验科学探究的艰辛和喜悦，感受化学世界的奇妙与和谐。

(2)有参与化学科技活动的热情，有将化学知识应用于生产、生活实践的意识，能够对与化学有关的社会和生活问题做出合理的判断。

(3)赞赏化学科学对个人生活和社会发展的贡献，关注与化学有关的社会热点问题，逐步形成可持续发展的思想。

(4)树立辩证唯物主义的世界观，养成务实求真、勇于创新、积极实践的科学态度，崇尚科学，反对迷信。

(5)热爱家乡，热爱祖国，树立为中华民族复兴、为人类文明和社会进步而努力学习化学的责任感和使命感。

中国大陆课标在明确陈述两个阶段化学课程总目标的基础上，又分别通过不同主题的内容标准对化学课程目标进行了具体化，表述形式主要为行为性目标，增强了课程目标的可操作性。为进一步保障课程目标的落实，还分主题配备了各主题内容的活动与探究建议，其中初中课标还在每个主题下设的不同单元提出了“本单元可供选择的学习情景素材”。

2. 中国大陆化学课程目标的特点

(1)基于科学素养构建了三维化学课程目标内容体系

目前，中国大陆基于科学素养构建化学课程目标的体系，将科学素养具体化为知识与技能、过程与方法、情感态度与价值观三个方面，作为化学课程目标的三个维度。

从知识与技能、过程与方法、情感态度与价值观的形成来看，化学课程目标的这三个维度不是孤立的，而是相互联系、相互渗透、相互统一的。在教学中，知识学习就担负着载体的作用。方法、情感、态度等内容，都依附于知识的发生、发展过程之中，是在探索知识的过程中得以形成和发展的。在获得知识的过程中，学生会经历科学探究等解决问题的过程，领会过程与方法的真谛，其中也会给学生带来诸多情感体验和感悟。知识与技能、过程与方法、情感态度与价值观是达成科学素养的三个基本方面，离开了任何一个方面，或者某个方面薄弱，都会造成科学素养在某种程度上的缺失。总的来说化学新课程目标体系以科学素养作为该体系的宗旨，知识与技能、过程与方法、情感态度与价值观等都只是从不同侧面、不同维度为科学素养这个宗旨服务。

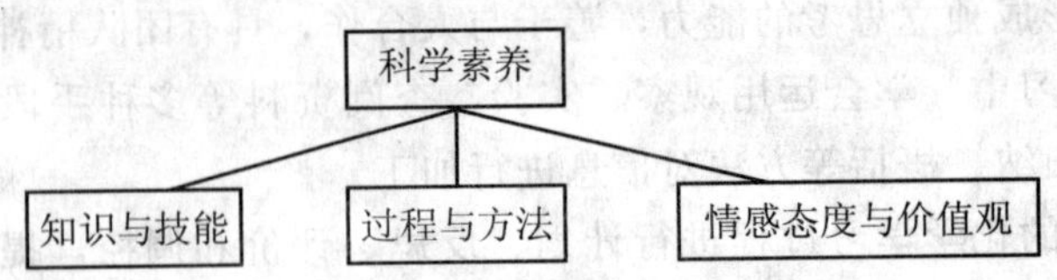

图 1　中国大陆化学新课程目标内容体系

(2)中国大陆对不同阶段化学课程目标的水平做出了概括性的区分

中国大陆两个阶段的化学课程目标的基本内涵要素是相同的，但水平要求有所区分。初中化学课程目标相比高中化学课程目标来说，整体的层次要求较低。

初中阶段经常用“最基本”“初步”“简单的”等限定词，降低化学课程目标的水平要求。根据布卢姆的目标分类理论，课程目标的水平层次经常通过使用复杂程度不同的行为动词来表示。因此，中国大陆在表征不同类别目标的行为动词的使用方面，也体现出了水平层次的差异。初中阶段对化学课程目标要求的说明如下。

认知性学习目标的水平

从低到高↓
知道、记住、说出、列举、找到
认识、了解、看懂、识别、能表示、懂得
理解、解释、说明、区分、判断、简单计算

技能性学习目标的水平

从低到高↓
模仿操作、初步学习
独立操作、初步学会

体验性学习目标的水平

从低到高↓
经历、体验、感受
认同、意识、体会、认识、关注、遵守
内化、初步形成、树立、保持、发展、增强

中国大陆《普通高中化学课程标准(实验)》在“关于目标要求的说明部分”，明确说明了认知性学习目标、技能性学习目标、体验性学习目标等都存在不同的水平，并且对不同水平目标的要求进行了阐释。如下所示。

认知性学习目标的水平

从低到高↓
知道、说出、识别、描述、举例、列举
了解、认识、能表示、辨认、区分、比较
理解、解释、说明、判断、预期、分类、归纳、概述
应用、设计、评价、优选、使用、解决、检验、证明

技能性学习目标的水平

从低到高↓
初步学习、模仿
初步学会、独立操作、完成、测量
学会、掌握、迁移、灵活运用

体验性学习目标的水平

从低到高↓
感受、经历、尝试、体验、参与、交流、讨论、合作、参观
认同、体会、认识、关注、遵守、赞赏、重视、珍惜
形成、养成、具有、树立、建立、保持、发展、增强

由上可以看出，初中阶段认知性目标不要求达到“应用、设计、评价、证明”等层级的水平，技能性学习目标不要求达到“学会、掌握、迁移、灵活运用”层级的水平。但两个阶段对体验性目标的要求仅从行为动词的要求来看没有表现出水平差异。

(3)中国大陆化学课程目标主要以行为性目标的形式进行表述

无论是初中阶段还是高中阶段，无论是化学课程总目标还是具体到某个主题的内容标准，中国大陆化学课程目标主要以行为性目标的形式表述。但所用的动词，既有过程性动词，也有结果性动词，其中结果性动词主要用来表征特定的目标水平，而过程性动词则在一定程度上阐释了达到这一目标水平的一些可能的行为表现。

二、美国化学课程目标及特点

1. 美国化学课程目标简介

美国的课程标准中没有明确列出“课程目标”这一主题词，也没有明确对科学或化学课程的总目标进行描述和规定。从其对课程的介绍中，可以了解到，美国大学理事会制订的科学课程标准，将重心放在为大学做好准备而不是宽泛地为所有人提升科学素养上。美国的课程标准关注学生顺利进行大学一年级学习或者学习 AP 课程所需要的知识、技能和能力，特别是用于理解大量原理和核心观念所需要的知识、技能和能力。这种学科内和跨学科的核心观念便是科学的“大观念”。以上应该属于本课标对科学课程总目标的定位。

在化学部分，标准通过物质的结构、物质和变化、能量和变化 3 个一级内容主题来分别提出化学课程目标和要求，对每个一级主题的总体目标要求进行了规定。每个一级主题下面又分为几个二级主题，如能量和变化主题下包括能量守恒、能量转移和转化、化学能 3 个二级主题。标准对每个二级主题的目标通过目标描述、相关联系、表现预期、基础知识四部分进行具体表述。

这里以“能量和变化”一级主题及其下属的“能量守恒”二级主题为例，说明美国化学课程目标的呈现体例。

表 1　美国大学理事会科学课程标准化学课程目标

栏目	标准内容	说明
能量和变化	当变化发生时，能量会发生转化或者转移，但不会消失	一级主题名称及其内涵
	学生理解无论发生什么变化，能量都是守恒的。能量可以从一种形式转化成另一种形式，但是不能创造也不会消失。随着变化的发生，能量趋于耗散因此可用能量变少了。根据这种趋势，任何体系的变化方向都可以预测	对“能量和变化”一级主题的总体目标要求

续表

栏目	标准内容	说明
澄清	化学系统中，质能守恒不作要求	对上面总体目标的说明解释
目标：能量守恒	学生理解能量在任何变化中都守恒——能量可能会从一种形式转化为另一种形式，但不会消失。	二级主题名称及对其总体目标的概括描述
相关联系	化学与其他学科：能量转移(LS. 4. 2)；电荷守恒，质量与能量(P. 2. 1)；相互作用与能量的联系(P. 3. 1)；加热和冷却作用与能量(P. 3. 5)；能量与场(P. 4. 2) 帮助学生对以下 AP 课程形成持久理解：化学 AP 课程 5B；环境 AP 课程 1B，3A	描述“能量守恒”与其他学科的关系以及对哪些 AP 课程的学习有帮助
成绩预期	为了理解、或者提升对目标的理解，学生知道、运用并参与根本知识的方式： C-PE. 3. 1. 1 研究是否可能建构一个密闭系统 [界限：学生应该能够描述一个密闭系统并解释为什么他们不能在实践中建构一个密闭系统] C-PE. 3. 1. 1a 提出关于是否可能建构一个密闭系统的科学问题 C-PE. 3. 1. 1b 设计研究并确定什么数据会提供证据来证明上述科学问题 C-PE. 3. 1. 1c 收集和记录对所研究系统的观察和测量 C-PE. 3. 1. 1d 运用数据论证该系统是密闭的还是开放的 C-PE. 3. 1. 1e 识别研究中潜在的热能流失 C-PE. 3. 1. 2 比较和对比开放的体系和密闭的系统。举日常生活中的系统实例，确定他们是开放的还是密闭的。 C-PE. 3. 1. 3 对已有系统及环境施加一种变化，识别热能的传递方向究竟是放热还是吸热。对系统或者环境而言，这种识别应该是基于温度变化，或者其他可观察到的变化。反过来，预测系统或是环境的温度变化。预测是基于热能传递的方向性。运用能量守恒解释一个系统损失的热能被环境获得了，反之亦然	对“能量守恒”二级主题的目标要求的具体阐述。

续表

栏目	标准内容	说明
基础知识	下面的概念是学生在成绩预期中应用并参与和推理所用到的 ·对所有定义的系统，对任何类型的相互作用，对任何尺度的变化，质能总是守恒的 ·在化学系统中，质量和能量的相互转化是忽略不计的。因此，化学系统中只需要考虑能量变化。质能互化不作考虑 ·宇宙中被考虑的那一部分成为系统。一个真实的或者想象的边界分开了系统及剩余的宇宙，或者环境。通过定义一个系统，任何系统进行的变化都可以被追踪 ·密闭系统不与环境发生相互作用——物质或者能量都不能进出系统。我们日常生活中所感兴趣的大多数系统都是开放的系统——物质和能量可以进出系统 ·能量以不同形式出现，如势能或动能。在化学系统中，储存的能量称为化学能，而运动的能量称为热能 ·一个化学系统中的总能量是可以测量的。当一个化学系统反应时，其能量变化可以通过观察变化对系统内部的物质性质的影响来观察和测量到 ·如果能量能够流入环境，环境温度会升高。这通常称为放热过程。如果能量从环境流入系统，环境温度会降低，这常称为吸热过程。很广泛的环境中的温度变化通常觉察不出来	与"能量守恒"主题密切相关的知识描述

2. 美国化学课程目标的特点

(1)以大概念(big idea)为核心构建课程目标

美国科学课标的课程目标包括知识、技能、能力三个要素，用学科核心观念引领和组织。化学部分选择了"物质的结构""物质和变化""能量和变化"三个大概念作为一级内容主题具体展开陈述化学课程在知识、技能和能力三个方面的基本目标要求。美国课标的课程目标部分没有提及情感、态度价值观维度的目标，其原因可能是，美国大学理事会制订的科学课标主要是针对美国定位于升入大学继续学习的学生提出的基本要求和规定，具体说明了学生进入大学程度的科学学习所需要的地球科学、生命科学、物理、化学内容。因此，其强调核心观念的建立，以及为建立核心观念所应该掌握的基础知识、技能和能力。但这并不代表美国其他类型的科学课标也不重视情感态度价值观这一维度。

其中对于知识、技能目标，美国科学标准强调对学科基本原理的理解，以及学科基本原理的功能价值在于解释生活现象。其中的能力目标主要指的是科学实践的能力以及其下所包含的各项分能力，如定量应用的能力，主要是运用数学推理以及定量应用来解释和分析数据以解决问题。

(2)建立了"四位一体"的课程目标表述系统

在美国大学理事会制订的科学课程标准中，为了促进"物质的结构""物质和变化"

“能量和变化”三个主题的课程目标的有效落实，建立了一套完整的目标表述系统，包括：核心概念目标要求、相关联系、表现预期、基础知识四部分。在核心概念目标要求部分，标准给出了关于此核心概念的较为概括的目标要求，然后在表现预期部分结合学生学习后预期的具体表现详细阐述目标要求。在相关联系部分，主要阐述这一化学核心概念与化学学科内以及其他学科之间的哪些概念有密切联系，有助于学生建立概念系统，深入理解概念之间的联系。在基础知识部分主要是描述与这一化学核心概念密切相关的研究结论，为学生深入理解概念提供支持。

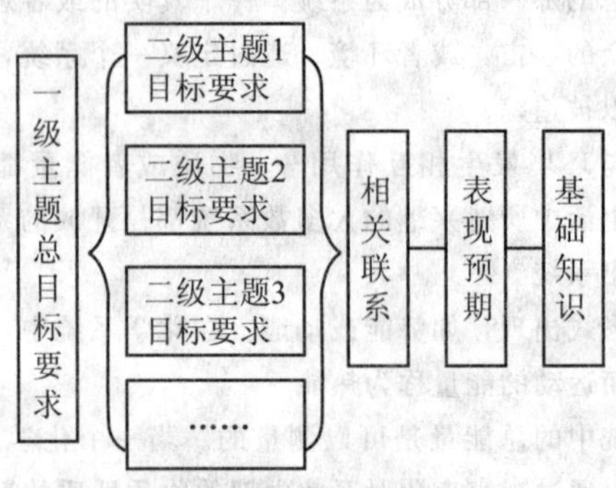

图 2　美国课程目标表述系统图示

(3)表现性目标是课程目标表述的重要形式

美国大学理事会制订的科学课程标准中，表现性目标是重要的课程目标表述形式，存在于“表现预期”栏目中，每一个二级主题核心概念都有对应的表现性目标。如“C-PE. 1. 1. 1 描述原子模型是怎样随时间发展变化的，即实验证据是如何导致原子结构新理论的产生的。描述内容包括导致原子模型变化的实验证据、表征的建构、原子结构模型的比较，以及随时间发展变化的和不变的因素”。另外，标准中对知识、技能和能力(科学实践)维度的目标表述形式都是表现性目标。这种描述课程目标的方式足够明确和具体，增强了教师对课程目标的理解和课程目标本身的可操作性，同时可以满足观察和测量的需要，能够比较有效地促进目标的落实。

三、加拿大安大略省的化学课程目标及特点

1. 加拿大安大略省的化学课程目标及简介

加拿大没有单独的化学课程标准，其对化学课程的基本要求和规定主要通过科学课程标准来呈现。这里我们主要分析《安大略省课程，9～10 年级：科学，2008 年》及《安大略省课程，11～12 年级：科学，2008 年》(在本章中以下简称加拿大安大略省课标)，这两个课程在安大略省从 2009 年 9 月开始实行。

在加拿大安大略省课标中，化学课程目标呈现的系统包括三个层级，分别为：科学课程计划目标——化学具体核心内容主题总体目标——化学具体核心内容主题具体目标。后面两个层级是针对化学课程的目标。

科学课程计划的三个目标如下：

(1)将科学与技术、社会、环境相联系；

(2)发展学生进行科学探究的技能、策略和思维习惯；

(3)理解基本的科学概念。

科学课程计划中的每门课程都将侧重于这三个目标。这三个目标都将在每门课程中不同的环节体现出来，这不但与职业发展的具体目标相吻合，而且是评价学生成绩的基本标准。

加拿大安大略省课标中，每个年级的核心内容主题并不相同，但12年级综合大学准备课程是每个年级共同的核心主题。如，11年级综合大学准备课程的核心内容主题包括：科学探究能力和职业发展；物质，化学倾向和化学键；化学反应；化学反应中的定量；溶液和溶解性；气体和大气化学。12年级综合大学准备课程的核心内容主题包括：有机化学；物质的结构与性质；反应能量与速率；化学系统和平衡；电化学。

科学探究能力和职业发展主题的具体目标分为从“A1. 科学探究能力”和“A2. 职业发展”两个方面。其中“科学探究能力”的具体目标要求又从“开始和计划”“实施和报告”“分析和解释”和“交流”四个方面介绍。不同年级的科学探究能力和职业发展主题的总体目标和具体目标要求的表述基本一致，但由于不同年级学习的内容并不相同，其中能力目标要求的内涵也有差异。如，11年级“收集适当的仪器(比如，天平、玻璃仪器、滴定仪器)和材料(如，分子模型、溶液等)，以及为每一项探究确定适当的方法、技术或过程。12年级“收集适当的仪器(比如：玻璃仪器、量热计、温度计)和材料(如，化合物、溶液)，以及为每一项探究确定适当的方法、技术或过程。”

科学探究能力和职业发展主题总体目标和具体目标表述如下：(11年级综合大学准备课程)

科学探究能力和职业发展

总体目标：

通过这门课的学习，学生能够：

A1. 在能力的四个方面(开始和计划，实施和记录，分析和解释，交流)发展科学研究能力(与探究和研究相关的能力)；

A2. 识别和描述科学相关领域的职业，能描述科学家、加拿大人对这个领域的贡献。

具体目标：

A1. 科学研究能力

通过这门课程，学生能够：

开始和计划(简称[IP])：

A1.1 用公式表达相关的科学问题，包括观察到的关系、想法或问题，形成报告性预测，及/或用公式表达合理假设来聚焦探究或研究。

A1.2 收集适当的仪器(如，天平、玻璃仪器、滴定仪器)和材料(如，分子模型、溶液)，以及为每一项探究确定适当的方法，技术或过程。

A1.3 确定和定位多种书籍和电子读物资源，以便对研究问题有充实、适当的定位。

A1.4 当对研究进行计划时，能够应用知识和对实验室安全操作的理解，正确解释工作场所危险药品信息系统[WHMIS]的符号；能使用适当的技术处理和放置实验室仪器和实验药品；能进行适当的个人保护措施(如，戴护目镜)。

实施和报告(简称[PR])：

A1.5 实施研究，控制相关变量，按照要求调整或拓展实验步骤，安全、精确、高效地使用适当的材料和仪器，收集观察结果和数据。

A1.6 能够使用合适的格式，包括表格、流程图、图形及/或图表等，对来自实验等方面的数据进行编制，组织和汇报。

A1.7 能够以适合的格式和学术上相关文本的形式来收集、组织、汇报从多种资源中得到的与研究主题相关的信息。这些资源包括电子读物、印刷品及/或其他来源。

分析和解释(简称[AI])：

A1.8 综合、分析、解释、评价定性和定量数据；解决与定量数据相关的问题；确定证据是否支持前期的潜在预测或假设，其是否有科学理论依据；找出误差和错误的来源，对研究减少类似的错误提出改进意见。

A1.9 从逻辑、精确性、可靠性、适当性和误差方面对实验中收集到的数据进行分析。

A1.10 基于研究发现和研究结果给出结论，用科学知识证明结论。

交流(简称[C])：

A1.11 使用合适的语言和多种格式(如数据表格、实验报告、汇报、辩论、模拟、模型等)通过口头、书面及/或电子发表物等方式来交流想法、计划、步骤、结果等。

A1.12 使用适当的数字、符号、图表形式进行表征，使用适当的测量系统(如国际单位制和皇家学会单位)。

A1.13 精确严谨地表示任何与数据计算相关的结果，对实验数据计算结果的小数部分或有意义数据进行合理表达。

A2 职业发展

通过这门课程，学生能够：

A2.1 确定并描述学习的科学领域相关的多种职业(如，药剂师、法庭科学家、化学工程师、食品科学家、环境化学家、职业健康与安全员、水质分析师、大气科学家)及针对这些职业进行教育和培训的必要性。

A2.2 描述科学家对这个领域的贡献，包括加拿大人的贡献(如，卡罗尔·安·巴德[Carol Ann Budd]，爱德格·史迪斯[Edgar Steacie]，雷蒙德·来米克斯[Raymond Lemieux]，刘易斯·泰勒福[Louis Taillefer]，F. 卡奈斯·海尔[F. Kenneth Hare])。

除“科学探究能力和职业发展”主题外，其他各主题的具体目标表述分为三个方面：(1)将科学与技术、社会、环境相联系；(2)发展学生进行科学探究的技能、策略和思维习惯；(3)理解基本的科学概念。这三个方面与科学课程的总目标是一致的，尽管每一具体内容主题的总体目标没有明确地分为这三个维度，但也是从这三个维度给出的规定。加拿大安大略省课标的这种处理方式，使较宏观的课程总目标能够与具体的课程内容结合起来，从而提高了课程目标实现的可能性和可操作性。12 年级综合大学准备课程“有机化学”主题的两套目标如下。

B 有机化学(12 年级)

总体目标

学完本课程，学生能够：

B1 评价每日生活中使用到的有机化合物对社会和环境的影响，组织一个活动来减少对人类健康和环境有害的化合物的使用。

B2 研究有机化合物和有机化学反应，使用多种方法表征化合物。

B3 理解每一类有机化合物在自己的体系中的结构、性质与状态。

具体目标：

B1 将科学与技术、社会、环境相联系

学完本课程，学生能够：

B1.1 评价生活中常用的有机化合物对人类健康、社会、环境的影响(高分子、营养品)示例事件：有机溶剂能溶解多种物质，如涂料、油、油脂。这些有机溶剂被用于生产塑料、染料、清洁剂、纺织品、药品等。但是，工人们长期接触有机溶剂可能会对健康有长时间的影响。而且，工业废料和泄漏出的有机溶剂可能渗入土壤和地下水中，对健康和环境产生严重威胁。

示例问题：用什么方法正确安全地处置易挥发的有机化合物？杀虫剂的瓶子上按照 WHMIS 或 HHWS 应该有什么符号标识？为什么有机物被使用在食品制造中？这些添加剂会对人体健康有何影响？

B1.2 组织一个个人活动来减少对人体有害的化合物的使用(如用手除草而不使用除草剂，用布袋购物而不使用塑料袋，选用高效混合燃料交通工具而减少非再生燃料的使用)。[AI，C]

示例事件：安大略省很多社区已经禁止使用杀虫剂。这项法律的颁布使得主妇们不得不寻找其他替代方式。

示例问题：塑料袋多长时间才能降解？可以自行降解的材料如何作为包装材料替代聚苯乙烯？有哪些科技能够制造出更为高效利用能源的新型汽车？

B2 发展调查研究和交流能力

学完本课程，学生能够：

B2.1 使用合适的科学术语交流与有机化学有关的想法，包括但不限于：有机化合物、官能团、非饱和碳氢化合物、同分异构、立体异构和聚合物。[C]

B2.2 使用 IUPAC 系统命名并书写不同类别的有机物，包括醇、醛、酮、羧酸、酯、胺和简单的芳香化合物。[AI，C]

B2.3 为一些简单的有机化合物建构分子模型。[PR，AI，C]

B2.4 在探究的基础上，分析多种有机反应(如，某种酯的制备，聚合物的制备，含氧醇的制备，具有多种化学键的有机化合物，燃烧反应，加成反应)。[PR，AI]

B3 理解基础概念

学完本课程，学生能够：

B3.1 通过描述命名和结构组成上的相同和不同之处，区分不同种类的有机化合物，包括醇类、醛酮、羧酸、酯、醚、胺、酰胺等。

B3.2 描述物理性质的异同（如不同种类的有机物在不同溶剂中的溶解性、气味、熔点、沸点）。

B3.3 解释在不同类型有机化学反应中的化学变化，包括取代、加成、消去、氧化、酯化、水解等。

B3.4 解释加成反应和聚合反应的区别。

B3.5 解释有机化合物中异构的概念，以及异构体的结构和分子式怎样影响了其性质。

2. 加拿大安大略省化学课程目标的特点

(1)用“两套目标”表述了不同层次的课程目标

加拿大安大略省的化学课程目标包括“两套目标”——总体目标和具体目标。总体目标概括描述了学生到每门课程结束时需要具备的知识和技能。对于每门科学课程的每一核心内容主题，都有三个总体目标。具体目标写在不同的内容主题之下，分别用字母和数字表示所属的内容主题和对应的总体目标（B1.1，B 表示“有机化学”主题，1.1 表示总体目标 1“将科学与技术、社会、环境相联系”之下的第一个具体目标）。

加拿大安大略省科学课标将课程目标与课程核心内容主题融合在一起进行表述，并且用“两套目标”将课程目标分为两个层次，既能有一定的概括性，更增强了课程目标的具体化和可操作性。

(2)课程目标内涵要素明确分为三个维度

加拿大安大略省科学课程目标包括三个维度：将科学与技术、社会、环境相连；发展学生进行科学探究的技能、策略和思维习惯；理解基本的科学概念。科学课程计划中的每门课程都重点落实了这三维目标。具体到特定学科，如化学，每一个核心内容主题（每个年级的 A 主题除外，这一主题都是固定的“科学探究能力和职业发展”）的总体目标都分别从这三维目标表述要求，而其具体目标则基于具体内容分别表述了学生在这三个维度目标的具体表现。加拿大安大略省科学课程目标不仅明确标示出课程目标的三个维度，而且结合具体学科的具体内容主题，从总体目标和具体目标两个层次进行具体化，有效保障三维目标的落实。同时，总体目标还是课程评价的基本依据。

(3)注重科学探究能力的培养且可操作性得到有效保障

加拿大安大略省每个年级的课程标准中，都将“科学探究能力与职业发展”作为单独的内容主题描述其目标要求。以 11 年级课程标准为例，11 年级课程期望被分成 6 个内容主题分别描述，第一内容主题为：A 科学探究能力和职业发展；余下的五个(B 到 F)为化学课程的核心内容主题。

课标除了在 A 主题中详细阐述学生的科学探究能力在“开始和计划[IP]，实施和

记录[PR]，分析和解释[AI]，交流[C]”四个方面的具体目标，即学生的表现，还在其他内容主题的具体目标部分进一步阐述，例如，前面的“B. 有机化学”主题的具体目标中嵌入的“[PR]”指的是，随着具体目标的实现，一个学生需要发展的技能有“实施和记录”。

这种单独描述与嵌套描述相结合的对科学探究能力目标要求的表述，表明了加拿大安大略省课标研制者对科学探究能力的重视，并且有效地保障了其在实际教学中的可操作性和落实的有效性。

(4)课程目标的表述属于典型的表现性目标

安大略省的科学课程目标中，总体目标主要属于行为性目标，用明确的“行为”和具体的“内容”表述基本要求。但是具体目标则属于典型的表现性目标。如前面举例中对“B. 有机化学”这一核心内容主题的具体目标 B1.1 的表述。

另外，加拿大安大略省课标对科学探究能力这一课程目标采用了表现性目标的表述方式，如 11 年级的化学部分，在“A 科学探究能力与职业发展”主题中的“开始和计划(简称[IP])”部分有如下表述：“A1.2 收集适当的仪器(比如：天平、玻璃仪器、滴定仪器)和材料(如：分子模型、溶液)，以及为每一项探究确定适当的方法、技术或过程。”这一类目标也属于典型的表现性目标。

四、法国化学课程目标及特点

1. 法国化学课程目标简介

基于 2009 年“面向 2010 年的新高中”方案的基本思想，法国于 2010 年正式颁布新一轮“普通高中‘物理—化学’教学大纲”，并于 2011—2012 学年开始启用。因此，对法国化学课程目标的分析即以 2010 年最新颁布的大纲为依据。由于法国的高中分为定向阶段(高一)和终结阶段(高二和高三)，其课程目标在两个阶段并不相同。

(1)法国“物理—化学”高中一年级课程目标

在定向阶段的普通高中一年级“物理—化学”课程，是面向所有高中学生的课程，法国大纲的课程目标重视“培养学生的科学和公民文化”“帮助学生学会观察、思考和推理”“提供塑造最高水平的人文精神的机会”“使每个学生能找到属于自己的成功之路”“帮助他们铺设个人的学业历程”“点亮他们的职业方向追求”。由此看出，此阶段的目标重视普通公民的基本素养的培养，为学生未来的综合发展奠定基础，其课程目标如下。

· 给予学生当今时代不可或缺的科学和公民文化。

· 帮助学生学会观察、思考和推理。

· 重视学生智力的多元性和敏感度的多样化，以使每个学生都能找到属于自己的成功之路。

· 提供塑造最高水平的人文精神的机会，调动起人类丰富多彩的想象资源，让学生看到自然规则的“美好”，帮助每个学生找到属于自己的科学道路去发掘个人品质，发现和发挥自己的才干。

·帮助他们铺设个人的学业历程。展示科学的趣味，并使学生发现与科学相关的教育和职业，以点亮他们的职业方向追求。

(2)高二和高三课程目标

高二和高三年级属于高中教育的终结阶段，这个阶段的“物理—化学”课程只面向部分选择理科专业的学生。其课程目标的定位主要是：培养科学技能和科学爱好的课程。大纲认为，技能培养和兴趣开发是两大核心目标。大纲中明确指出，“理科(S)的‘物理—化学’教育不是以教学为第一目的，而是注重学生本身，以便激发并巩固学生的科学才能，让更多的学生未来从事科学和技术专业。”因此，其课程目标主要是培养学生的理科专业发展基础和技能，培养“物理—化学”领域的专门人才所应具备的基本素养。

2. 法国化学课程目标的特点

(1)法国大纲通过规定不同学段的课程目标以增强其针对性

一般来说，高中阶段属于一个特定的学段，针对这一学段制订统一的课程目标，而后再一步步将目标具体化。但是法国大纲中却将高中学段进一步细分为两个阶段：定向阶段(高一)和终结阶段(高二和高三)，并针对不同阶段制订了不同的“物理—化学”课程目标，从而使课程目标具有更强的针对性。

法国通过规定不同学段的“物理—化学”课程目标，以增强课程目标的针对性，这与法国高中的专业设置是有关的。我国则为不同化学课程模块设置不同的课程目标，学生通过选择不同的课程模块组合，而得到针对性较强的课程目标。

(2)法国大纲提出了培养学生文化素养的课程目标

法国大纲在两个阶段的总体课程目标中都明确提出了培养学生文化素养的课程目标，其中的文化素养包括科学文化素养和公民文化素养，并简要对其进行了解释。大纲认为，在当今这个时代，科学和技术的发展已经浸透到我们的日常生活和社会方向选择中，对于涉及人性及地球未来的重要问题，公民应该形成自己的意见。为此，每个人都应该接受足够的基础教育，以便能对提出的问题和建议的解决方案进行批判分析。科学是重要的基础教育科目，科学教育能帮助学生学会观察、思考和推理。基于此，科学文化素养和公民文化素养是密切相关的，通过科学学习提高科学文化素养，在很大程度上是一种促进公民文化素养提高的重要途径。由此可以看出，这里的文化素养与目前世界热点的科学素养并不完全相同，文化素养的内涵更为广阔和丰富。

(3)法国的课程目标极为重视知识与技能维度的要求

法国大纲在每个阶段总体课程目标部分明确而概括地阐述了本阶段的课程目标，如高一的“给予学生当今时代不可或缺的科学和公民文化”“帮助学生学会观察、思考和推理”“帮助每个学生找到属于自己的科学道路去发掘个人品质，发现和发挥自己的才干”“帮助他们铺设个人的学业历程”等目标，以及高二和高三理科的“技能培养和兴趣开发”课程目标。其总体课程目标所包含的要素包括能力、文化素养、个人品质、技能、兴趣等，主要是技能与能力、情感态度价值观维度，并没有提到知识维度。

但在内容主题之前的课程目标表述中，法国课标作出了明确说明，其课程目标包括：基本概念和内容(要学习的概念)和能力(包括知识运用、能力实践和态度获得)，即知识、能力、态度等要素，但从其后面的具体陈述来看，能力部分主要是知识和知识的运用，基本没有能力和态度的体现。这种情况在高一、高二和高三三个阶段都普遍存在，说明法国对知识与技能维度目标的偏重程度较大，而对情感态度价值观维度目标则相对重视不足。这种课程目标表述的体系，致使我们对大纲展示的宏观而美好的课程目标的落实情况表示担忧。

五、芬兰化学课程目标及特点

1. 芬兰化学课程目标简介

芬兰初中阶段属于义务教育，其化学课程目标就是对初中阶段化学课程总目标的介绍。

芬兰初中化学课程目标如下。

- 在化学教学的引导下，学会安全地工作；
- 为了有效地获取科学知识，学会应用典型的研究方法，这些研究方法包括信息技术和交流技术，以及评价知识的可靠性和重要性的方法；
- 学会实施科学调查并能解释与表述相关结果；
- 学习有关物质循环以及产物生命循环(life-cycle)的基本过程，了解这些过程对自然与环境的重要作用；
- 熟悉描述与物质性质相关的物理和化学概念，并学会应用这些概念；
- 学会用概念和模型来描述化学键和物质的结构；
- 学会借助化学反应方程式描述化学反应或者建立化学反应的模型；
- 学会在实际情景中以及进行选择时应用自己的知识；
- 知道化学现象的重要性，并能应用于个人及社会生活中。

芬兰的高中化学课程目标分为两个层级明确表述：包括高中阶段化学课程总目标、学程化学课程目标。芬兰高中化学共分为 5 个学程，其学程相当于我国的模块。其中 1 个学程属于必修课程，4 个学程属于选修课程。芬兰高中化学学科课程设置情况如下表所示。

表 2　芬兰高中化学学科课程设置(2003 年)

性质	必修课程	专业课程
名称	人类及生存(生命)环境的化学(KE1)	化学的微观世界(KE2)
		反应与能量(KE3)
		金属与材料(KE4)
		反应与平衡(KE5)

芬兰高中化学课程总目标如下：

- 理解最重要的化学基本概念，认识化学与日常现象、人类安康以及自然之间的关系；
- 能基于生活和环境，通过化学实验及其他积极有效的获取信息的方法，搜集并处理有关化学现象和重要物质属性的信息；能评价这些信息的可靠性和重要性；

• 学会怎样根据不同现象制订和实施实验计划，并能充分考虑其中的安全因素；

• 能够描述、解释、评价及讨论实验过程中或通过其他途径获得的有关信息；

• 熟悉信息获取和建模的重要工具——信息技术和交流技术；

• 熟悉工业和环境工程中所用到的现代技术；

• 知道作为消费者怎样用化学知识以促进健康和可持续发展；知道在讨论和决策有关自然、环境和技术等问题的过程中怎样利用化学知识；

• 获得一定的经验，以激发和增强他们在化学和化学学习中的兴趣。

在芬兰高中国家核心课程中，除了在每门核心课程的起始部分介绍课程总目标外，还在每个学程前面介绍本学程的课程目标。如芬兰高中化学学程 1(必修课程)"人类及生存(生命)环境的化学(KE1)"的课程目标如下：

• 获得关于化学的总观性认识，包括化学的潜力(possibilities)和意义；

• 结合化学课程中涉及的一些主题，巩固对之前所学的化学基础知识的理解；

• 描述某些有机化合物的结构、性质及其参加的化学反应，理解这些有机化合物对人类及生存环境的意义；

• 熟悉各种不同类型的混合物以及与其相关的概念；

• 发展所需要的表述和讨论信息的能力；

• 学会实验技能，会批判性地获取与处理信息；

• 知道怎样通过实验检测有机化合物的性质及其反应，熟悉分离和鉴别的方法，知道怎样配制溶液。

学程 2(选修课程)"化学的微观世界(KE2)"的课程目标为：

• 认识物质的结构与性质之间的关系；

• 知道怎样应用不同类型的化学模型、图表、系统对物质的性质进行分类；

• 理解有机化合物的结构，熟悉确定有机化合物结构的方法；

• 知道怎样通过实验及不同类型的模型，研究关于物质结构、性质及反应的现象。

2. 芬兰化学课程目标的特点

(1)芬兰化学课程目标包括三个维度

根据以上芬兰的化学课程目标表述可以看出，芬兰的课程目标尽管没有明确分维度进行表述，但是，其初中和高中化学课程目标都比较明确地涵盖了知识、能力和情感这三个维度，具有全面性和多维性。芬兰对高中化学知识维度的目标要求的立足点是"理解最重要的化学基本概念"。能力维度目标芬兰课标侧重于培养学生搜集并处理信息、描述、解释、评价，讨论信息的技能和方法以及信息技术、交流技术、现代技术，以及利用化学知识合理地解释和解决有关社会、生产、生活、自然、环境等有关问题的能力；对于情感维度目标，芬兰课标明确共同关注学生学习化学的兴趣和积极的情感体验，认识化学与日常现象、人类安康以及自然之间的关系。

(2)芬兰高中化学课程目标中非常重视学生信息素养的培养

芬兰针对高中的国家核心课程文件中强调，必须提供学生工具以获取和生成信息，指导学生应用获取和生成技能与知识的方式来评估信息的可靠性，这是技能和知识的每个特定分支的特征。引导学生利用图书馆提供的信息通信技术(ICT)和服务。

在化学核心课程中，芬兰也在化学课程总目标和必修学程的课程目标要求中，明确提出了关于培养和提高学生的“搜集并处理信息、描述、解释、评价及讨论信息的技能和方法以及信息技术、交流技术等”“发展所需要的表述和讨论信息的能力”“学会实验技能，会批判性地获取与处理信息”。

六、澳大利亚维多利亚州的化学课程目标及特点

澳大利亚是一个联邦制国家，联邦政府对各大、中、小学及其他院校进行宏观管理。除高等教育由联邦政府统一管理外，各类中小学教育的立法权归州或地区政府，由各州具体负责。因此每个州的课程标准并不完全一样。维多利亚州被誉为澳大利亚文化教育之州，其教育质量在全国具有重要影响。这里我们对澳大利亚化学课程目标的分析就以维多利亚州 2005 年新颁布的现行标准《维多利亚州高中化学课程标准》(下面简称澳大利亚维多利亚州课标)为例分析，本标准在 2007—2014 年实施。

1. 澳大利亚维多利亚州的化学课程目标简介

澳大利亚维多利亚州化学课程目标包括课程总目标和具体研究主题的目标两个层次。在“介绍”部分就明确列述了高中化学的总体课程目标。

化学学习将使学生能够：

·发展他们对化学用语、化学过程以及主要化学观念的理解；

·了解实验证据在发展和创造新的化学思想和知识上的作用；

·了解化学知识的组织、挑战、修订和扩展方式；

·评价假设的质量以及模型、数据和结论的局限性；

·发展在设计以及安全地进行实际调查的技能，包括风险评估、危险源辨识和废弃物处理；

·发展所需的知识和技能，完成实验过程和程序，进行调查研究；

·开展实际调查，收集、解释和分析数据和证据，从而得出结论；

·发展和其他人进行化学交流的有效沟通技能；

·意识到科学研究中的伦理问题，并在化学研究中加以注意；

·了解化学和科学技术的其他领域之间的联系；

·意识到社会、经济和环境对化学新兴领域及相关技术的影响。

澳大利亚维多利亚州课标将化学课程分为四个单元，其单元相当于我们的模块。每个单元下有两个研究主题(具体的单元和研究主题如下表所示)，每个主题下都以学习结果的形式明确说明该主题对应的核心目标，并明确列出达成此结果包括的核心知识。同时还针对每一主题的核心目标以示例的形式列出了诸多学习活动，并选择其中一个活动对其进行具体的设计示例。每一个研究主题目标的达成都是核心能力的应用和落实的过程。因此，核心能力也是澳大利亚维多利亚州课标化学课程的重要目标，其中也对该核心能力的内涵和要求做出了明确说明。

这里我们以第一单元“主要化学观念”的研究主题1“周期表”为例，呈现其课程目标系统。

表3 澳大利亚维多利亚州化学课程设置

学习单元	研究主题
第1单元：主要化学观念	周期表 材料
第2单元：环境化学	水 大气
第3单元：化学研究方法	分析化学 有机化学
第4单元：化学与工业生产	工业化学 能源供应和使用

研究主题：周期表

完成本单元学习后，学生应该能够使用证据来发展或提炼化学思想和化学知识。

为了达到这一结果，学生要参照研究领域1和2的核心知识，和第12页所列的核心能力。

核心知识

·周期表

——从门捷列夫到西博格理论的发展历史

——周期表内在的周期性和递变性：原子数目，形成的化学键类型，金属性/非金属性，参与化学反应的活泼性；

·原子理论

——从道尔顿到查德威克原子理论模型的历史发展与每种理论的贡献

——原子理论模型的局限性

——质量数，同位素，相对原子质量计算，电子构型(含亚层)；

·摩尔的概念，包括经验式和分子式，组成百分比，阿伏伽德罗常数

·从质谱数据进行解释

学习活动示例

进行引导性实验，通过各种方式演示元素和化合物的反应；运用恰当的化学词汇，精确记录观察结果。

讨论按照化学知识分类制订框架的优势。

对一组数据进行整理；分析元素的物理和化学性质，并根据性质的相似性进行分类。

将通过数据整理获得的分组，与门捷列夫周期表进行比较。

讨论道尔顿的工作，并说明门捷列夫如何通过已知的精确原子量来证明和发展他的周期表。

举例说明道尔顿理论，通过将一个铜样本和一系列化合物反应并最终凝结为铜的一系列实验，说明原子在化学反应中的重新排列。

准备一份简短的摘要，展示 Thomson，Rutherford，Moseley 和 Chadwick 如何利用获得的实验迹象，逐步修改和健全原子模型。

查找并报告另一个人的工作对周期表和原子理论的贡献。

根据丰度和相对同位素质量，计算相对原子质量。

通过质谱解释，以确定相对原子质量。

进行网络搜索，以找出目前各种形式的周期表。

进行实验，演示周期表动态。

根据元素物理和化学性质的数据，以及它们在周期表中的位置，按组或单个的预测其他元素的特性；并将预测与实际的特性进行比较。

对选定的金属做焰色反应实验。

观察各种元素的发射光谱。

根据电子壳层和亚壳层解释一系列电离作用能量。

进行实验，以区分不同的金属反应，例如与水、蒸汽和稀酸的反应。

进行简单的置换反应，以推断金属的活度顺序。

利用关键术语，画一个原子理论概念图。

讨论当前原子模型的局限性。

称出各种金属的摩尔量。

通过可视化的方式呈现不同类别的摩尔量，例如：1 摩尔的沙粒(放在书页上、美元上等)的样子。

做定量练习，包括摩尔量和阿伏伽德罗常数。

详细示例

数据分析任务：根据性质对元素分组	
目的： 1. 向学生介绍实验室中安全的工作习惯 2. 鼓励仔细观察和使用精确的化学语言 3. 示范根据性质对元素进行分组，从而为化学研究提供框架的必要性和价值(教师可以通过练习介绍风险分析的概念，包括鉴别与化学品使用相关的危害和最小风险的操作规程来完成)	B 部分 资料整理工作 为学生提供小卡片或电子表格，用于记录至少 30 个元素的属性数据。数据应包含熔点和沸点、电导率、密度、相对原子质量、化合物的公共名称和公式 学生要按照元素属性将元素放到各组中，并按照相对原子质量递增的顺序排序 组的选择，以及组选择背后的依据，是对一个类群中不同成员进行比较

<table>
<tr><td colspan="2">数据分析任务：根据性质对元素分组</td></tr>
<tr><td>A 部分
实战演练
a. 学生研究元素及其化合物的范围，并记录他们的意见

举例：钠、钙、镁、铝、石墨、铁、锌、铜、硫以及一系列的离子化合物

结果分析：要求学生：
· 将元素按照性质和它们化合物的分子式进行分组
· 评论分组的依据
· 说明为什么按照框架整理化学知识是有益的</td><td>C 部分
比较门捷列夫元素周期表
就下列问题，学生对自己的分组和门捷列夫周期表进行比较，仔细思考两者的相同点和不同点：
a. 他们在设计分组时，遇到了什么困难？
b. 还有什么其他的信息可能是有用的？
c. 为什么门捷列夫表是有缺陷的？
d. 门捷列夫表是如何成为有用的预测工具的？</td></tr>
</table>

核心能力包括：

科学地进行调查和探究

· 在完成所有实践性调查(包括恰当处理废弃物)的时候，能够安全且负责任地按照需要独立或合作完成工作；

· 进行调查，包括收集、处理、记录、分析定性和定量数据，根据调查和收集的信息得出相应的结论，评价过程和数据的可靠性；

· 提出问题(及假设)，做出计划或设计并进行调查，确认和处理不确定问题的可能来源；

· 在进行调查研究和汇报的时候，考虑科研伦理问题。

应用化学理解

· 建立概念之间的联系，处理信息，在新旧情境中应用理解；

· 使用一手、二手资料和证据，说明化学概念和理论是如何发展并随着时间的推移不断完善的；

· 分析有关科技发展的问题及其影响；

· 分析和评价公共领域中的化学相关信息和观点的可靠性。

交流化学信息和理解

· 准确、有效地解释、说明和交流化学信息和化学思想观念；

· 根据听众和用途的不同，采取相应的沟通方式；

· 正确使用科学的语言和习俗，包括化学方程式和化学计量单位。

2. 澳大利亚维多利亚州化学课程目标的特点

基于对澳大利亚维多利亚州化学课程目标的介绍和分析，可以看出其课程目标有如下特点。

(1)目标分为三个维度

尽管澳大利亚维多利亚州的课程目标中没有明确地按照一定的维度分别陈述，但是其目标中仍然很清晰地包含着知识、能力和STS三个维度，体现了课程目标内容的多维性。如知识维度，包括“发展他们对化学用语、化学过程以及主要化学观念的理解”“了解化学知识的组织、挑战、修订和扩展方式”等。在能力维度，目标中明确提出了一系列学生能力活动，包括：调查研究，收集、解释、分析数据和证据，得出结论，交流，伦理；评价假设的质量以及模型、数据和结论的局限性。在STS维度，课程目标中要求学生了解科学技术与其他领域之间的联系，社会、经济和环境对化学新兴领域及相关技术的影响，这是对STS理念较为明确的阐释和要求。

(2)强调化学学科的核心能力目标

尽管在澳大利亚维多利亚州课标中并没有明确地说明化学课程的重要目标是培养学生的能力，但无论从其课程总目标的阐述还是从各个核心研究主题的目标表述中，都可以看出对化学核心能力目标的重视。其课程总目标共10条，其中有7条内容是关于能力目标的要求，如“发展在设计以及安全地进行实际调查的技能，包括风险评估、危险源辨识和废弃物处理”“开展实际调查，收集、解释和分析数据和证据，从而得出结论”等。而每一个核心研究主题的目标都强调核心能力的运用。并且课标在“评估和报告”部分，提出1～4单元的核心能力包括：科学地进行调查和探究、应用化学理解、交流化学信息和理解。课标还在“学习活动”部分，结合具体研究领域，对发展学生的关键能力的具体活动进行了详细描述。如前面“周期表”主题的学生活动示例，示例的学生活动能够比较全面地落实核心能力的三个方面。

(3)采用了表现性目标的表述形式

澳大利亚维多利亚州化学课标中的课程目标也采用了表现性目标的表述形式。课程总目标和核心研究主题目标的阐述比较概括，主要是行为性目标，但在学习活动部分，对每一研究主题的学习活动进行了详细具体的描述，属于典型的表现性目标。如“周期表”主题的目标系统示例。

第二节　不同国家和地区化学课程目标的比较研究

课程目标的研究和制订是课程文件研制的核心工作之一。一般说来，课程目标的确立及分析要重点考虑以下三个维度，其一是课程目标的内容维度，主要是课程目标的内涵要素，知识、能力等都属于课程目标的内涵要素；其二是课程目标的水平维度，也称为课程目标的纵向垂直维度[3]，即对学生认知水平、能力水平的规定和要求；其三是课程目标的呈现维度，即课程目标的表述。这里我们对国际高中化学课程目标的比较研究主要从以上提到的三个维度来进行。

一、化学课程目标内涵要素的比较

尽管不同国家和地区对其化学课程目标的表述方式不尽相同，但是这些课程目标体系中大都包含了多个维度，如加拿大安大略省的高中化学课程目标就分为“理解科学基本概念，发展科学探究的技能策略和思维习惯，科学与技术社会环境相联系”三个维度，芬兰的高中化学课程目标虽然没有明确的维度划分，但是其列出的课程目标可以归为“知识与技能、过程与方法、情感态度与价值观”三个维度，适切性较好。另外，美国、日本、澳大利亚等国家的课程目标都可以分为多个不同的维度。各个国家和地区课程目标内涵要素如下表所示。

表 4　各个国家和地区课程目标内涵要素

国家(地区)	课程目标内涵要素	维　度
美国[4] (1)	理解核心原理的知识、技能和能力	知识，技能，能力
美国[5] (2)	大概念，核心学科观念，交叉概念，科学实践，科学、数学与工程，科学、技术和社会，理解力，兴趣，科学动机，科学态度，科学本质	知识，能力，情感，态度，STS，科学本质
加拿大安大略省	基本的科学概念，科学探究的技能、策略和思维习惯，科学与技术、社会、环境相联系，职业发展，科学本质	知识，技能，能力，科学本质，STSE
法国	科学和公民文化，观察、思考和推理，人文精神，个人品质，职业方向追求，理科人才基本素养，科学才能	知识，能力，文化素养，个人品质，技能，情感
澳大利亚维多利亚州	化学用语、化学过程以及主要化学观念，化学知识的组织、挑战、修订和扩展方式， 实验证据在发展和创造新的化学思想和知识上的作用，调查研究所需的知识和技能，进行化学交流的有效沟通技能，科学研究中的伦理问题，化学和科学技术的其他领域之间的联系，社会、经济和环境对化学新兴领域及相关技术的影响	知识，技能，方法，能力，科学本质，STSE
芬兰	化学基本概念，化学与日常现象、人类安康以及自然之间的关系，获取信息的方法，收集、处理和评价信息，信息技术和交流技术，现代技术，兴趣，安全，实验技能	知识，技能，方法，能力，情感，态度
日本	化学事物和现象，化学实验，对自然的关注和研究欲望，化学探究能力，化学学习方法，化学研究的基本概念和原理、法则，科学自然观，对自然界的综合思维方式，科学的观察视角和思考方式，科学的发展过程，对科学研究的兴趣和关注	知识，技能，方法，能力，情感，态度，价值观
中国台湾	化学原理及应用，实验活动，物质的组成、结构、性质及其中的能量变化，科学发展史，科学基本素养，化学兴趣，科学方法，个人解决问题、自我学习、推理思考、表达沟通的能力，实验能力与操作技巧	知识、技能、方法、能力、兴趣

续表

国家(地区)	课程目标内涵要素	维　度
中国大陆	化学科学发展的主要线索，基本的化学概念和原理，化学现象的本质，化学变化的基本规律，化学科学的基本观念，化学实验的基础知识和基本技能，实验研究的方法，化学与其他学科之间的关系，科学探究的过程和方法，问题意识，独立思考能力，与人合作能力，信息获取和加工的手段和方法，自主学习化学的能力，学习化学的兴趣，参与化学科技活动的热情，将化学知识应用于生产生活实践的意识，化学对个人生活和社会发展的贡献，与化学有关的热点问题，辩证唯物主义的世界观，科学态度，努力学习化学的责任感和使命感	知识、技能、过程、方法、情感、态度、价值观

分析此表可以看出，知识、技能和能力是国际上公认的课程目标的内涵要素，兴趣、态度等情感要素也为多数国家所关注，单纯的掌握知识并不是国际科学教育的唯一核心目标，科学教育有着更为广泛的目标和价值追求。化学课程目标内涵要素的多样化特点也说明各个国家和地区都在不断探索完善化学课程目标的内涵，即如何培养"完整的人"这一世界性议题已经在科学教育领域开始深入探索。

二、化学课程目标呈现形式的比较

1. 化学课程目标的层次性分析

通过分析，可以看出世界范围内化学课程目标具有多层次性。层次性的体现有三种方式，其一是在科学教育的大背景下，建立从科学教育到化学教育的目标层次；如美国和加拿大都是典型的只制订科学教育标准，而没有单独的化学课程标准或物理课程标准的国家。在其科学课程标准中，首先从总体上给出科学教育的总体目标，然后具体到化学学科，呈现化学教育的课程目标。

其二是在化学课程目标内部体现一定的层次性；这种化学课程目标的内部层次性在很多国家都存在。如美国化学课程目标(参考大学理事会制订的科学课程标准)的第一层次化学核心观念，其下位包括的知识、技能和能力则属于第二层次。法国的文化素养也属于较为上位的目标层次，而其中的知识、技能、能力、态度、个性品质等则属于下位的目标层次。

其三是在课程目标之下设置主题目标，即单列课程目标栏目，概括陈述课程目标，然后在内容标准部分，再按照不同的内容主题或核心概念具体阐述化学课程目标。这也是国际上较为普遍的一种课程目标呈现形式。如澳大利亚维多利亚州的课标在明确地概述化学课程目标后，又从"主要化学观念""环境化学""化学的手段""化学工作"四个单元分别阐述了具体的课程目标要求，并且每个单元又下分不同的研究领域，如第一单元"主要化学观念"下分为"周期表"和"材料"两个不同的研究领域，课标中通过学习结果的形式阐述了这些研究领域的更为具体的课程目标。加拿大化学课程目标则是在不同的知识内容下规定本部分内容的总体课程目标和具体课程目标。

2. 化学课程目标表述形式的比较分析

课程目标的表述形式对课程目标能否有效落实具有重要影响，同时也体现着课程的价值取向。由于人们对学生身心发展的规律、社会需求的重点以及知识的性质和价值的看法存在差异，对这三者关系的不同理解，会产生不同的课程目标的取向，即课程目标表述所采用的形式，行为性目标、展开性目标和表现性目标是课程目标表述最常见的三种形式(或类型)，代表着不同的课程目标价值取向[6]。

行为性目标(Behavioral objectives)是以具体的、外显的行为陈述课程目标，指向学生课程学习之后发生的变化。行为性目标表达的是课程对学生学习比较明确具体的基础性要求，隐含了一种适应性、维持性的价值取向。行为性目标是课程编制中比较流行的陈述课程目标的方式，出现较早，甚至至今仍占统治地位。

表现性目标(Expressive objectives)最初是由美国学者艾斯纳(E. W. Eisner)提出的，是基于对行为性目标的批判而产生的，同时也是对行为性目标的重要补充。表现性目标意在成为一个主题，学生围绕它可以运用原来学到的技能和理解了的意义，通过它扩展和拓深那些技能与理解，并使其具有个人特点。[7]这类目标尊重学生的个体差异，允许学生学习结果的多样性，重视学生的个性化发展，强调培养学生的创造性，有助于摆脱行为性目标对学生整齐划一的要求，使学生能够真正地独立自主地学习，也表达了一种注重人主体性发展的价值取向。

展开性目标(Evolving purpose)，也译为生长性目标，是随着教学过程展开自动生成的课程目标，其关注的不是外部事先规定的目标，而是强调教师根据课堂教学的实际进展情况提出相应的目标，具有过程性、生成性和开放性。杜威的观点给这种目标提供了依据。杜威认为，目的不应该是预先规定的，而应该是教育经验的结果。目的是在过程中内在地被决定的，而不是外在于过程的。课程目的就是促进学生的生长。[8]“过程”“生成”“开放”是这类课程目标的关键词。这在一定程度上是“以学生发展为本”理念的一种体现。由于展开性目标更多的是依靠教师对教学的深入理解、把握和创造，因此在课标文件中很少见到这种目标表述方式。各国家和地区的课标文件中，化学课程目标的表述形式主要有行为性目标和表现性目标两种。

目前中国大陆化学课程目标的大多以行为性目标的形式陈述。如，“知道胶体是一种分散系”“根据实验事实了解氧化还原反应的本质是电子转移，举例说明生产、生活中常见的氧化还原反应”，其中“行为”分别是“知道”“了解”“举例说明”；内容分别是“胶体是一种分散系”“氧化还原反应的本质是电子转移”“生产、生活中常见的氧化还原反应”。而从国际范围来看，仍然有不少国家和地区的化学课程目标都有行为性目标的表述。如芬兰、韩国等国家的化学课程目标全部以行为性目标的形式表述，“理解最重要的化学基本概念，认识化学与日常现象、人类健康以及自然之间的关系(芬兰)”“理解化学的基本概念，将其应用到探究物质现象和解决日常生活中的问题中……认识科学、技术、社会之间的相互关系……理解利用金属的反应性防止金属被腐蚀的方法及原理，能够说明金属在现代化学中被利用的实例(韩国)”。另外，日本不同类型化学课程目标的表述中，主要以行为性目标进行表述，列举如下表所示：

表 5　日本高中理科包含化学科目的课程目标

科　目	目　标
理科基础知识	关于科学与人类生活的关系，让学生通过观察、实验等体验，对自然界的研究和解读，了解科学的发展过程，提高学生对科学研究的兴趣和关注，培养他们科学的观察视角和思考方式
理科综合 A	观察自然界事物和现象，通过实验，以对能量和物质的构成的理解为中心，了解自然现象和事物的自然规律，从中思考人类与自然界的关系，培养学生对自然界的综合思维方式
化学 1	观察化学性事物、现象，通过实验，提高学生对自然的关注和研究欲望，培养学生掌握化学性探究的能力和正确的学习方法的同时，掌握化学研究的基本概念和原理、法则，树立科学的自然观
化学 2	观察化学性事物、现象，通过实验研究，提高学生对自然的关心和研究欲望，培养学生掌握化学性研究的能力和正确的学习态度，加深理解基本概念和原理、法则，树立科学的自然观

在法国大纲的课程目标表述中，行为性目标与表现性目标的表述混合使用，有的课程目标采用行为性目标的表述形式，如“懂得有机化学分子主要由 C 和 H 元素组成(法国)”。“懂得一种溶液可以包含分子或离子(法国)”“掌握并会运用分子或离子类溶液的质量浓度或摩尔浓度表达法(法国)”。“懂得溶液呈电中性(法国)”。另有部分目标则采用表现性目标的表述形式，如“设计并实施一个实验步骤来检验离子；清点最外层电子数；找到碱金属族、卤化族和稀有气体在元素周期表中的位置；使用元素周期表分类法确定单原子离子的电荷”。

美国、加拿大、澳大利亚、英国等国家的化学(科学)课程目标基本上是以表现性目标的形式来陈述。分别举例如下。

表 6　美国、加拿大、澳大利亚、英国的化学(科学)课程目标的表述

国　家	课程目标的表述(表现性目标)
美国	分析和诠释关于物质相互作用前后的物质性质数据，来确定是否发生了化学反应 实施一个设计项目，借助构建、检验、修改一个释放或吸收热能的装置
加拿大	用一个探究的过程去识别普通元素和简单的普通化合物的物理和化学性质，包括气态物质。(例如：硫黄是一种黄色的固体物，钠镍是水溶性物质，氮气是无色无味难反应的气体)[PR，AI] 计划和实施一项对金属和非金属物质的物理性质特性的对比和比较研究。(例如：大多数金属都是有光泽的和热的良导体，多数非金属物质的固体形式都是易碎的，也不是热的良导体)[IP，PR，AI]

续表

国家	课程目标的表述(表现性目标)
澳大利亚	讨论能量和温度变化之间的关系。 校正热量计，并通过记录的数据确定化学反应的焓。例如：盐酸和氢氧化钠，或者二价硫酸铜的水合热 进行完整的校准和反应热测定的数值练习 比较各种燃料的燃烧热
英国	发现由一些物质构成的物体的形状如何能够通过某些过程而发生变化，包括挤压、弯折、扭曲、拉伸 探究并描述一些常见物质(水、巧克力、面包、泥土)被加热或冷却时的变化

美国大学理事会制订的科学课程标准中，对课程目标的表述则采用了行为性目标和表现性目标相结合的方式。以“周期表”为例，课标中给出的这一主题的目标要求如下。

行为性目标

学生理解周期表是一种有组织化的工具，可以用于预测和分类元素的性质和趋势。

表现性目标(成绩预期)

表现性目标为了理解目标或者提升对目标的理解，学生知道、运用并参与根本知识的方式。

C-PE. 2. 1. 1 根据给定主族元素在周期表中的位置预测其性质。性质包括外观、电负性、成键类型、离子所带电荷。论证给定单质的类型(金属/非金属/准金属)。列举具有类似性质的元素，解释它们具有类似性质的原因。

C-PE. 2. 1. 2 给定同周期或者同族元素原子性质(如原子半径、电离能或者电负性)的数据表：

C-PE. 2. 1. 2a 选择数据表征的合适方法

C-PE. 2. 1. 2b 根据数据分析一个周期或者一个族的性质趋势

C-PE. 2. 1. 2c 运用原子结构的知识，解释上述趋势。

C-PE. 2. 1. 2d 根据之前的解释，预测一套不同元素的趋势。从文献和电子资源中收集数据，并确证预测。

C-PE. 2. 1. 3 运用周期表预测一族元素的性质趋势。预测的性质应该包括原子半径、电负性、离子所带电荷、与金属或者非金属形成化学键的类型以及物质的类型(金属/非金属/准金属)

C-PE. 2. 1. 4 根据电子与原子核的吸引和排斥解释当原子变成离子时原子半径的变化。

三、化学课程目标水平的比较

由于不同学段的学生其个体发展的水平要求并不相同，即使是相同学段，不同学生之间存在个体差异，不同课程内容对学生发展的价值也存在差别，因此，课程目标要求必然具有的一定的层次性，即课程目标的水平要求应该有高低之分。从国际视野上来看，不同国家对化学课程目标水平的表示主要有以下四种情况。

1. 通过不同动词的行为复杂程度来表示课程目标的水平差异

通过使用复杂程度不同的行为动词来表示不同水平课程目标，是国际上大部分国家和地区都采用的一种普遍方式，包括对不同阶段化学课程目标水平差异，以及同一阶段的不同课程内容，其认知领域学习的目标要求水平差异。这主要是依据布卢姆(B. S. Bloom)认知领域的教育目标分类。布卢姆根据认知结果将认知领域的目标分为记忆、理解、应用、分析、评价和创造六大类别[9]。其中记忆、理解和应用比较容易达成，可称为较低层次目标，分析、评价和创造则相对比较复杂，较难达成，可称为高层次目标。

中国大陆初中和高中化学课程目标的水平差异重要体现形式之一是，在不同阶段使用不同水平的行为动词来表述课程目标。如前面分析，中国大陆初中阶段化学课程目标中，认知性目标不要求达到“应用”水平，技能性目标不要求达到“学会”水平。

芬兰不同阶段化学课程目标的水平差异的体现与我国类似。芬兰初中阶段属于义务教育，其对初中阶段化学课程总目标的表述中使用频率最高的“学会”，偶用“熟悉”，而其对高中化学课程总目标的表述中，使用频率最高的动词是“熟悉”和“理解”，并要求学生能“评价信息的可靠性和重要性”，由此可以看出两个不同阶段课程目标的水平要求高低不同。

2. 通过不同水平的任务来表示课程目标要求的水平

由于不同阶段学生的能力水平不同，其能完成的任务水平也不同。通过描述学生在不同阶段能完成的任务水平来表示课程目标要求的水平差异，也是表示课程目标水平的重要方式。美国最新国家科学课程标准(2013 年)中对“科学和工程实践”的三个要素在 6～8 年级和 9～12 年级有不同的水平要求，从学习进阶的角度详细描述如下。

表 7 科学和工程实践的学习进阶

任务	6～8 年级	9～12 年级
形成和使用模型	6～8 年级的建模进阶到发展和使用模型来描述、检验和预测更抽象的现象和设计体系。 ·形成模型来描述不可观察的机理(MS-PS1-5)	9～12 年级的建模是建立在 K～8 年级基础上，并且进阶到使用、综合和建立模型来预测和展示变量之间的关系(自然界和设计的世界中体系及其要素) ·基于证据形成模型来说明系统之间或者系统要素之间的关系(HS-PS1-4)

续表

任务	6～8年级	9～12年级
分析和诠释数据	进阶到将定量分析延伸到研究(investigations)中，区分相关和因果，数据的基本统计技术和误差分析 ·通过分析和诠释数据来决定结果的相似性和差异性(MS-PS1-2)	9～12年级数学和计算思维建立在K－8年级的基础上，并进阶到使用代数思维和分析，线性和非线性函数(包括三角函数、指数和对数、用于分析、表征和建模数据的统计分析工具。基于基本假设的数学模型建立和使用基本的计算模拟 ·使用现象的数学表达来支持命题(claim)
建构解释和设计解决方案	进阶到包括在与科学知识、科学原理和理论一致的多种证据的支持下构建解释和设计方案 ·实施一个设计项目，在项目中参与设计循环，构建或(和)实施满足具体设计条件和限定的解决方案(MS-PS1-6)	9～12年级进阶到与科学知识、原理和理论一致的、学生独立产生的多重证据来源所支持的解释和设计。(HS-PS1-7) ·应用科学原理和证据来解释现象和解决设计问题，考虑可能的不期待的效应(HS-PS1-5)。 ·基于来自大量来源(包括学生自己的研究、模型、理论、模拟、同伴评审)的有效的、可信的证据，以及对理论和定律在过去、现在和将来都描述自然界如何运转的假设来建立和修订解释。(HS-PS1-2) ·优化(refine)复杂真实世界问题的解决方案，基于科学知识、学生产生的证据来源、优先条件、折中考量。(HS-PS1-6)

3. 通过课程目标的内涵来表示课程目标的水平差异

由于法国的高中可以分为定向阶段(高一)和终结阶段(高二和高三)，其课程目标在两个阶段也有所不同。在定向阶段的普通高中一年级“物理—化学”课程，是面向所有高中学生的课程，高二和高三理科属于高中的终结阶段，这个阶段的“物理—化学”课程只面向部分选择理科专业的学生。不同阶段的目标水平有较大差异。定向阶段培养的是普通公民的基本素养，而终结阶段则定位于培养“物理—化学”领域的专门人才所应具备的基本素养。普通公民的基本素养与“物理—化学”领域专门人才的基本素养的内涵参看前面对法国化学课程目标的简介部分。

4. 使用“初步”“加强”等词表示课程目标的水平差异

中国大陆化学课程标准中，还利用在特定的动词前加“初步”“最基本的”等限定词，表述不同阶段、不同化学课程类型的课程目标水平差异。如初中阶段要求学生，“初步形成基本的化学实验技能，初步学会设计实验方案，并能完成一些简单的化学实验”；而高中阶段则要求学生，“获得有关化学实验的基础知识和基本技能，学习实验研究的方法，能设计并完成一些化学实验”。中国大陆选修化学课程目标是在必修化学课程目标基础上针对特定的学习主题的进一步提高，如必修模块要求学生"……了解它们在生产、生活……中的应用，……初步树立社会可持续发展的思想"。《化学与生活》模块则对此目标要求提升了水平，要求学生"认识化学科学的发展对提高人类生活质量的积极作用，形成可持续发展的思想"。

另外，中国台湾对不同化学课程的目标水平也主要采用这种方式来区别。中国台湾化学课纲(2009 年)的课程目标如下。

表 8　中国台湾化学课纲的课程目标(2009 年)

基础化学"课程目标"
一、本课纲延续九年一贯课程的精神，掌握普通高中的教育目标，以中小学一贯课程体系参考指引为依据，兼顾人文、社会与自然领域学生的科学学习目标。 二、教材内容着重在基础的化学原理及应用与实验活动学习，认识并了解物质的组成、结构、性质及其中的能量变化，并借认识科学发展史学习科学知识的产生及发展。 三、教材应能加强科学基本素养，培养化学兴趣，认识科学方法，增进个人解决问题、自我学习、推理思考、表达沟通的能力，成为具有科学素养的公民。
选修化学"课程目标"
继续"高中必修科基础化学"的基础化学教育，加强化学原理与知识的培养，及实验能力与操作技巧的养成，增进学生对物质科学的认知，亦能衔接大学或进阶课程，确立博学、审问、慎思、明辨、笃行的基本治学方针。

第三节　启示与思考

一、国际化学课程目标的趋势

通过分析，我们可以看出，各国课程目标既有一定国家和地区特色，又呈现出一些同性的特征，如多维性和重视能力目标等。国际化学课程目标主要呈现以下特点和趋势。

1. 内涵要素多样化，包含多个维度

课程目标的内涵要素主要研究课程目标应该由哪些基本要素构成，要素是否合理和全面直接决定着课程价值的实现情况。有研究认为，[10]经过对新中国成立后学校课程发展的经验、教训的分析与总结及对西方发达国家课程理论的学习和借鉴，课程目标研制应注意知识的传授与能力及思想品德的培养相结合，即课程目标至少应该包括知识、能力及思想品德三个要素。

根据对前述国家和地区课程目标内涵的分析，可以看出，不同的国家和地区的课程目标的内涵一般都包括知识、技能、能力这三个要素，但侧重点有一定差异。如法国是一个多文化的国家，其课程目标重视学生文化素养的培养，芬兰的课程目标重视信息素养的培养。加拿大和澳大利亚的课程目标则明确包括了对 STS 的要求。

其中大概念、核心观念等属于化学课程目标知识维度提出的比较重要的新内容。

另外，科学本质、科学自然观等较新的课程目标的构成要素也是非常值得关注的。

多维度课程目标已经成为一种世界性的趋势和特点，这表明，世界范围内，各国高中化学教学都走出了单纯的学科知识和技能的传授的囿限，而是顺应世界教育发展的趋势和目标，重视学生的全面发展以及"完整的人"的塑造，重视学科与社会的有机联系。

2. 呈现能力导向，科学探究能力受到普遍重视

学生各项能力的培养历来为世界各国共同关注。绝大多数国家和地区在其课程目标中明确提出了能力培养的目标和要求，且在课标中出现的能力类型多样化，表现出普遍重视学生能力培养的取向。世界各国对能力目标的提出并非字斟句酌，也有很多随意的冠以能力的称谓的情况，如芬兰课程目标中涉及的合作能力，认识并处理有关个人及社区的道德问题的能力，学生的学习、信息获取、管理和解决问题的能力，规划自己的未来、继续教育、高等教育和未来职业生涯的能力；法国提到的创造和创新能力；英国提及的思维能力，等等。其中日本提到的科学探究能力、化学探究能力等，均没有明确的内涵和可操作性界定。

科学探究能力为大多数国家和地区共同关注。加拿大、日本、英国、韩国和中国台湾都明确提出这一能力类型，并且加拿大、英国和韩国都对科学探究能力的内涵给出明确的界定。特别是英国和加拿大关于探究能力的界定，值得我们参考。另外，法国的"综合能力"和澳大利亚的"核心技能"也都有较大部分内涵与科学探究能力是重合的。这说明在当前的时代背景下，科学探究能力是赢得竞争的重要能力。研究有效的科学探究能力的培养方式和策略，应该受到我国教育研究工作者的进一步重视。

3. 认识科学本质成为国际科学课程目标的重要组成部分

加拿大安大略省的科学课程标准明确指出，"科学是旨在描述和解释客观自然和物质世界的一种认知方式。科学素养的一个重要部分是对于科学本质的理解"，并用中学生能够接受的语言阐述了科学本质的内涵：科学的首要目标就是去理解自然和人为设计的世界。科学指的是人类获取自然知识，并将所获得的知识构建成一个严密知识体系的特定过程。在悠久的历史中，科学是一个充满活力并且富有创造性的有序活动。许多社会已经为科学知识的理解和发展做出了贡献……科学家们通过验证现有定律与理论，不断地评估和判断当前知识的合理性，并通过重建现有证据或发现的新证据来修正现有的科学知识。

美国《科学教育框架》中也有对科学本质的阐述和目标要求。美国《科学教育框架》明确指出，学生学科学时需要精通 4 点：(1)了解、使用和阐释对自然世界的科学解释；(2)提出并评估科学证据和解释；(3)了解自然和科学知识的发展；(4)富有成效地参与科学实践和对话。

其中第三个方面，把学生对科学的理解作为一种认知，即是对学生认识科学本质的目标要求。科学知识是一种特定的带有自身来源、自身正确性和自身不确定性的知识。懂科学知识的学生认为在发现了新证据或者是建立了新模型的基础上，预测和解释是可以被修改的。

基于《科学教育框架》的思想，美国最新科学课程标准中，将科学本质定为重要的课程目标，其表述如下。

与科学本质的联系——科学知识是在实证证据的基础上建立的。

·科学知识是基于证据和解释的逻辑联系和概念联系(MS-PS1-2)。

与科学本质的联系——科学模型、定律、理论解释自然现象。

·定律是自然现象的规律或数学描述(MS-PS1-5)。

澳大利亚维多利亚州科学课程标准在其课程总目标的表述部分，也明确提出了对认识的科学本质的学习要求："了解化学知识的组织、挑战、修订和扩展方式"。

由此可以看出，科学本质，已成为国际科学课程的重要目标。

4. 行为性目标和表现性目标是课程目标表述的重要形式

综观国际上关于化学课程目标的表述形式，可以看出，课程目标主要以行为性目标和表现性目标为主要表述形式。

目前大多数国家和地区的化学课程目标表述中都包含行为性目标的形式，以具体的、外显的行为陈述课程目标，表示学生课程学习之后发生的变化。甚至有些国家和地区的课程目标完全采用行为性目标的表述方式，如芬兰、法国、日本以及中国台湾地区等。即使有些国家和地区已经将课程目标表述的主要形式转变成表现性目标，但对课程目标的总体表述仍然采用行为性目标的形式。这说明曾经作为课程目标表述的主流形式的行为性目标，如今仍在课程目标表述中占有重要地位。尽管行为性目标有其不可忽视的意义和价值，甚至曾经一度成为课程目标的代名词，但其确实存在着诸多不足和问题，如经常使用的某些含义较为含糊的行为动词可能会让课程实施者感觉难以把握，如"理解相对原子质量"，其中的"理解"就是一个含义含糊的行为动词，其可以拆分出许多层具体的行为。这些问题也促使表现性目标的进一步研究和快速发展。

表现性目标不仅包括特定的学科内容，同时也指明学生获得学习成果的具体行为，能够在很大程度上保证内容标准得以实施和完善，从而有效落实特定学科的课程目标。从课程实施来看，表现性目标比行为性目标更加明确、具体，可操作性更强。另外表现性目标还可以为课程的评价和衡量提供直接的量尺，会对学生的表现水平、表现成绩或学习质量的评价提供更强大的驱动力。

经过分析，可以看出表现性目标已经开始受到较普遍的重视，世界上已有不少国家和地区在课程目标中采用表现性目标的表述。如美国、加拿大、澳大利亚维多利亚州等的化学(或科学)课程标准，都是以表现性目标作为课程目标表述的主要形式。表现性目标在发挥其功能的同时，也有一些问题，如过于具体的表现性目标，有可能在实施过程中使教师感到教学就是在让学生进行一系列活动，而目标固有的统领和导向作用弱化，从而不容易整体把握。而这些国家在陈述表现性目标前，都有一个较为概括的行为性课程目标作为总要求，可以有效地解决这一问题。

5. 关注学科领域之间的交叉因素，强调目标的统一和融合

学科领域之间的直接交叉和整合，是国际科学研究和发展的趋势。因此世界范围

内科学教育目标的发展方向也呈现出逐步走向统一与融合的形势。

目前从国际上看，学科领域之间的交叉和整合的主要有四个层次：第一个层次是具体概念的整合，称之为大概念。如美国最新科学课程标准中，提到物质的结构和性质、化学反应等是化学学科重要的大概念，也称为学科核心概念，这些大概念包含的内容比较丰富，且在不同阶段有不同的学习要求，如下表所示。

表 9　美国大学理事会制订的科学课标中“物质的结构和性质”与“化学反应”的学习要求

大概念	6～8 年级	9～12 年级
物质的结构和性质	·物质由不同类型的原子构成，原子间以不同的方式结合。原子形成不同大小的分子(从 2 个到几千个原子)(MS-PS1-1) ·每种纯净物有特定的物理性质和化学性质(一定条件下的大量)，这些性质可以用于确认该物质(MS-PS1-3)(这个核心观念也体现在 MS-PS1-2) ·气体和液体由分子或惰性原子构成，这些分子和原子做相对移动(MS-PS1-4) ·在液体中，分子之间不断接触；气体中，分子之间相互隔开，偶尔碰撞。在固体中，原子离得很近，在其位置上振动但不改变相对位置(MS-PS1-4) ·固体可能由分子构成，或者是一些重复单元的衍生结构(例如，晶体)(MS-PS1-1) ·状态的变化，伴随着温度、压力的变化，可以用物质的模型来描述和预测(MS-PS1-4)	·周期表根据原子核质子数对元素横向排序，将化学性质相似的那些元素放在列里。这种重复的周期表模式反映了核外电子排布的模式(HS-PS1-2)(注意：这个学科核心概念在 HS-PS1-1 中也出现了) ·稳定的分子比其分立的原子组能量低；为了使分子解开，至少要提供这个能量(HS-PS1-4)
化学反应	·物质以不同方式发生化学反应。在一个化学过程中，起始物的原子重组成不同的分子，这些新物质具有与反应物不同的性质	·化学过程、速率和能量储存或释放，可以被理解为分子的碰撞和原子重排形成新分子，伴随着分子中键能总和变化，这个变化与动能的变化匹配(HS-PS1-4)(HS-PS1-5) ·在许多情况下，反应及其逆反应之间动态的、依赖条件的平衡，决定了存在的各种类型分子数量(HS-PS1-6) ·原子守恒的事实，以及元素化学性质的知识，可以用于描述和预测化学反应(HS-PS1-2)，(HS-PS1-7)

第二个层次是跨学科的整合，即将内容、价值、研究方法等相近或密切相关的学科整合成一门综合性课程，如科学课程，通常包括物理、化学、生物以及自然地理等

具体学科。目前世界上很多国家和地区的科学课程标准都是基于这四门学科而制订的。在当前科学高度发展的时代，多学科综合对产生高质量科学研究成果是重要且必要的。多学科的整合产生了许多重要的“交叉概念”，如美国最新国家科学课程标准中提到的交叉概念如下。

模式

·在不同尺度上研究一个体系，可以观察到不同的模式并提供解释现象的因果证据。(HS-PS1-2)(HS-PS1-5)

能量和物质

·封闭体系中能量和物质的总量是守恒的(HS-PS1-7)

·体系中能量和物质的变化可以描述为能量和物质流入、流出、停留在体系内。(HS-PS1-4)

稳定性和变化

·大多科学要构建关于事物如何变化和如何保持稳定的解释(HS-PS1-6)

与科学本质的联系——科学知识假定自然界存在层级和一致性

·科学假定宇宙是一个很大的独立体系，在其中基本定律是一致的(HS-PS1-7)。

第三个层次是跨领域的整合。跨领域的整合比相近学科的整合范围要大，整合的难度也更大。当前世界范围内科学教育较长一段时间内对 STS(或者 STSE)的关注，即是跨领域整合的重要范例。而美国新一代科学课程标准中，这种层次的跨领域整合也有新的体现，即课标中重点强调的科学、工程学、科技和社会学的交叉。

第四个层次是，科学与人文的整合。这种整合并不是科学与人文科学关系的“整合论”或“融合论”，认为一个人要全面发展，需要接受科学与人文学科两方面的教育，因此要求将科学教育与人文学科教育加以整合。实际上，这属于科学与人文的二元划界。这里我们所说的整合是指科学教育中人文价值的挖掘和体现，科学教育中应该渗透人文理念，构建人文精神，以符合当今科技社会发展的需要。事实上，科学与人文并不是两个相互对立的方面，不应该对立起来认识。造成“科学”和“人文”的分离乃至冲突的并不在于科学本身，科学本身是一种人文视野，因而，科技教育就更应该是体现人文精神的社会实践活动。[10] 实际上，早在 1996 年美国开展的“科学扫盲”运动中提出的对“科学素养”内涵的界定，就包括了对“科学与人文”的阐释。课标中主张对于化学史、化学家的描述，引导学生对社会可持续发展的关注，以及辩证唯物主义世界观的树立，等等，都是属于科学与人文整合的体现。

6. 布卢姆的教育目标分类仍然是国际化学课程目标水平表达的主要框架

基于对几个国家或地区化学(科学)课程标准的课程目标表述中出现频次较高的动词的分析，得到如下表格。通过该表可以看出，国际范围内，布卢姆教育目标分类(重点分析认知领域)，仍然是国际化学课程目标水平确定的主要依据。但是，值得一提的是，尽管布卢姆教育目标分类仍然是国际上普遍使用的教育和课程目标分类方法，但对其使用已经发生了变化。很多国家，如美国、加拿大、英国、澳大利亚等，其课程目标不再定位于制订学生学习结果的目标要求，而是更加关注产生这一认知结果的认知过程，如学生要经过哪些认知过程才能达到“理解”的认知结果，因此，在课标中对课程目标的表述中，更多的国家开始使用的是达到“理解”这一认知结果的具体的认知过程的动词，如“分类”“解释”“描述”“转换”“比较”，等等。

表 10 几个国家和地区课程目标表述的动词

国家（地区）	表述课程目标出现频率较高的动词	课程目标表述示例
美国	描述，解释，预测，阐述，说明，解释，修改（设计），使用数学表征，描述、检验和预测，实施，设计，计划，实施，收集，表达，构建模型，使用模型，发展模型，阐述，建立，展示，检验，确定（国家最新科学课程标准）	·用元素周期表作为模型，基于原子最外层能级的电子模式预测元素的相对性质 ·计划并实施研究以收集证据来比较宏观尺度物质的结构，从而推测微粒间静电力的强度 ·形成模型来阐述原子核组成的变化，以及在裂变、聚变和放射衰变过程的能量释放 ·表达关于为什么分子水平结构在设计材料的功能上很重要的科学和技术信息 ·基于证据发展模型来阐述系统之间的关系或系统要素之间的关系 ·使用模型来预测系统之间的关系或系统要素之间的关系 ·构建模型用于说明化学反应体系能量释放和吸收取决于总键能的变化 ·基于原子的最外层电子状态、元素周期表中的趋势、关于化学性质的模式知识，建立和修改对简单化学反应的结果的解释 ·应用科学原理和证据来解释改变反应微粒的温度或浓度对反应速率的影响 ·通过条件的改变，修改化学体系的设计，使之在平衡状态产生更多产物 ·使用数学表征来支持化学反应中原子守恒和质量守恒 ·9～12 年级的建模是建立在 K～8 年级基础上，并且进阶到使用、综合和建立模型来预测和展示变量之间的关系（自然界和设计的世界中体系及其要素） ·分析和诠释关于物质相互作用前后的物质性质数据，来确定是否发生了化学反应 ·形成和使用模型来描述化学反应中原子的数量不变，因此质量守恒 ·实施一个设计项目，借助构建、检验、修改一个释放或吸收热能的装置（说明：重点放在设计，控制向环境的能量转移，利用物质的类型和浓度等因素修改装置）

续表

国家（地区）	表述课程目标出现频率较高的动词	课程目标表述示例
加拿大安大略省	展示，识别，描述，预测（阐述假设），识别和查找，整理和记录，分析和解释，做出（结论），证明，交流，使用，表达，分析，评估，解释，阐明，比较和对比，识别，运用，计划和实施，区别，构建，收集和记录，设计，分析和说明	·计划和实施一项对于一般物质的性质的调查 ·根据它们的物理和化学性质区别这些物质 ·构建分子模型去代表简单的分子 ·据它们的化学性质，进行适当的化学测试以识别一些常见气体，并记录他们的观察 ·实施一项识别常见元素和化合物的物理和化学性质的调查 ·恰当运用与原子，元素和化合物有关的术语 ·评估使用常见元素和化合物对社会、环境和经济影响 ·调查，通过探究，描述常见元素和化合物的物理和化学性质 ·阐明对常见元素和化合物的性质，以及对周期表中元素的组织的理解 ·比较和对比周期表中，组内元素（碱金属）和组间元素（碳集团和稀有气体）的物理性质 ·识别和使用常见元素的符号和常见化合物的分子式
法国	设计，描述，书写，知道，确定，使用，解释，分析，理解，找出，计算，确定，使用，找到，确定，写出，掌握，懂得，设计并实施，鉴定，辨认，阐释，预测，摘录	·设计实验步骤进行实验以检验离子 ·掌握原子结构和原子核结构 ·描述一个化学反应体系及其可进行的反应 ·书写一个化学反应方程式，包括准确的化学计量数 ·知道固体质量或液体体积，确定物质的量 ·会安全使用分液漏斗、过滤装置和加热装置 ·解释标签和各种资料表达的信息 ·分析一种药物的表达 ·理解合成化学的作用 ·在结构式中找出功能团 ·从相对原子摩尔质量出发，计算相对分子摩尔质量 ·用实验探究法确定溶液中纯净物的浓度（比较颜色法） ·使用分子结构模型和结构软件 ·找到碱金属族、卤化族和稀有气体在元素周期表中的位置 ·使用元素周期表分类法确定单原子离子的电荷 ·根据分子结构模型，可以写出相对应的结构式和结构简式 ·设计并实施一个实验步骤来检验离子 ·掌握原子及原子核的结构 ·懂得原子呈电中性 ·掌握并会应用有关周期现象的周期和频率定义 ·鉴定反应物是否完全转化，从定量角度描述化学反应体系的终态

续表

国家（地区）	表述课程目标出现频率较高的动词	课程目标表述示例
		·辨认出在一个碳链中，两个双键是否在共轭位置 ·阐释几个简单分子的刘易斯结构式 ·预测一个分子是否具有 Z/E 同分异构 ·摘录和应用有关染料的信息，包括它们在不同方面的应用以及确定结构的方法(彩色照相成色剂分子，颜色指示剂，漆等) ·用恰当的科学语言来进行论证
澳大利亚维多利亚州	区分，辨别，识别，解释和证明，调查，分析，书写，绘制，构建，讨论推断，观察，演示，确定，查找并报告，讨论，说明，分析，分类，计算，写出，画出，叙述，预测，比较，运用，记录，论证，设计，画出	·对一组数据进行整理，分析元素的物理和化学性质，并根据性质的相似性进行分类 ·讨论道尔顿的工作，并说明门捷列夫如何通过已知的精确原子量来证明和发展他的周期表 ·查找并报告另一个人的工作对周期表和原子理论的贡献 ·通过质谱解释，以确定相对原子质量 ·进行实验，演示周期表动态 ·观察各种元素的发射光谱 ·根据电子壳层和亚壳层解释一系列电离作用能量 ·进行简单的置换反应，以推断金属的活度顺序 ·讨论当前原子模型的局限性 ·构建一个金属晶格模型，或者一个金属晶格的计算机模拟视图 ·为离子化合物的形成绘制电子转移图 ·书写离子化合物公式 ·分析共价分子化合物的沸点数据，并依据分子间作用力给出解释和证明 ·调查由乙烯及其衍生物聚合形成聚合物的特性和用途 ·比较烷和烯，在光照和黑暗环境中，和溴水反应的差异 识别连接模型的局限性，包括不完整的凝固表面概念 进行稀释活动，并计算各阶段的浓度稀释 ·写出沉淀反应完整的离子方程式 ·根据给定的方程式，依据 Bronsted-Lowry 定义，辨别出酸、碱和两性电解质 ·区分酸的浓度和强度 ·用恰当的科学语言来进行论证 ·通过实验探究设计一个电池，并画出它的功能结构图

续表

国家（地区）	表述课程目标出现频率较高的动词	课程目标表述示例
芬兰	知道，学会，认识，理解，评价，描述、解释、讨论(信息)，搜集并处理信息，评价，熟悉(信息技术和交流技术)，激发和增强(兴趣)	·获得关于化学的总观性认识，包括化学的潜力和意义 ·描述某些有机化合物的结构、性质及其参加的化学反应，理解这些有机化合物对人类及生存环境的意义 ·熟悉各种不同类型的混合物以及与其相关的概念 ·发展所需要的表述和讨论信息的能力 ·学会实验技能，会批判性地获取与处理信息 ·知道怎样通过实验检测有机化合物的性质及其反应，熟悉分离和鉴别的方法，知道怎样配制溶液 ·能基于生活和环境，通过化学实验及其他积极有效的获取信息的方法，搜集并处理有关化学现象和重要物质属性的信息，能评价这些信息的可靠性和重要性 ·能够描述、解释、评价及讨论实验过程中或通过其他途径获得的有关信息 ·获得一定的经验，以激发和增强他们在化学和化学学习中的兴趣
中国台湾	记忆，理解，应用，分析，综合，评鉴	·评量之内容，应以学习目标为导向，在认知方面，则按记忆、理解、应用、分析、综合、评鉴等不同层次，制作评量试题，而题型宜生动活泼，从生活中取材，并求难易适中；在技能方面，则考评学生实验操作技巧、科学过程技能、设计实验及综合判断之能力；在情意方面，则重视科学精神和求真、求实之科学态度的含蕴，及求知与参与之热忱
中国大陆	见前面中国大陆化学课程目标简介部分	略
英国	认识，探究，观察，测量，记录，比较，辨别，解释，总结，分类，说出，了解，发现，描述，解释，表示，区分，描述	·应当使学生认识到：在尝试回答问题时，通过观察与测量的方式收集证据是十分重要的 ·利用视觉、听觉、嗅觉、味觉与触摸等合适的方式开展探究，观察、测量并记录结果 ·进行简单的比较(例如，手跨度，鞋子的尺码)，辨别出简单的模式与关联 ·比较实际结果与学生期望的结果，并根据他们的知识和理解，尝试做出解释 ·总结他们的工作并向其他同学解释他们做了什么 ·依据简单的物质属性对物体进行分类 ·认识常见的各种物质并能够说出它们的名称，认识到其中的一部分是自然形成的

续表

国家（地区）	表述课程目标出现频率较高的动词	课程目标表述示例
		·了解不同物质的用途(如，玻璃、木头、羊毛)，并认识到某物质具有的简单属性如何使得它具有某用途 ·探究并描述一些常见物质(水、巧克力、面包、泥土)被加热或冷却时的变化 ·如何运用物质的粒子模型来解释固体、液体、气体的属性，包括状态变化、气体压强以及扩散 ·元素周期表中的元素及其原子的组成，用符号表示元素不同元素物理属性的不同，包括外观、室温时的物态、磁性以及热、电传导性，以及如何利用这些属性来区分各种元素，如金属与非金属 ·用化学式表示化合物以及用方程式描述化学反应

二、我国化学课程目标研究前瞻

综观我国化学课程目标的总体发展趋势，1990 年以前主要是强调“双基”，包括基础知识和基本技能，定位于“双基”的课程目标，使我国课程实施落入了“高分低能”的窘态。1990 年至第八次新课程改革之前主要强调能力发展的目标，如 1990 年我国化学教学大纲中提到的能力目标包括“观察能力、思维能力、实验能力和自学能力”，2000 年修订后的大纲提出的能力目标包括“观察能力、实验能力、思维能力和自学能力；综合应用化学和其他科学知识、技能解释和解决一些简单的实际问题”。尽管能力目标的内涵有所发展，然而此阶段能力目标并没有体现学科特质，也没有落实的有效途径，因此落实的效果并不理想。2001 年开始的第八次新课程改革，提出了培养和发展学生“科学素养”化学课程总目标，再次将课程目标的一级维度进行了提升，又进一步将“科学素养”的总目标具体化为“知识与技能”“过程与方法”“情感态度与价值观”三维目标，并提出了通过科学探究作为落实科学素养的目标的重要突破口。

另外，我国义务教育和高中化学课程标准中，已经对课程目标的水平作了概括性区分，具体规定主要体现在《义务教育化学课程标准(2011 年版)》的“有关行为动词的分类”栏目，以及《普通高中化学课程标准(实验)》“关于目标要求的说明”栏目。标准中对目标要求的描述所用的词语分别指向认知性学习目标、技能性学习目标、体验性和表现性学习目标，并且按照学习目标的要求分为不同的水平。对同一水平的学习要求采用了多种行为动词进行具体描述。这种对化学课程目标水平明确做出规定的尝试，在世界其他国家和地区的课标中并没有体现。

通过对我国化学课程目标纵向发展的分析以及与其他国家和地区化学课程目标的横向比较，我们认为，我国化学课程目标仍然面临着一系列急需解决的重要问题，需要进一步研究。

1. 化学课程目标的内涵和要素需要进一步探索和明晰

从世界范围内来看，定位于“科学素养”的化学课程总目标是符合国际潮流的，但从新课程实施的这十几年的现状来看，要达到较为理想的实施效果，需要进一步对宏观上位的科学素养目标进行内涵及构成要素的探索。

我国化学课程标准也明确指出，化学课程目标分为“知识与技能”“过程与方法”“情感态度与价值观”三个维度，具有多维性，这是符合当前国际化学课程目标要素多样化这一趋势的。由于我国传统化学教学较为重视“双基”，因此“知识与技能”维度目标的二级维度相对来说较为清晰，但是“过程与方法”和“情感态度价值观”目标的二级维度不够清晰，即过程与方法都包含哪些过程和哪些方法？情感态度价值观维度又包括哪些具体的二级维度？这是我国化学课程目标研究需要进一步解决的问题。目前我国化学课程目标的“过程与方法”维度目标可以分为探究方法和学习方法。法国课标中关于方法维度包括：科学探究、实验研究、历史法、与其他学科的联系、信息和通信技术的使用等。而更多的国家和地区的过程与方法维度目标则主要是按照探究的要素针对探究的方法进行了详细的阐述。

即使是对内涵相对来说还算清晰的“知识与技能”维度目标，也有对其进一步重新审视的必要。如为了将纷繁复杂的具体化学知识以及其他学科的相关知识进一步建立联系，化学课程目标中应该体现一些超越具体知识内容的培养目标，如美国已经提出了大概念和核心观念等。这对于我国化学课程目标的构建提供了重要的启示，也对分层次表达知识与技能维度的课程目标具有重要的参考价值，即化学课程目标中既有宏观上位的科学素养总目标作为统摄，也包括知识与技能的二级维度，还包括大概念三级维度，最后是具体的知识和具体的技能。

同时，化学课程目标的要素是随着时代的发展而不断丰富的。不同国家和地区都在根据时代需要和学生发展需求，对课程目标的内涵要素进行着不懈的探索，如芬兰提出了信息素养，法国提出了文化素养，芬兰提出的安全和健康，日本提出的思维方式，等等。尽管这些词汇或许带有一定的地方主义色彩，或许并没有足够具体的二级维度的内涵来支撑，但这些课程目标要素的新提法对于帮助我们深入挖掘和理解化学课程目标的内涵和价值，具有重要意义。

世界上很多国家，如加拿大、法国、澳大利亚等都单独列出了STS目标，但我国将STS目标包含于情感态度价值观维度。在当前美国《科学教育框架》明确将工程学和技术纳入其中的大时代背景下，STS目标再一次引起了世界各国的关注，并面临着内涵继续扩大的趋势。在我国的化学课程目标设计中，是否将STS目标继续包含于情感态度价值观维度，还是单独列出并进一步丰富其内涵，是值得我们深入思考的重要课题。

2. 科学本质观应该成为化学课程目标的基本要求

关于科学本质的论述比较有代表性的观点有美国科学促进会（American Association for the Advancement of Science，缩写为AAAS）对科学本质的阐释以及美国著名的教育研究学者里德曼的阐述。AAAS对“科学本质”的阐述包括三个方面：科学世界观(scientific world view)——所形成的科学知识是可以被修正的，科学并不能对所有问题提供完全的答案；科学探究(scientific inquiry)——科学需要科学家不断验证理论并尽量避免误差，科学是逻辑和想象的结合体，具有解释和预测的功能；科学事业(scientific nterprise)——科学是一项复杂的社会性活动，具有个人、社会和公共机构三个维度。

而里德曼[11]对科学本质的阐述则更加具体：

·当发现新的证据和对已有事实有新的解释时，科学知识将会改变。

·科学知识最终是建立在经验证据基础之上，那就是对自然世界的观察。

·人类的想象和创造性参与了科学知识发展的所有阶段，包括假设的提出、实验的设计和数据的解释。

·科学观察受到个体科学价值观和先前知识等主观性的影响。

·科学受到文化和社会价值观念的影响。

·科学知识是建立在观察和推论基础之上。观察是通过人的感官或这些感官的扩展收集的，推论是这些观察的解释。

·科学定律和理论是不同的科学知识。科学定律描述观察现象之间的关系，而科学理论是对自然现象的推论解释。

由“科学本质”的内涵可以看出，科学本质是科学素养的重要组成部分。而且也已有很多国家在其科学教育标准中将科学本质认识列入学生学习科学的基本目标要求，如前面分析的美国《科学教育框架》、美国最新科学课程标准、加拿大安大略省科学课程标准等。

在国际上当前高度统一的“培养学生的科学素养是科学教育的一个永恒目标”的观点下，我国应当尝试将学生对科学本质的认识正式而明确地纳入科学相关的课程目标，这无疑是重要和必要的。另外，还需要进一步研究的是应该用什么形式将科学本质纳入化学课程目标的基本要求。可以明确的是，我国化学课程目标中，应该包括对科学本质的显性说明，如包括：科学认识的结果，并不是纯粹客观的，包含有人的想象性和创造性。科学认识是相对合理的，有时甚至是错误的，所以科学知识具有暂定性本质。理论和概念会经历变化，但是大部分基本科学概念(质量守恒定律、氧化还原反应)已被证明是稳定的。另外，在教科书编写建议和教学建议中，也应该包含促进科学本质观建立的内容。

3. 应注意加强表现性目标的研究、设计及配置

基于对表现性目标的分析，表现性目标的研究和设计是促进课程目标落实的一种有效途径。我国现行的《普通高中化学课程标准(实验)》中，已经有了表现性目标，主要是“活动与探究建议”部分。这些活动与探究建议明确指明了学生要进行的活动类型和活动探究的对象，能够有效地唤起学生的活动探究和积极参与，但没有规定活动的结果，学生进行探究活动后可能会有各种不同的结果表现。符合表现性目标的“向教师、也向学生发出了一份请帖，邀请他们探索、追随或集中他们特别感兴趣或对他们特别重要的问题，但不规定结果”的基本特点。但这些“活动与探究建议”与其对应的

内容标准之间并不是严格的一一对应的关系，即有的“内容标准”有对应的“活动与探究建议”，而有的“内容标准”却没有，也就是说这些“活动与探究建议”并不能完全覆盖“内部标准”的基本要求。当然，教师可以在教学实施时自己开发达成内容标准具体要求的学生活动，这样可以充分调动教师的积极性和创造性，但是目前我国还有一大批教师的素质达不到这种水平，开发起来还是有较大难度。由课程设计者通过表现性目标设计开发恰当的学生活动，供教师参考，应该是有积极意义的。事实上，即使课程设计者通过表现性目标提供了具体的学生活动建议，有能力、有余力和有特殊需要的教师仍然可以根据自己的实际情况开发设计更符合自己需要的学生活动，并不会限制教师创造性和积极性的发挥。

在表现性目标的研究和设计方面，加拿大安大略省、美国和澳大利亚维多利亚州等国家和地区的课标给我们提供了重要启示。为了避免表现性目标过于具体，统领和导向作用较弱的问题，三个国家和地区的课标都首先用概括性的行为性目标表述总体要求，再用表现性目标将这些概括的课程目标具体化，这种做法值得我国课程设计者参考借鉴。

4. 应明确能力目标的类型、内涵、水平及操作性界定

能力目标得到世界各国的普遍关注，我国也不例外，我国高中化学课标在课程目标部分明确提到的能力类型包括：科学探究能力、独立思考能力和自主学习能力。其中我国义务教育化学课程标准中有对科学探究的 8 个基本要素的界定，这对于科学探究能力的落实具有重要的促进作用。但是其他的能力类型就有些泛泛而谈，既不是化学学科的特有能力类型，也不属于化学学科的核心能力目标。化学课程究竟有哪些需要落实的核心能力目标？这些能力目标的内涵是什么？应该如何落实？这是我国化学课程设计者需要深入思考的重要问题。

从国际上看，科学探究能力仍然是大多数国家关注的化学学科的核心能力类型，如澳大利亚、美国、加拿大等对化学课程的核心能力目标定位于科学探究能力，并做出了明确界定的尝试，在促进这些能力目标的有效落实方面前进了一大步，也给我国能力目标的制订提供了有益的启示。但仍然存在的问题是，所提到的化学学科的科学探究能力并没有体现化学学科的特质，还是停留在一般科学探究基本过程和要素的层面。我们认为，科学探究能力应该根据不同的科学科目进一步具体化，科学探究能力在不同学科中应该具有不同的内涵和具体体现。因此为了有效保障化学课程中能力目标的落实，我国化学课程研制者应首先给出化学学科的核心能力目标，并对其内涵进行明确界定，然后结合具体内容，明确描述特定的能力活动及其表现，这应该是一个重要的研究领域。

另外，关于化学学科培养和发展学生的重要能力的水平要求也应该进一步探索，如不同阶段要发展的学生能力类型是否有所不同？不同阶段对同一能力类型是否有不同的水平要求？相同阶段对学生某一重要能力类型的发展水平层级要求是怎样的？

5. 应重视学习进阶的研究

目前，关于化学课程目标的水平要求的确定还比较粗略，还有很多方面都是处于

经验和半经验的水平上。因此，实际上关于化学课程目标水平的研究还比较薄弱，特别是当前国际上已经非常强调不同学段的课程目标的连贯性和一致性的背景下，有很多与课程目标水平确定有关的核心问题需要回答，如：

初中阶段应该达到的化学课程目标要求是什么？高中阶段应该达到的目标要求是什么？初中化学和高中化学的课程目标要求水平有什么差异？

必修和选修阶段分别要达到的课程目标水平分别是什么？

特定的核心知识或技能是否在不同阶段有不同的目标要求？还是规定在一个特定阶段就达到最终要求？

不同类型的化学课程目标在不同阶段的要求是什么？为什么？如知识与技能目标在初中阶段的要求是什么？应掌握哪些知识和哪些技能？分别达到什么水平？过程与方法目标在初中和高中阶段的要求分别是什么？分别需要掌握哪些知识和哪些技能？分别达到什么水平？情感态度价值观目标如何实现初高中不同阶段的水平划分和要求？

化学课程目标水平要求的确定需要更为严谨的理论研究支持，关于学习进阶的研究，就是帮助探讨和确定化学课程目标水平的重要方法。其中学习进阶的研究，对确定课程目标水平很重要。

目前国际上比较认可的美国国家研究理事会关于学习进阶和发展定义，具体为：学生在一个大的时间跨度内学习或者研究一个主题时，关于这个主题的连续的有层级的思考路径的描述[12]。学习进阶包括5个重要的组成部分：(1)学习目标，通过社会期望和学科中心概念和主题的分析进行确定；(2)过程变量的确定，显示了理解和技能随时间发展的重要方面；(3)成就或过程阶段的水平确定：概念或技能发展的重要中间水平，期望学生能够通过这些水平获得期望的益处；(4)成就或过程阶段的操作性定义：在过程的每一个阶段，提出学生理解和技能产生的学习行为的操作性定义，为评价和活动提供一个质量指标，找到学生学习过程中所处的位置；(5)评价：测量学生对核心概念或实践的理解，并跟踪学生的理解随时间进行的发展。

学习进阶的有关研究将为化学课程目标水平确定提供重要支撑，基于学习进阶确定合理的化学课程目标水平，能够使课程目标具有更强的实践意义和可行性。

参考文献

[1]中华人民共和国教育部．义务教育化学课程标准(2011年版)[S]．北京：北京师范大学出版社．2011.

[2]中华人民共和国教育部．普通高中化学课程标准(实验)[S]．北京：人民教育出版社，2003.

[3]白月桥．课程标准实验稿中课程目标问题探讨[J]．教育科学研究．2004，(11)：1—3.

[4]美国大学理事会．科学课程标准[S]．2010.

[5]美国科学促进会．下一代科学教育标准[S]．2013.

[6]施良方. 简论课程目标的三种取向[J]. 课程·教材·教法. 1995，(6)：60-62.

[7]李雁冰. 国外三种课程目标模式评价[J]. 上海教育科研. 1999，(3)：31-34.

[8]施良方. 课程理论——课程的基础、原理与问题[M]. 北京：教育科学出版社，2000.

[9]安德森等编著，皮连生主译. 学习、教学和评估的分类学(布卢姆教育目标分类学修订版)[M]. 上海：华东师范大学出版社，2007.

[10]唐斌，尹艳秋. 科学教育与人文精神——兼论科学的人文教育价值[J]. 教育研究. 1997(11)：21.

[11]Lederman，N. G.，Abd-El-Khalick，F.，Bell，R. L.，& Schwartz，R. (2002). Views of nature of science questionnaire (VNOS)：Toward valid and meaningful assessment of learners' conceptions of nature of science. Journal of Research in Science Teaching，39，497-521.

[12]National Research Council. (2007). Taking science go school：Learning and teaching science in grade K～8. Washington，DC：The Nationgal Academies Press：219.

第二章

中学化学课程结构国际比较研究

根据系统论的观点，结构决定功能，课程结构也决定着课程的功能。课程结构是课程内部各要素、各成分、各部门之间合乎规律的组织形式[1]。它解决的主要问题是根据课程目标设计什么课程，如何设置这些课程等，即探讨课程各组成部分如何有机地联系在一起的问题。[2]课程结构是否合理，能否贯彻课程目标的意图，将影响课程目标的达成。它是课程体系的核心。因此，实施素质教育、深化课程改革，关键在于对以往课程结构的改造与完善。[3]每一轮课程改革的一个重要任务就是根据新时期的培养目标要求对现行课程结构进行调整或者重构。在一定意义上说，课程结构既是一个实践问题，又是一个重要的理论问题。课程思想要转化为实践必须借助设计合理的课程结构，课程实践也需要根据课程结构进行整体的把握和设计[4]。

化学课程结构研究的基本问题包括三个维度。底面包括两维：一维是研究构成化学课程结构的基本课程类型间的横向关系及组合；另一维是与化学有关的基本课程类型间的纵向关系及组合。因此，底面的两个维度属于化学课程结构的本体研究，也称为化学课程结构的“形式结构”分析。化学课程结构研究的第三个维度是化学课程结构的价值取向研究，也称为化学课程结构的“实质结构”分析。化学课程结构不仅是一种外在组织形式，更是一个价值渗透的问题，化学课程结构改革是一项价值创造活动。化学课程结构的追求是什么？为什么要构建这样的课程结构？通过课程结构改革，个体和社会要实现什么样的发展？应该确立什么样的价值取向更符合当前社会时代的发展需要？等等。

课程的“实质结构”是以“形式结构”为外在体现的。因此本专题的研究将以化学课程的“形式结构”分析为出发点，比较分析国际化学课程的实质结构，总结国际化学课程结构的特点其发展趋势，以期对我国化学课程结构的设计提供参考和借鉴。

第一节　典型国家和地区化学课程结构简介

一般来说，初中阶段是化学学习的启蒙阶段，此阶段的化学课程学习具有基础性的特点，要求全体学生共同完成学习，此阶段的化学课程很少具有选择性。国际上大多数国家的初中化学教育都是以科学课程的形式来进行，并不开设化学分科课程。这一点与我国现状并不相同。鉴于国际上初中化学课程设置的共性较大，我们在对几个典型国家和地区的化学课程结构进行简要介绍以及比较分析时，更多的是关注其高中阶段的化学课程结构。

一、中国大陆高中化学课程结构

中国大陆的初中和高中化学都是采用分科式课程设置。现行的高中课程体系由"学习领域""科目"和"模块"三个层级构成，如图1所示。

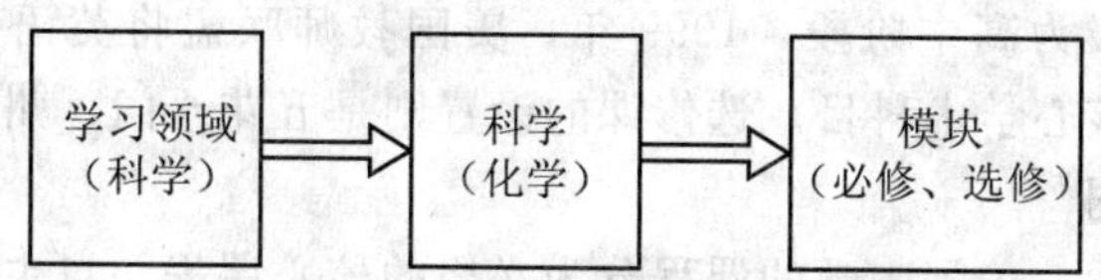

图1　高中课程体系的构成

化学学科属于科学领域，由必修课程模块和选修课程模块两部分构成。其中，必修包括2个模块，是全体学生必须学习的课程内容；选修包括6个模块，是必修课程的进一步拓展和延伸，学生可根据需要任选其中一个或几个模块进行学习。这样的课程结构，不仅使"每个学生都要学习化学"，为学生科学素养的发展和高中阶段后续课程的学习打下必备的基础，而且也为"不同学生学习不同的化学"提供了可能，适应了不同学生对化学学习的兴趣和需要，从而既保证了高中化学课程的基础性功能，又体现了高中化学课程的选择性和层次性。

每个课程模块都是2学分，36课时。这样的规定不但便于灵活地安排和组织模块教学，也便于学生对模块的选择和调整。学生在高中阶段必须修满6学分，即学生在学完化学1、化学2之后(先学化学1，再学化学2)，再从选修课程中任意选学一个模块，并获得学分，可达到高中化学课程学习的毕业要求。上述课程结构从学分上来要求，通常也称作"4＋2结构"。

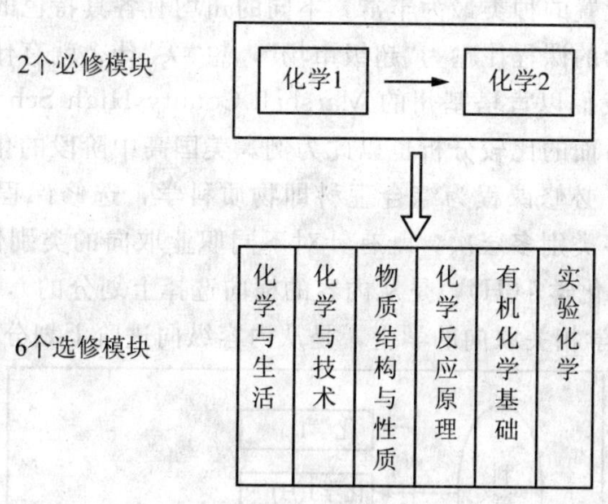

图2　高中化学课程结构

中国大陆高中化学的课程结构是具有较强的选择性的课程结构。除了规定的必修课程之外，提供了几个选修的课程模块，供学生选择学习。这种选择性的课程结构，充分考虑到了学生的个体差异，有利于促进不同特点的学生有个性地发展。值得说明的是，中国大陆课标中列出的6个化学选修模块，学生至少选修1个模块才能达到高中毕业要求。另外，中国鼓励高中学生尤其对化学感兴趣的学生在修满6个学分后，选学更多的选修课程模块，以拓宽学生的知识面，提高学生的科学素养。

二、美国高中化学课程结构

美国9～12年级为高中阶段，1999年，美国教师联盟将英语、数学、科学和社会科学确立为4门核心学术科目。选修课的设置则是五花八门，州、学区、学校选修课程所占比例不相同[5]。

从课程结构来看，美国中学的课程分为必修的核心课程、自主的选修课程和独立的研究计划。必修课程旨在使学生掌握必要而合理的学科知识结构，为终身发展和成为合格公民打好基础；选修课程则是为了满足学生的兴趣爱好，发展个性特长；而独立的研究计划则主要是为了培养学生的探索精神、科学研究能力和创造才能。因此，美国当前的高中课程设置模式可以概括为“必修＋选修＋计划”的模式。

选修课程既有学术性课程，又有大量职业性、生活性课程。学术性课程又分为基本水平、一般水平、先进水平和高级水平四个不同层次，学生可根据自己的学习情况选择某一等级的课程[5]。

美国高中课程实行必修加选修的学分制，在必修课程中，化学课程内容多融合在物质科学中，但学生要继续学业，一般大学会希望学生在高中阶段修至少3年实验室科学课程，建议将生物、物理或者化学、地球或者空间科学各安排两个学期。更好的大学会要求学生在前面科学课的基础上建议加上两个学期的化学或者物理(如果之前没有修的话)、高级物理、高级化学、高级生物。

需要特别说明的是，美国没有全国统一使用的化学(科学)课程标准，从全国范围来看，其化学课程设置的种类最为丰富，不同的州均有各具特色的化学课程设置，因此，有人把美国中学的课程比喻为“超级市场”，想“买”什么就有什么，想学什么就有什么课程[5]。这里我们以肯塔基州的 Marshall County High School 的化学课程设计为例来说明，本章后面的比较分析也以此为例。美国高中阶段的化学课程分必修课程和选修课程两大类。必修课程为综合理科即物质科学，选修课程为分科的化学。另外，美国选修化学多类别多层次，既有针对不同职业取向的类别性(如为非科学取向学生开设的化学1，化学1(H)，是从内容的横向选择上划分的)，又有水平层级上的承继性(如针对与科学相关取向的学生，是从内容纵向进阶上划分的)。化学2是学习

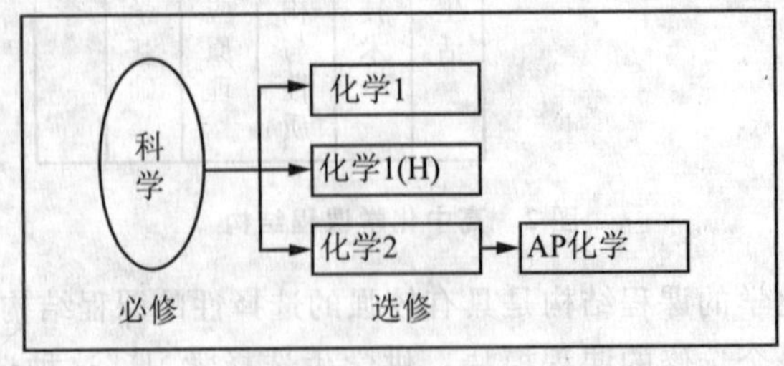

图3 一种典型的美国高中化学课程结构

AP 化学的前提。在选择性上，美国的化学课程按照不同的要求设计不同水平的化学课程，学生按照自己的志向进行选择性地学习。

三、法国高中化学课程结构

法国高中教育从纵向来说分为两个阶段，即决定阶段(高一年级)和终结阶段(高二和高三年级)。以普通教育为例，高一年级不分专业，而从高二年级开始学生进行专业定向，分别进入文学专业、经济和社会专业以及理科专业。

普通和技术教育高中的学生在高一年级后有三种可能的选择，即：

(1)进入准备业士考试的高二年级和高三年级(法国的业士考试相当于我国的高考)；

(2)进入准备技师证书、农业技师证书的高二年级和高三年级；

(3)进入职业能力证书(C. A. P)的第一年准备。

法国高中三个年级的课程都分为三大板块，其中高一年级为面向所有学生的共同教育、有助于高二专业分化的决定教育和自由选修教育；高二年级为必修教育、必选教育和自由选修教育；高三年级为必修教育、专业选修教育和自由选修教育。

法国的物理和化学在高中三年一直是以综合理科——“物理—化学”的形式出现，属于公共必修课，高中一年级的“物理—化学”课程适用于法国高中阶段所有的学生，相当于我国的必修课程；而高中二年级和高中三年级的“物理—化学”课程则仅适用于法国高中阶段所有的理科专业的学生，相当于我国的选修课程。

因此，法国高中化学课程也分为必修课程和选修课程两大类。必修和选修的化学内容都是以“物理—化学”这种综合理科来体现。所有高中生都会在高一年级学习到定位于培养公民素养的化学课程。法国高中阶段进行专业定向，从高中二年级起，学生就能够通过课程选择为职业取向做好准备。学术倾向的专业定向是三分法，文、理、经济和社会。非学术倾向的学生就可以准备技师或者职业能力证书考试。

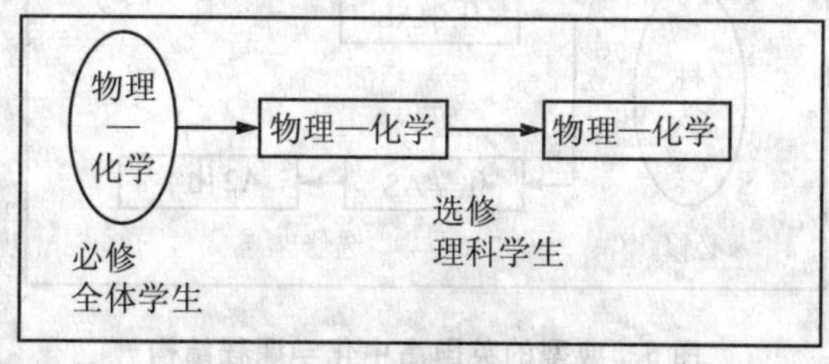

图 4　法国高中化学课程结构

四、英国高中化学课程结构

英国的教育结构分为四个部分：学前教育、义务教育、继续教育和高等教育。5～14 岁为义务教育阶段，英国学生在 14 岁之前要学习的是必修课程，14 岁时参加关键阶段 3 的考试。14～16 岁学习必修(英语、数学以及科学类)和部分选修课程，16 岁时参加关键阶段 4 的考试，即拿中级普通教育证书(GCSE)的考试(General Certificate of econdary Education)，这是英国学生完成第一阶段中等教育所参加的主要会考。这一阶段相当于我国的九年级和高一。此时的化学学科内容是以科学科目来体现，属于必修。

16～19 岁的教育阶段称继续教育，此阶段的教育具有选择性，没有统一的课程标准，没有共同的或者是明确表述的总目标，没有法定的核心学习内容，高中阶段结束时有共同的离校证书，标志该阶段的结束。目前，对于英国全日制普通高中生来说，比较重要的是 A 水平课程。A 水平课程是一种学术性课程，主要培养传统的学习技能，是英国普通高中教育的主要影响因素，在英国教育和培训制度中占有绝对的优势地位，英国的历届政府都把它看作是英国教育的"黄金标准"。A 水平课程由两部分组成：高级辅助水平(AS 水平)和高级水平第二阶段(A2)。通常学生在第一年选择 4 门学科学习，学习结束后参加考试，考试通过后即可获得 AS 水平证书。这时，学生可以选择结束 A 水平课程的学习，也可以接下去继续第二年 A2 阶段的学习。在 A2 阶段，学生通常从所学 AS 科目中选择 3 门继续学习，并参加该阶段考试，最终拿到完整的 A 水平证书。需要指出的是，AS 证书既是高级水平的一个组成部分，又是一种有独立价值的证书，而 A2 则不是。同一门学科 AS、A2 考试都合格才能拿到一个完整的 A 水平。学生最后凭这 3 门 A 水平考试成绩报读英国的任意一所大学[6]。这一阶段相当于我国的高二和高三。此时的化学学科属于选修。

英国高中化学课程分必修课程和选修课程两大类，必修课程即科学，选修课程是分科的化学。英国的选修化学分科课程既体现类别又体现水平。高级辅助水平(AS 水平)和高级水平第二阶段(A2)中，A2 是在 AS 水平基础上的进一步提升。英国高中化学课程通过分阶段和水平将学术性的学生分流为三种：学科学、学科学和 AS 水平化学、学科学 AS 和 A2 水平化学三大类。

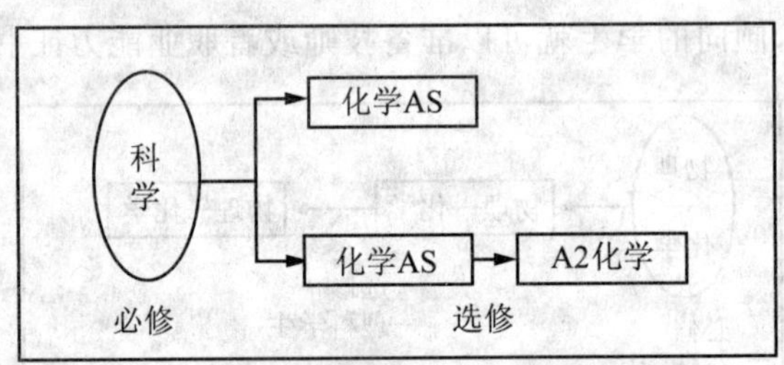

图 5　典型的英国高中化学课程结构

五、芬兰高中化学课程结构

芬兰高中课程设置为 3 个课程层次与 3 种课程类型。3 个课程层次是学习领域(如环境与自然科学学习领域)、学科(化学)与学程(如化学的微观世界)。3 种课程类型是必修课程、专业课程和应用课程。就课程层次来说，化学属于"环境与自然科学"学习领域。2003 年修订颁布的《普通高级中学国家核心课程方案》中，化学学科共包括 5 个学程(相当于我国的模块)。就课程类型来说，化学学科中有 1 个学程属于必修课程，4 个学程属于专业课程。具体可见下表。

表1　芬兰高中化学学科课程设置(2003年)

性　质	必修课程	专业课程
名称	人类及生存(生命)环境的化学(KE1)	化学的微观世界(KE2)
		反应与能量(KE3)
		金属与材料(KE4)
		反应与平衡(KE5)

以上列出的4门化学专业课程，学生可以选择多门，也可以一门都不选，学生只需要在整个高中核心课程中选择的专业课程的数量达到最低限——10门就可以满足要求。

芬兰高中化学课程以分科形式独立设置，分为必修课程和专业课程，每门课程一个学程，其专业课程相当于我国的选修课程。专业课程的设置是基于课程内容的，专业课程之间并没有水平差异。

六、加拿大安大略省高中化学课程结构

加拿大安大略省从小学到高中的学制为12年制，其中包括小学6年，中学6年。安大略省的1～8年级相当于中国大陆的义务教育阶段，9～12年级相当于中国大陆的高中阶段。

学生对化学的系统了解开始于9年级，9～10年级为科学课，11～12年级来自相关的各类科学课程。

9、10年级科学课程属于必修课程，有两种类别供学生选择，分别是学术课程和应用课程。11、12年级设置化学分科课程，分别为"为进入大学作准备的"化学U和"为进入学院作准备的"化学C，属于选修课程。其中化学U分为两个水平在11、12年级开设(以下简称"化学11U""化学12U")，化学C只在12年级开设(以下简称"化学12C")。不同的课程类型有不同的课程内容和选修要求。下表列出了这三门课程的定位和选择这些课程所需要的前提要求[7]。

表2　加拿大安大略省三门化学课程的定位和选修的前提要求

项目＼课程	化学11U	化学12U	化学12C
前提要求	10年级理论性的科学	11年级化学U	10年级任一科学课程
课程描述	该课程为学生介绍构成现代化学基础的概念和理论，通过在化学体系中研究其变化和联系，揭示化学是怎样被用于发展新产品和影响我们的生活与环境的。同时也关注化学对其他学科分支的重要性。	学生通过该课程的学习加深对化学的理解，进一步提高解决问题的能力和实验技巧，改善交流科学信息的能力。同时也关注化学在日常生活中的重要性和评价化学技术对环境的影响。	该课程给学生介绍构成现代化学基础的概念，通过重点研究化学在日常生活、新工艺和新产品开发中的作用，学生将学会使用多种实验技术，培养收集数据和科学分析技能，并使用适当的专业术语交流科学信息。

加拿大安大略省简要化学课程结构如下图所示。

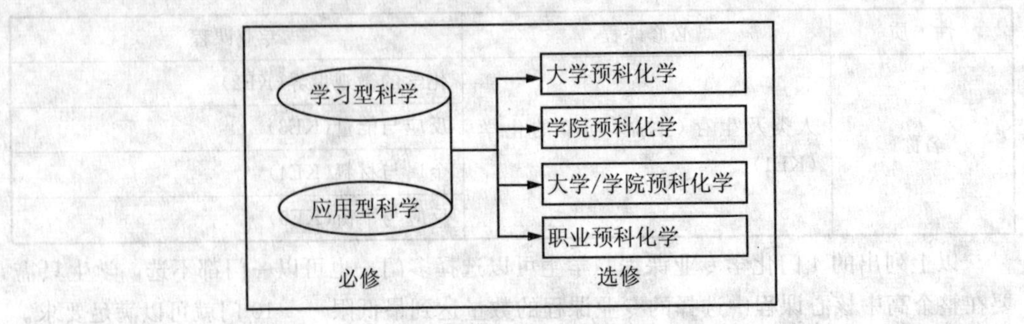

图6 加拿大安大略省的高中化学课程结构

加拿大安大略省的高中化学课程结构具有充分贯通性和灵活性。这不仅表现在其高中化学内容在必修阶段9～10年级设置两种科学课可供选择，10年级之后有四种类型的化学可供学生选择。最重要的是高中化学课程内容在每个年级都有“出口”，同时各个化学课程轨道还可以互相进入，体现其灵活性和贯通性。

具体来说，9、10年级有学术型科学课和应用型科学课，学生任选其一学习，同时这个选择不对之后的选择产生影响。即使学生11年级进入化学大学预科课程(SCH3U)，但之后不一定要学习12年级化学大学预科课程(SCH4U)，如果学生改了主意，今后不想进入科学专业，那么可以选择学习12年级大学/学院科学课(SNC4M)。如果学生一开始就不打算读大学，那么10年级之后就可以直接学习12年级职业预科科学课(SNC4E)。

学生对化学的选择可以有多种路线。根据大学预科与学院预科的不同，可以选择适合自己的不同学习轨道，并且随着学习进行，学生有很多机会可以更改自己选定的发展轨道，如图7所示。

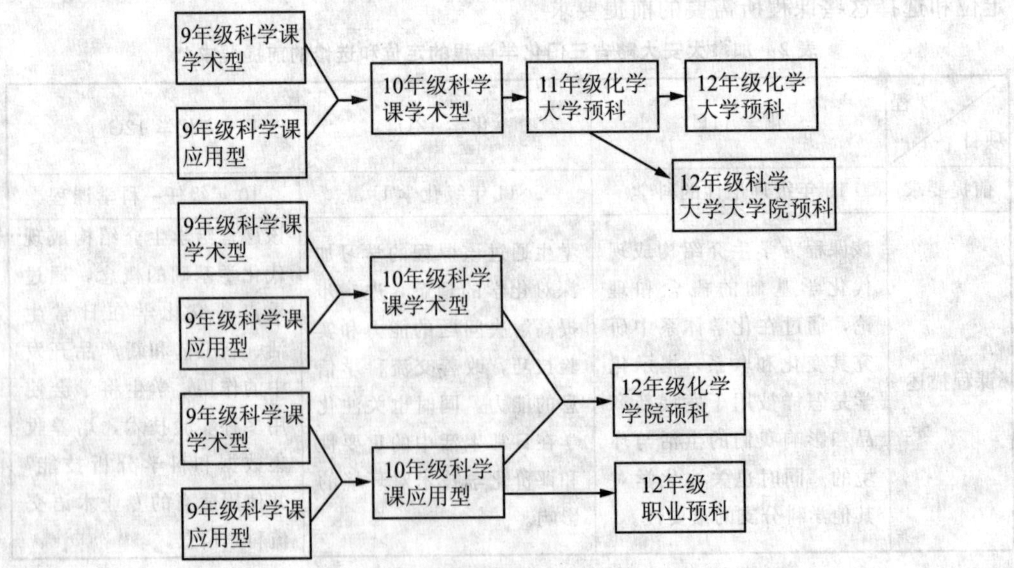

图7 加拿大安大略省化学课程多样化的选择轨道

七、澳大利亚维多利亚州高中化学课程结构

以澳大利亚维多利亚州为例，除了英语、数学是必修之外，化学等科目都是维多利亚州教育证书的选修课程，学生可以根据自己高中毕业后的去向，选择具有不同学习要求的化学相关课程(综合科学、化学预备课程、化学结业课程)学习。如果学生选了化学这门课程，化学教材的第三单元和第四单元的内容就是高中教育证书化学课程成绩的组成部分，包括第三单元和第四单元的过程性评价成绩和终结性评价成绩，其中，过程性评价是平时测试成绩，由学校负责；终结性评价由维多利亚州高考课程评估当局(VCAA)组织，通过两次考试——期中考试和期末考试，分别考查第三单元和第四单元。

高中化学课程由四个单元构成：第 1 单元，主要化学观念；第 2 单元，环境化学；第 3 单元，化学路径；第 4 单元，化学工作。学习第 1、2、3 单元没有先决条件。但学生必须学习了第 3 单元才能够学习第 4 单元。没有学习第 1、2 单元就学习第 3 单元的学生可能需要按照老师的规定作些补充阅读。学习了 1 至 4 单元的课程，相当于完成了高中最后两年的学习。

澳大利亚维多利亚州高中化学课程分选修课程和必修课程两大类，必修课程是科学，化学 1、化学 2、化学 3、化学 4 是选修课程。选修课程中，化学 1、化学 2、化学 3 主要是基于课程内容的不同设置的平行化学课程类型，化学 4 则需要以化学 3 为学习基础，具有水平差异。学生可以只学习科学的，也可以学科学并选择化学 1 进一步学习，也可以学科学和化学 2，还可以学科学、化学 3 和化学 4。

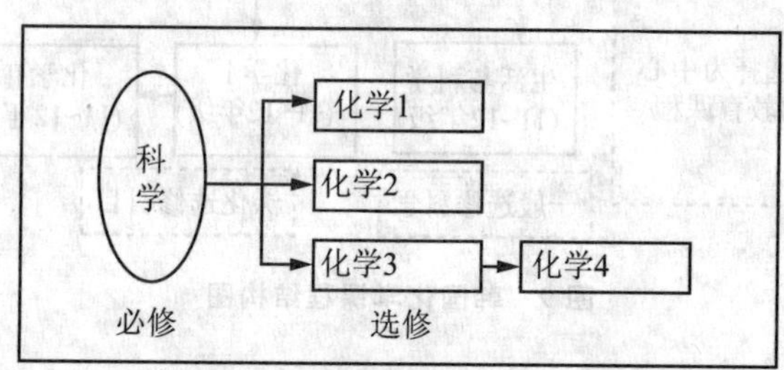

图 8 澳大利亚维多利亚州的高中化学课程结构

八、韩国高中的化学课程结构

韩国的基础教育学制实行“6—3—3”学制，即小学阶段为 1～6 年级，初中阶段为 7～9 年级，高中阶段为 10～12 年级。

“科学”是 3 年级到 10 年级的所有学生都要学习的一门学科。6～10 年级科学不仅设基本课程，还组织实施“深化”“补充”课程。基本课程与“深化”“补充”课程的课时比例如下：7 年级每单元分配 8～9 课时，其中 7 个课时用于实施基本(共同)课程，1～2 课时用于实施“深化”“补充”课程。8～10 年级每单元分配 17 课时，其中 13～15 课时用于实施基本课程，2～4 课时用于实施“深化”“补充”课程。

11～12 年级设置以选择为中心的教育课程。科学领域的一般选修科目有“生活和

科学”，深化选修科目有物理Ⅰ、物理Ⅱ、化学Ⅰ、化学Ⅱ、生命科学Ⅰ、生命科学Ⅱ、地球科学Ⅰ、地球科学Ⅱ。原则上选修Ⅱ类的前提是已选修Ⅰ类(例如，要学习化学Ⅱ则必须先学习化学Ⅰ)，但是根据学校情况、学生需求、学科性质可以免除学习或用其他科目来代替。

一般选修科目“生活和科学”的主要目的在于培养学生认识科学对生活的影响，在“科学”的基础上进一步提高学生的科学素养。主要是为了给将来不学习理工科的学生提供轻松接触科学的机会。这一课程主要介绍生活中利用科学原理的案例，包括“健康的生活”“安全的生活”“舒适的生活”“便利的生活”四个学习领域。

对于深化选修科目，以化学Ⅰ、化学Ⅱ为例说明其性质。为了那些只选化学Ⅰ的学生，化学Ⅰ的内容既是基础的内容，又是能体现整个学科领域的内容。对科学感兴趣的学生可以在选修化学Ⅰ之后，继续选修化学Ⅱ。通过课程内容将学生分流为三类：学习科学和生活与科学；学习科学和化学Ⅰ；学习科学、化学Ⅰ和化学Ⅱ。

下图所示为韩国科学(以化学为核心)的课程结构。

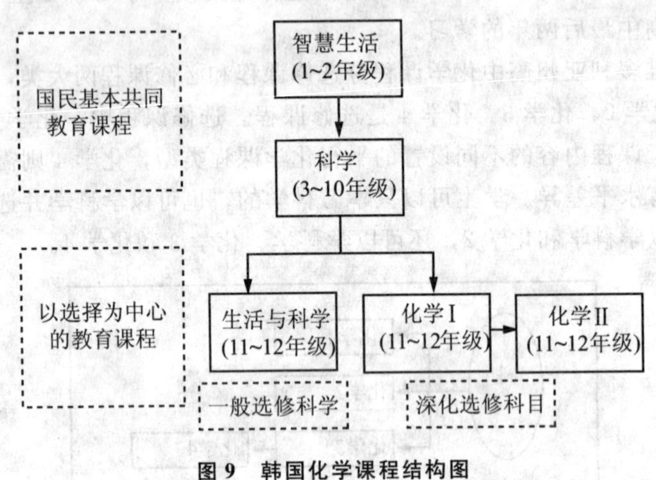

图 9　韩国化学课程结构图

九、中国台湾高中化学课程结构

中国台湾高中是分科课程，高中化学课程分为两个类型：基础化学课程和选修化学课程。整个高中阶段的化学学习要求是达到五学期修满 14 学分。基础化学课程(含实验)又分为基础化学(一)、基础化学(二)和基础化学(三)需要修满 6 学分，在三个学期内完成。高中基础化学(一)为一学期 2 学分的必修课程，基础化学(二)、基础化学(三)为二学期的必修课程，每学期至少 2 学分，基础化学内含化学实验。学生可选择性学习，以满足规定。选修在高三两个学期完成，同时高三还开设选修化学实验。一共完成 8 个学分。具体情况见下表。

中国台湾高中与中国大陆一样将学生分为文科倾向和理科倾向。基础化学(一)、基础化学(二)是以所有学生为授课对象，基础化学(三)的授课对象是理科倾向的学生。选修化学和选修化学实验，主要在高三的两个学期学习，每学期 3 学分，授课对

象均为理科倾向学生。

表 3　中国台湾高中化学课程设置情况

年　级	化　学	学　分	学　时	授课对象
高一第一/二学期	基础化学(一)	2 学分	32 小时	全体
高二第一学期	基础化学(二)	2 学分	32 小时	全体
高二第二学期	基础化学(三)	2 学分	32 小时	理科倾向
高三第一学期	选修化学(上)	3 学分	48 小时	理科倾向
	选修化学实验(上)	1 学分	16 小时	
高三第二学期	选修化学(下)	3 学分	36 小时	理科倾向
	选修化学实验(下)	1 学分	12 小时	

十、日本高中化学课程结构

日本的初中理科均实行综合理科，物理和化学作为综合理科的第一领域，生物和地学作为第二领域。日本高中普通理科课程结构图如下。

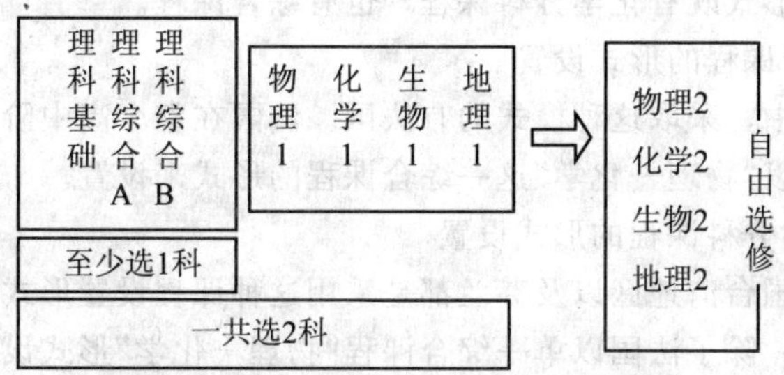

图 10　日本高中普通理科课程结构图

图中理科综合 B 含生物、地理内容，理科综合 A 含物理、化学内容，由图可以看出日本普通高中的学生可以不学习化学。但是，日本强调培养学生的基础学力，所以设有“理科基础”“理科综合”这样的科目，即便学生对理科没有兴趣，也必须要学习理科基础，以保证拥有基础学力。

对于学习化学的学生而言，日本高中化学课程可以看作两部分。理科基础知识、理科综合 A、化学 1 可以看作化学必修内容(三选二)，化学 2 可以看作化学选修。化学 2 在化学 1 的基础上才能学习。

如果学完化学 2，学生对化学学习还有更高的追求，那么有数理课程可供学生选择。综合学科高中设有数理课程。综合学科高中是指既有普通科又有专门教育科。在专门教育科的数理课程中，也有“数理化学”这一科目。数理化学的要求不仅包含普通科化学 1 和化学 2 的全部内容，同时在能力上有补充要求，主要是对实验操作的添加以及学习内容和材料的拓展。数理课程的化学主要面向以化学专业为志向的学生。

总的来说，日本高中阶段学生可以不学化学，化学分科课程是完全选修课程。其选修化学课程既有内容差异，也有水平层级差异。通过学生选择学习的化学课程内容可将学生分流为：不学化学的、学综合理科化学的、学综合理科化学和化学1的、只学化学1的、学综合理科化学和化学2的、学化学1和化学2的6类。

第二节 不同国家和地区中学化学课程结构的比较研究

一、化学课程设置的比较

从国际范围来看，中学化学设置了哪些类型的化学课程？是否存在水平差异？这是需要重点关注的问题。经过比较分析，可以看出绝大多数国家和地区初中阶段没有分科的化学课程，而是以科学课程或综合理科课程的形式设置。但是绝大多数国家和地区在高中阶段都开设了分科的化学课程，有的国家同时还开设了一些综合课程，包括科学或者综合理科。因此国际高中化学课程设置的基本情况主要分为三类。

(1)综合课程＋化学分科课程

这种课程设置方式在国际上是一种主流方式，在所分析的材料中，以这种方式设置化学课程的占绝大多数。如美国、英国、加拿大、澳大利亚、韩国、日本等，其高中化学课程设置的形式既有化学分科课程，也有综合课程。

(2)以单一综合课程的形式设置

在所见的材料中，采取这种模式的有法国。法国在整个高中阶段都没有独立的化学分科课程，而是以“物理—化学”这一综合课程的形式来设置。

(3)以单一化学分科课程的形式设置

中国大陆和中国台湾地区以及芬兰都是采用这种课程设置形式。

基于现有资料，除了法国以单一综合课程“物理—化学”形式设置化学课程外，以其他两种化学课程设置形式的世界各国和地区的都设置了多样化的化学课程类型，以满足不同学生学习和发展的需要。具体的化学课程类型如下表所示。

表4 几个国家和地区化学课程设置的类型和形式

国家(地区)	化学课程类型	化学课程设置形式
美国	科学、化学1、化学1(H)、化学2、AP化学	综合课程＋化学分科课程
英国	科学、化学(AS)、化学(A2)	综合课程＋化学分科课程
加拿大	学术型科学、应用型科学、大学预科化学、学院预科化学、大学/学院预科化学、职业预科化学	综合课程＋化学分科课程
澳大利亚	科学、化学1、化学2、化学3、化学4	综合课程＋化学分科课程
韩国	科学、生活与科学、化学Ⅰ、化学Ⅱ	综合课程＋化学分科课程
日本	理科基础、理科综合A、理科综合B、化学1、化学2	综合课程＋化学分科课程
芬兰	人类及生存(生命)环境的化学(KE1)、化学的微观世界(KE2)、反应与能量(KE3)、金属与材料(KE4)、反应与平衡(KE5)	化学分科课程

续表

国家(地区)	化学课程类型	化学课程设置形式
中国	化学1、化学2、化学与生活、化学与技术、化学反应原理、有机化学基础、实验化学、物质结构与性质 中国台湾： 基础化学(一)、基础化学(二)、基础化学(三)、选修化学(上)、选修化学(下)、选修化学实验(上)、选修化学实验(下)	化学分科课程
法国	物理—化学	综合课程

另外，这些多样化的化学课程除了具有类型差异，也有水平差异。这里我们对水平的理解和划分，主要是依据两方面：其一是课程开设的年级，确定在高一、高二、高三三个年级(或者称为10、11、12年级)开设的课程划分为3个水平；其二是依据课程学习的先后顺序，如美国AP化学需要以化学2为基础，化学2属于水平2，那么AP化学就属于水平3。

表5 几个国家和地区化学课程设置的水平

国家(地区)	化学课程水平划分		
	水平1	水平2	水平3
美国	科学	化学1 化学1(H) 化学2	AP化学 (以化学2为基础)
英国	科学	化学(AS)	化学(A2)
加拿大	10年级学术型科学 10年级应用型科学	11年级大学预科化学(SCH3U) 所有11年级大学、大学/学院、学院预科的科学	12年级大学预科化学(SCH4U) 12年级大学/学院科学课(SNC4M) 12年级职业预科科学课(SNC4E)
澳大利亚	科学	化学1：主要化学观念 化学2：环境化学 化学3：化学路径	化学4：化学工作 (以化学3为基础)
韩国	科学	生活与科学 化学Ⅰ	化学Ⅱ
日本	理科基础 理科综合A 理科综合B	化学1	化学2

续表

国家(地区)	化学课程水平划分		
芬兰	人类及生存(生命)环境的化学(KE1)	化学的微观世界(KE2) 反应与能量(KE3) 金属与材料(KE4) 反应与平衡(KE5)	
中国	化学 1，化学 2	化学与生活 化学与技术 化学反应原理 有机化学基础 物质结构与性质 实验化学	
	中国台湾 基础化学(一)	基础化学(二)；基础化学(三)	选修化学(上)；选修化学(下) 选修化学实验(上)；选修化学实验(下)
法国	高一“物理—化学”	高二“物理—化学”	高三“物理—化学”

二、化学课程选择性的比较

在人本主义和建构主义的学习理论指导下，以学生发展为本已经成为世界科学教育的核心理念之一。因此，重视学生的个体差异，让不同的学生能够有机会根据自己的需要和兴趣选择适合自己的学习内容，从而最大限度地促进自己的发展，已经成为国际科学教育课程设计的共同理念。通过分析当前国际化学教育课程结构，可以看出，绝大多数国家的化学课程结构都具有选择性，让兴趣和发展需求不同的学生能够有个性化地选择不同的化学课程进行学习，即“不同的学生学习不同的化学”。前面分析的化学课程设计了丰富的类型和不同的水平，为此提供了保障，大多数国家从 11 年级(高中二年级)开始让学生选择学习适合的化学课程。

美国高中化学课程化学Ⅰ、化学Ⅰ(H)、化学Ⅱ和 AP 化学之所以设计了不同的内容水平，主要是针对不同的兴趣爱好和发展需要的学生群体而设计的。

芬兰的高中化学课程设置了 4 门专业课程：化学的微观世界(KE2)、反应与能量(KE3)、金属与材料(KE4)、反应与平衡(KE5)，学生可以从这 4 门专业课程中任意选择学习，可以选择一门或几门，也可以一门都不选择。

韩国设置了 3 门化学选修课程，分别是：生活和科学、化学Ⅰ和化学Ⅱ，其中，“生活和科学”是一般选修科目，主要目的在于培养学生认识科学对我们生活的影响，在“科学”的基础上进一步提高学生的科学素养，给将来不学习理工科的学生提供轻松接触科学的机会。化学Ⅰ和化学Ⅱ属于深化选修科目，学生可以只选化学Ⅰ学习，也可以在选修化学Ⅰ之后，继续选修化学Ⅱ。

中国台湾高中化学课程分为基础化学课程和选修化学课程两种类型。基础化学课程包括：基础化学(一)、基础化学(二)和基础化学(三)，选修化学课程包括选修化学(上)、(下)和选修化学实验(上)、(下)。理科倾向的学生可以选修基础化学(三)和选修化学课程。

即使是在只有一种化学课程类型"物理—化学"的法国，其课程结构也具有选择性，高二和高三阶段的"物理—化学"课程只面向部分选择理科专业的学生，而其他文科专业的学生则不能选修。

所研究的国家和地区学生具体可以选择学习的化学课程组合如下表所示。

表 6　几个国家和地区学生可以选择学习的化学课程组合

国家(地区)	学生可以选择学习的化学课程组合
美国	(1)科学→化学Ⅰ (2)科学→化学Ⅰ(H) (3)科学→化学Ⅱ→AP 化学
加拿大	(1)10 年级科学课学术型→11 年级化学大学预科→11 年级化学大学预科 (2)10 年级科学课学术型→11 年级化学大学预科→12 年级科学大学/学院预科 (3)10 年级科学课学术型→12 年级化学学院预科 (4)10 年级科学课应用型→12 年级化学学院预科 (5)10 年级科学课应用型→12 年级职业预科
法国	(1)高一"物理—化学" (2)高一"物理—化学"→高二"物理—化学"→高三"物理—化学"
英国	(1)科学 (2)科学→化学 AS (3)科学→化学 AS→化学 A2
芬兰	(1)人类及生存(生命)环境的化学(KE1) (2)人类及生存(生命)环境的化学(KE1)→(任一数量的化学专业课程)
澳大利亚	(1)科学 (2)科学→化学 1 (3)科学→化学 2 (4)科学→化学 3→化学 4
韩国	(1)科学→生活与科学 (2)科学→化学Ⅰ (3)科学→化学Ⅰ→化学Ⅱ
日本	(1)理科基础、理科综合 A、理科综合 B(任选一)→物理 1、生物 1、化学 1、地理 1(任选一) (2)理科基础、理科综合 A、理科综合 B(任选一)→物理 1、生物 1、化学 1、地理 1(任选一)→物理 2、生物 2、化学 2、地理 2(自由选择数量)

续表

国家(地区)	学生可以选择学习的化学课程组合
中国	(1)化学 1→化学 2→任一选修模块 (2)化学 1→化学 2→任意两个选修模块 (3)化学 1→化学 2→任意四个选修模块 中国台湾： (1)基础化学(一)→基础化学(二) (2)基础化学(一)→基础化学(二)→基础化学(三)→选修化学

分析得出，不同国家和地区，化学课程结构的选择性大小不尽相同。日本、芬兰、加拿大、澳大利亚等国家学生化学课程学习的选择性较大，而法国的选择性则相对较小。其中，加拿大、澳大利亚、韩国、英国、日本等 5 个国家，学生可以不选择学习化学分科课程，只在综合课程(科学或理科)中学习比较基础的化学内容即可。也就是说，高中化学分科课程并不是要求全部学生必须学习。

进一步分析可以看出，不同国家和地区对化学选修课程设置的依据并不完全相同。有的依据课程内容的不同领域设置相对独立的化学课程类型，如中国大陆、芬兰等，也有的根据学生需要掌握的化学水平设置几个独立或者具有高低水平层级关系的化学课程类型，如美国、韩国、加拿大、澳大利亚等。也有的国家既考虑内容又考虑水平，具体如下表。

表 7　几个国家或地区化学选修课程水平层级

国家(地区)	选修类型划分	选修水平划分
美国	▲	▲
法国		
芬兰	▲	
英国	▲	▲
加拿大安大略省	▲	▲
澳大利亚维多利亚州	▲	▲
韩国	▲	▲
日本	▲	▲
中国台湾	▲	▲
中国大陆	▲	

三、化学课程基础性的比较

关于国际高中化学课程基础性的比较，我们重点关注各个国家或地区设置了哪些化学必修课程以及其对“基础”的界定和要求。化学必修课程即为全体高中生都必须要学习的化学有关的课程。

通过比较分析可以看出，绝大多数国家和地区将综合课程作为必修课程，作为选修的化学课程(和其他理科分科课程)在综合课程的基础之上设置。这种课程设置方式在国际上是一种主流方式，如美国、英国、加拿大、澳大利亚、韩国、日本等都以这种方式设置化学课程。美国在高中阶段，首先开设科学课程作为必修课程，在此基础上，针对不同的学生群体设置了有关化学的一系列选修课程，如化学Ⅰ开设对象为高中毕业后参加工作和进入2年制社区大学(Community University)学习的学生，进入4年制大学学习的学生不能选修此课程；化学Ⅰ(H)开设对象为高中毕业后进入4年制大学选择非科学专业的学生。选择与科学相关的专业(如工程、医学、药学、兽医)的学生不能选修此课程。高中毕业后进入4年制大学选择与科学相关的专业(如工程、医学、药学、兽医)的学生选修化学Ⅱ和AP化学课程。

英国高中阶段同样是设置科学课程作为必修课程，之后设置了两种水平的化学学科课程，分别是高级辅助水平(AS水平)和高级水平第二阶段(A2)，学生可以根据自己的需要和特点选择学习。

日本的综合课程则是以理科综合的形式设置，理科综合也分为不同的类别，理科综合A含物理、化学内容，理科综合B含生物、地理内容。之后设置了化学1和化学2两类化学课程。

韩国除了在高中阶段(10年级)设置了科学课程作为必修课程外，其在11～12年级的化学课程设置均为选修课程，类型也分为三类：生活与科学、化学Ⅰ和化学Ⅱ。其中生活与科学仍然为综合课程的一种形式。

表8 几个国家和地区化学必修课程设置情况

国家(地区)	化学必修课程的类型
美国	科学
加拿大	科学(学术型或应用型)
法国	高一"物理—化学"
英国	科学
芬兰	人类及生存(生命)环境的化学(KE1)
澳大利亚	科学
韩国	科学
日本	理科基础、理科综合A、理科综合B(任选一)→物理1、生物1、化学1、地理1(任选一)
中国	化学1→化学2 中国台湾：基础化学(一)→基础化学(二)

国际高中化学课程设置中，对"基础"的界定和要求则包括共同基础和个性化的基础。基础水平是达到高中毕业所应该具备的化学课程学业水平。如果所有学生达到高中毕业均需要学习同样的化学课程，称为"共同基础"，学生学习完全不同的化学课

程，但都可以达到高中毕业水平，称为“个性化基础”。如果学生既需要学习一部分共同的化学课程，又要选择学习一部分不同的化学课程，才能到达高中毕业水平，我们称之为“共同基础与个性化基础相结合”。

表9 几个国家和地区化学课程的基础水平与基础类型

国家(地区)	基础水平	基础类型
美国	(1)科学→化学Ⅰ (2)科学→化学Ⅰ(H) (3)科学→化学Ⅱ→AP化学	共同基础与个性化基础相结合
加拿大	(1)10年级科学课学术型→11年级化学大学预科→11年级化学大学预科 (2)10年级科学课学术型→11年级化学大学预科→12年级科学大学/学院预科 (3)10年级科学课学术型→12年级化学学院预科 (4)10年级科学课应用型→12年级化学学院预科 (5)10年级科学课应用型→12年级职业预科	个性化基础
法国	高一“物理—化学”	共同基础
英国	科学	共同基础
芬兰	人类及生存(生命)环境的化学(KE1)	共同基础
澳大利亚	科学	共同基础
韩国	(1)科学→生活与科学 (2)科学→化学Ⅰ (3)科学→化学Ⅰ→化学Ⅱ	共同基础与个性化基础结合
日本	理科基础、理科综合A、理科综合B(任选一)→物理1、生物1、化学1、地理1(任选一)	个性化基础
中国	化学1→化学2→任一选修模块 中国台湾：基础化学(一)→基础化学(二)	共同基础与个性化基础结合

第三节 启示与思考

一、国际高中化学课程结构的趋势

根据以上比较分析，可以看出，当前国际高中化学课程结构的基本趋势是基础性、多样化和选择性。

1. 化学课程设置更加强调学生的个性化基础

化学是科学领域不可或缺的重要组成部分。因此，在当前科学素养理念指导下的国际科学教育课程设计中，中学化学课程结构设计中重视基础性是一个必然的趋势。国际高中化学课程结构的基础性主要是设置综合课程来达到，并且更多的是关注学生

的个性化基础。

综观现有各个国家和地区的有关事实和材料，尽管不同国家和地区对化学学科的基础性的设计不完全相同，但其必修课程设置中都安排有化学学科基础内容的学习。国际上大多数国家和地区将化学基础性学习放在科学或理科这种综合课程中，而将化学分科课程作为选修课程，满足学生不同的发展需求。

进一步分析各个国家和地区的化学课程基础性的类型，可以看出，越来越多的国家和地区开始为学生设计可以具备不同基础的化学课程学习，即不同的学生可以选择不同的化学内容学习，从而具备个性化基础。这种个性化基础在一定程度上是课程选择性的一个体现，也是"学生发展为本"和尊重学生"个体差异"的重要体现。因此，在这种情况下，"基础性"的内涵大大扩展了，并不是所有的学生都学习才叫基础，基础可以是有个性的基础，不同的学生根据自身的特点和发展方向可以具备不同的化学基础。

2. 化学课程的水平和类型均具有多样性

从国际上来看，化学课程的相关类型除了综合课程(科学和理科)，大多数国家还设置了多样化的化学分科课程，以满足不同兴趣和需要的学生个性化发展的要求。

具体来看，这些多样化的化学课程类型，有的主要考虑内容差异，有的主要考虑水平差异，有的既考虑了内容差异，又考虑了水平差异。如芬兰的专业课程设置和我国的模块设置，主要是基础内容差异设置的不同化学课程类型；法国和英国的化学课程类型则主要是基于水平差异设置的；美国、澳大利亚、韩国、日本等国家则既包括不同内容的化学课程类型，也包括不同水平的课程类型。如澳大利亚的化学 1、化学 2、化学 3 主要是介绍不同的化学内容，化学 4 则需要在化学 3 的基础上才能进行学习，其水平要高于化学 3。

因此，当前国际化学课程结构中，化学课程的水平和类型均具有多样性。不同类型和水平的课程内容设置不同，适合学生群体也不同。以美国四类化学课程为例，说明其化学课程的水平及适应对象如下表所示。

表 10　美国四类化学课程的水平介绍及适应对象

化学课程	内容水平	针对学生对象
化学Ⅰ	介绍化学在应用领域的基本概念等，数学要求不高，主要是动手能力。	开设对象为高中毕业后参加工作和进入 2 年制大学(社区大学)学习的学生，进入 4 年制大学学习的学生不能选修此课程。
化学Ⅰ(H)	介绍现代化学的一些基本原理，有计算的要求。	开设对象为高中毕业后进入 4 年制大学选择非科学专业的学生。选择与科学相关的专业(如工程、医学、药学、兽医)的学生不能选修此课程。

续表

化学课程	内容水平	针对学生对象
化学Ⅱ和AP化学	内容与大学一年级相当。主要为11和12年级的学生开设，先学化学Ⅱ，后学AP化学。	高中毕业后进入4年制大学选择与科学相关的专业(如工程、医学、药学、兽医)的学生选修此课程。

3. 高中化学分科课程更多的是作为一门选修课程，且以轨道式选择为主流

经过比较分析，可以看出化学课程结构设计具有选择性，是国际科学教育体系设计的一种趋势。从掌握的材料来看，所有的国家和地区的化学课程都设置了可供不同学生选择学习的化学课程类型。同时化学分科课程在国际上大多数国家和地区的高中课程中一般不作为必修课程出现，而是以高中理科(或科学)课程中的一个或几个选修科目的形式出现。学生是否选修化学(或其他的分科课程)主要由学生依据学校的学分要求、自己的兴趣爱好和准备报考的大学专业的要求来决定。

表11　几个国家或地区化学课程类型分布表

国家/地区	必修	选修
美国		▲
法国	▲	▲
芬兰	▲	▲
英国		▲
加拿大安大略省		▲
澳大利亚维多利亚州		▲
韩国		▲
中国台湾	▲	▲
日本		▲
中国大陆	▲	▲

另外，一般来说，高中化学课程开始允许学生选择学习的时间点是11年级(高二年级)。之前则是在必修课程中学习同样的化学。关于国际上化学课程按照什么来选择的问题，综合来看，主要有两种选择方式，其一是轨道式选择；其二是学生兴趣选择。

所谓轨道式选择，主要是依据学生将来的发展轨道和方向，有针对性地学习相应的化学课程。一旦学生对将来发展的轨道确定了，如就业或者升入理科方向的大学，其需要学习的化学课程也就确定了。事实上，这种选择方式让学生选择的不是要学习哪一门化学课程，而是选择将来从事的职业或发展的方向。从某种意义上来说，这种选择方式中，学生能够学习的有关课程内容更具有针对性和实用性，因此，对学生的前途更加负责。很多国家的选择性已经与发展的方向建立了联系，即轨道式选择，如法国、美国、英国、澳大利亚等。

所谓学生兴趣选择，就是根据学生在化学基础学习阶段对化学的初步了解，选择自己感兴趣的领域或内容的化学课程进行深入学习。我国当前的化学课程选择性主要以这种方式实施。这些课程与学生将来的发展方向虽然也可能会有一定的关系，如选择“有机化学”深入学习的学生，更可能对“有机合成”“高分子化学”等发展方向有兴趣，但并不直接建立联系，他们中更可能的是学习了较为深入的“有机化学”知识，而经过高考选拔却进入与此毫无任何关系的经济学院进行学习。因此，这种看似极为“人本”的选择方式，存在很大的争议性。

二、我国化学课程结构设置前瞻

顺应当前国际高中化学课程结构发展的趋势，我国高中化学课程的结构也必须能够体现基础性、多样化和选择性，才能适应国家、社会和学生的不同需要，这也是我国第八次课程改革中已经明确提出的。然而经过对当前高中化学课程结构的分析可以看出，我国现行高中化学课程结构对基础性、多样化和选择性的体现都还有进一步发展的空间，因此对这三个方面如何更好地设计和体现，是化学课程结构研究的重要方向。

1. 深入探索的基础性体现

当高中化学课程结构应该体现基础性成为一个基本前提之后，紧接着来的问题就是“什么是基础”。不同的学者对这个问题有很大的争议。一种意见是“基础就是知识的基础”。在这个观点之下，有的学者(包括一部分科学家、化学家)非常强调化学的基础知识，认为我国传统的化学教育在基础知识方面具有很大的优势，应当在这次课程改革中予以继承；但是也有人认为传统的化学教育对基础知识的强调有些琐碎，太注重细节性的事实性知识，应该向核心观念的建立上转移，这是一种“扬弃”的观点。另外一种意见是“基础应当是方法的基础”。在这个观点之下，有的学者强调化学研究的基本方法，但是更多的学者强调的是基于科学领域的基本方法，认为“基础”也应该是有维度的，它不仅包括基础知识、基本方法，也包括一些基本的情感、态度和价值观，只有这样的“基础”才有可能使得学生在未来的社会中真正成为具有终身学习能力的人。

关于课程设计的“基础性”还应该进一步研究的问题是：设计什么样的基础？是设计完全整齐划一的基础？还是坚持共同基础与个性化基础相结合？还是设计完全个性化的基础？这需要从理论分析以及实践反馈中获得求证。从当前的国际比较研究来看，设计个性化的基础应该是当前国际化学课程结构设计者更为支持的，如果一定要有个性化的基础，那么还应该进一步研究的问题是，坚持个性化基础的同时是否需要有一定的共同基础。另外，个性化的程度多大？加拿大是完全个性化的基础，而我国则是既具有共同基础，同时也具有个性化的基础。

另外，如何体现“基础性”？如果说对基础知识、基本方法以及情感态度价值观的探索是课程内容研究的范畴，然而应该设置什么样的化学课程来落实这些“基础”？是设计化学分科课程还是设计科学课程，在科学课程中包含应该落实的“基础”？这些问题的解决则是化学课程结构研究的领域。专门开设的这门课程如果是分科的化学课程，在课程设计中会存在两个无法避免的问题：第一，按照我国的教育传统，必然存在相同性质的物理课程和生物课程，它们在各自学科范围中来设计科学研究的基本方法，不可避免地会存在一些不必要的重复；第二，这类课程的设计人为地将部分学生的发展划分为两个阶段，相当一部分学生的潜力难以在此阶段得到充分的发展。如果开设综合的科学或理科课程来获得化学学习的基础，则需要配备具有一定综合科学或理科教学能力的教师，这在我国当前的情况下，短时期内是难以实现的。

2. 如何更好地体现多样化

多样化是国外高中化学课程(和其他课程)结构的一个重要特点，其多样化的方式主要是按照水平或类型开设不同的化学课程供学生选择。这些课程在结构上和逻辑上是相对完整的，它们在性质上与我国的高中化学课程是一样的，这样的课程可以称为“系列课程”。我国高中化学课程中的甲种本、乙种本、1995 年的必修、化学Ⅰ都是相对完整的系列课程，化学Ⅱ、1995 年的“必修＋选修”本身也是一种系列课程，与前一类的系列课程不同的是，学生在这个系列课程学习的过程中可以在一定时间上中止，比如“必修＋选修”系列在高二中止之后，实际上演变为必修系列；化学Ⅱ在高二中止之后，则演变为一个与化学Ⅰ有区别的新系列。

由于系列课程强调基本课程内容的完整性，因此，学生的学习时间一般较长，国外的设计通常为 1 年，我国的基本为 2 年。学生一旦选择某个系列的课程，由于课程结构本身和课程管理上的问题，很难再进行其他的选择或者改变原来的选择，不利于实现学生对课程的选择性，也难以为学生发展愿望和学习兴趣的变化提供空间。

为了消除系列课程的这种消极影响，最大限度地实现高中课程的多样化，这一次高中课程改革过程中提出了“课程模块”的概念。每一科目(比如化学)的课程由若干课程模块组成，学生在学习过程中可以选修部分或全部的模块。模块之间可以是平行设计的，无论学生在按什么样的顺序选修都可以，为了实现某一课程的基本目标，课程开发人员也确定了一些模块作为必修模块。模块课程的提出，为最大限度地实现课程的多样化和学生对课程的选择性提供了一种可能的方式。

但是从近 10 年的实施情况来看，模块课程也确实带来了一些新的问题。目前，我国化学课程共设计了 8 个模块，其中允许学生任意选修的模块就有 6 个，模块的数量特别是选修模块的数量相对较多，对现行的学校管理制度、教学设备和资源造成了很大程度的冲击。因此，在具体的实施过程，学生很难拥有自主选择权，而是以一个学校为单位选择学习，甚至有的以一个城市、省为单位选择特定的模块学习，这实际上是与模块设置的初衷相违背的，模块设置的价值就很难实现，其课程实施整体效果也就不言而喻了。

另外，由于模块相对强调模块内部的结构和完整性，课程整体的结构性和逻辑性势必受到一定程度的影响；我国化学课程的模块是按照课程内容来划分的，课程在设计时模块与模块之间有一定(有时是很大程度上)的重叠，而学生在选修时，因为大部分学生不会选择某一课程内的所有的模块，又必然造成内容上一定程度的缺失。

我国化学课程类型数量之多，可谓是世界之最。在实现化学课程多样化这一方面是毫无疑问的。但不同模块之间的价值和水平并非完全等值的，甚至差别非常大，因此，通过学生选择学习的模块数量来确定学生的化学学习水平，就必然引起质疑。

应该如何定义和划分化学课程的类型，划分为多少个类型是比较合适的？是否在划分类型时，除了要考虑化学课程内容，也要考虑其中的水平差异？如何协调类型、内容与水平三者的关系？这应该是化学课程多样化研究的一个重要方向。

3. 如何更好地体现选择性

为了适应不同学生的个性化发展，高中化学课程具备一定的选择性，这已是国际共识。现在我国高中化学课程结构的设置已经实现了不同的学生学习不同的化学，但是仍然要求所有进入普通高中学习的学生必须要学习一定的化学课程，即两个必修模块(规定的)和任一选修模块(自选的)，方能达到高中化学课程学习的基本要求，而要选择理科进一步学习的学生则需要再加选两个选修模块(最多可以从 6 个选修模块中任意选择 4 个模块学习)。

因此，我国高中化学课程的选择性远远低于国际上许多国家和地区。根据上面的分析，我们可以看到，国际上已经有很多国家允许学生只选择科学课程中的某些科目来学习，如从物理、化学、生物、地理中任意选择两门学习。甚至有很多高中生，并不需要学习化学分科课程，只需要在科学课程中学习部分有关化学的内容就可以了。也就是说，化学分科课程并不是要求所有的高中生都必须选择学习，化学分科课程是一门完全选修课程，学生可以选择，也可以不选择，完全可以自己的需要的选择一定数量进行学习。化学学习的基础就由科学课程的学习来提供。

基于我国的现实情况和国际形势，我们需要对我国当前化学课程结构进行进一步探讨。初中一年的化学学习是否能够帮助学生获得足够的适应未来社会必备的化学素养？我国是否仍然要求全体高中生都必须要学习一定的化学分科课程？对于仅仅需要具备一些必备的化学基本素养的学生，是否仍然要求其用 3 个学期的时间学习化学(两门必修，一门选修)？是否可以考虑在科学的基本构成学科(物理、化学、生物、地理)之间任意选择学习？在哪个时间点开始在学科之间任意选择学习？任意选择学习的学科(科目)之间的搭配或配比关系是怎样的？另外，选择的方式是走大多数国家当前轨道式，还是继续坚持我国当前的文理分科加兴趣式？我国是否有必要探索对文理科进行单独设课，即文科生与理科生要学习不同的化学课程体系？这实际上是一种类轨道式的选择方式。这一系列问题有关我国当前化学课程结构选择性的问题，需要进一步深入探讨。

参考文献

[1]廖哲勋. 课程学[M]. 武汉：华中师范大学出版社，1991.

[2]施良方. 课程理论——课程的基础、原理与问题[M]. 北京：教育科学出版社，2000.

[3]和学新. 课程改革要致力于课程结构的改造和完善[J]. 课程·教材·教法.

1997，(10)：11-15.

[4]何永红，王祖浩. 从课程结构变革看高中化学教育发展面临的机遇与困境[J]. 中国教育学刊 .2006，(9)：56-58.

[5]于康平. 超越文理分合的争论——美国高中课程设置与“高考”对中国大陆的启示[J]. 教育学术月刊. 2011，(3)：85-88.

[6]郭宝仙 . 英国普通高中课程方案及其特点[J]. 全球教育展望 .2012，(2)：26-31.

[7]Ministry of Education and Training. The Ontario Curriculum Grades 11 and 12：Science，2000.

第三章

中学化学课程内容选取与组织的国际比较研究

内容标准是课程标准的核心部分。知识内容的深度和广度，包括知识主题的选取和呈现。具体来说，在一个国家或地区的课标中，从化学学科的角度选取了哪些主题知识，主题下主要包括哪些具体的概念；每个主题规定在哪个年级学习，每个年级涉及哪些具体概念，学习到什么程度等。（通过这些部分的比较，说明不同国家或地区的内容标准之间的异同，从而为我国中学化学课程研究、教材编制及中学教学提供建议和启示。）

本部分主要选取中国大陆、中国台湾、美国、加拿大安大略省、日本、韩国、芬兰、法国、澳大利亚维多利亚州的高中化学课程标准文件，关注其中内容标准的异同。在内容标准的分析中着重分析两方面内容，一方面是在相同学段，如必修阶段和选修阶段，各地选取的知识主题的差异；另一方面是关于同一个知识主题，各国知识设置的深度和广度差异。

本研究主要关注的知识主题包括无机元素化合物、化学键与分子结构、原子结构、化学反应速率、化学平衡、气体、水溶液、氧化还原与电化学、化学反应中的能量、有机化学等 10 个主题。

第一节　典型国家和地区中学化学课程知识内容的组织特点

一、中国大陆课程标准知识内容组织特点

中国大陆初中 9 年级至高三(9～12 年级)是中学生学习化学的主要时间段。中学化学的学习有两个学段，必修阶段和选修阶段。但与很多国家和地区在 9 年级学习科学课不同，中国大陆从 9 年级开始，化学一直作为单独学科与物理、生物、地理等分开学习。

初中阶段的学习主要以接触化学，建立用化学认识世界的视角为目的。课程内容分为五大部分："科学探究"主要介绍化学这门科学的研究方法，让学生对科学探究有初步的认识，同时学习基本技能，发展初级的科学探究能力；"身边的化学物质"选择不同类别的代表物，以便学生对身边的物质建立全面的初步认识，初步建立物质观；"物质构成的奥秘"帮助学生深入认识物质，让学生学会将物质符号化，用元素表示物质，初步建立微粒观；"物质的化学变化"通过变化中的基本特征、规律和几种典型的化学反应，帮学生初步建立变化观；"化学与社会发展"主要是将化学学科与社会联系起来，帮助学生建立对化学价值和影响的全方位认识。

表1 中国大陆初中化学课程内容安排

主　题	二级主题
科学探究	增进对科学探究的理解
	发展科学探究能力
	学习基本的实验技能
身边的化学物质	我们周围的空气
	水与常见的溶液
	金属与金属矿物
	生活中的常见化合物
物质构成的奥秘	化学物质的多样性
	微粒构成物质
	认识化学元素
	物质组成的表示
物质的化学变化	化学变化的基本特征
	认识几种化学反应
	质量守恒定律
化学与社会发展	化学与能源、资源利用
	常见的化学合成材料
	化学物质与健康
	保护好我们的环境

中国大陆高中化学是按照必修、选修来进行组织的。必修与选修一共设立8个模块。必修包括化学1、2两个模块，选修内容以学科特点及应用相结合来建立模块，模块内容相对独立，包括化学与生活、化学与技术、物质结构与性质、有机化学基础、化学反应原理、实验化学。高一学习必修内容的两个模块，旨在全面的了解化学，高二、高三学习选修内容，选择化学的应用或学科各分支进行较为系统的深入学习。

表2 中国大陆高中化学课程内容安排

高中阶段	模块分布	主　题
必修	必修1	认识化学科学
		化学实验基础
		常见无机物及其应用
	必修2	物质结构基础
		化学反应与能量
		化学与可持续发展

续表

高中阶段	模块分布	主　题
选修	化学与生活	主题 1　化学与健康
		主题 2　生活中的材料
		主题 3　化学与环境保护
	化学与技术	主题 1　化学与资源开发利
		主题 2　化学与材料的制造、应用
		主题 3　化学与工农业生产
	物质结构与性质	主题 1　原子结构与元素的性质
		主题 2　化学键与物质的性质
		主题 3　分子间作用力与物质的性质
		主题 4　研究物质结构的价值
	化学反应原理	主题 1　化学反应与能量 主题 2　化学反应速率和化学平衡 主题 3　溶液中的离子平衡
	有机化学基础	主题 1　有机化合物的组成与结构
		主题 2　烃及其衍生物的性质与应用
		主题 3　糖类、氨基酸和蛋白质
		主题 4　合成高分子化合物
	实验化学	主题 1　化学实验基础
		主题 2　化学实验探究

二、美国大学理事会科学标准知识内容组织特点

从课程内容的组织形式上来看，美国大学理事会科学标准（本节简称“理事会标准”）中的化学标准是基于美国科学教育所推崇的“核心观念”进行组织的。为了深入理解物质的结构、变化及物质变化过程中所伴随的能量变化，选择把与之不相关的概念忽略掉。而支持这些核心观念的中心概念（如结构决定性质、物质变化常常伴随着能量变化）则被强调得比一般高中化学课程要更加深入，并且用一种更加概念化的方式来处理它们。同时，理事会标准还反映出宏观水平和原子分子水平的联系。标准中暗含着对化学理解三个层次之间关系的强调。这三个层次是：宏观可观察层次，“原子—分子”层次或微粒层次，及符号表征层次。理事会标准认为学生进行着三种层次理解间转换的能力对于丰富对化学的理解至关重要。

表 3 美国大学理事会科学标准中与化学相关的内容主题

内容主题	物质的结构	物质和变化	能量和变化
具体知识	原子理论 电子 化学键 物质的表征 物质的状态 核化学	周期表 结构—性质关系 物质守恒 化学平衡 化学动力学	能量守恒 能量转移和转化 化学能

由于要凸显核心观念，理事会标准重点选择支持核心观念发展的中心概念，同时因为要为升入大学做好准备，其知识组织的趋势是“求深不求全”。鉴于此，美国大学理事会科学标准的化学主题的组织比其他国家和地区显得更加脉络化，但选取内容的全面性有所缺失。

三、加拿大安大略省的课程标准知识内容组织特点

加拿大安大略省的化学学科学习是从 9 年级开始的。在 9～10 年级，化学作为一个科学课的单元学习，学习的内容主要是物质及化学反应。从 11 年级开始，在大学预科 11～12 年级这一阶段，内容结构主要是以学科特点和领域进行划分；而学生如果选择学院预科课程学习，课程内容则结合应用和学科特点，12 年级学院预科课程既关注对物质的定性分析、简单定量计算和环境中的应用，同时也注重到学科中重要的有机化学、电化学这些直接应用广泛的领域。12 年级职业准备则从生活和工作角度组织知识，将化学知识融入主题中。

表 4 加拿大安大略省 9～12 年级课程内容安排

（阴影部分为化学具体主题或包含化学主题学习）

年级	系列 A	系列 B	系列 C	系列 D	系列 E	系列 F
9 年级 科学 学术型	科学研究技能和职业发展	生物	原子、元素/单质和化合物	地球与空间科学	物理	
9 年级 科学 应用型		生物	探索物质	地球与空间科学	物理	
10 年级 科学 学术型		生物	化学反应	地球与空间科学	物理	
10 年级 科学 应用型		生物	化学反应与实际应用	地球与空间科学	物理	

续表

年级	系列A	系列B	系列C	系列D	系列E	系列F
11年级 化学 大学预科		物质、化学倾向与化学键	化学反应	化学反应中的定量	溶液和溶解性	气体和大气化学
12年级 化学 大学预科		有机化学	物质结构与性质	反应能量与速率	化学系统和平衡	电化学
12年级 化学 学院预科	科学研究技能和职业发展	物质与定性分析	有机化学	电化学	化学计算	环境中的化学
12年级 科学 大学/学院		医学技术	病原体和疾病	营养学	科学和公共卫生问题	生物技术
12年级 科学 职业准备		工作场所的有害物质	消费品中的化学产品	疾病和预防	家庭和工作用电	营养科学

四、中国台湾课程标准知识内容组织特点

中国台湾将高中化学必修细化为三个部分，使知识的层次性和衔接性更突出，注重学科知识的纵向发展脉络。在必修部分，使用化学学科各子领域为表述主题，如物质的状态、组成、结构、变化、有机化学、能量等。在选修部分仍然采用这种表述方式将内容分为物质的“结构”“性质”“状态”和化学应用，然后加入“选修化学实验”作为独立模块。

表5 中国台湾必修部分主题选取和分布情况

册次	主题	子项目	具体内容
高级中学基础化学（一）	物质基本组成	一、物质的组成	1. 物质的分类 2. 原子与分子 3. 原子量与分子量 4. 溶液
	物质基本构造	二、原子结构与元素周期表	1. 原子结构 2. 原子中电子的排列 3. 元素性质的规律性 4. 元素周期表

续表

册次	主题	子项目	具体内容
高级中学基础化学（一）	物质变化	三、化学反应	1. 化学式 2. 化学反应式与平衡 3. 化学计量 4. 化学反应中的能量变化
		四、常见化学反应	1. 化合反应与分解反应 2. 酸碱反应 3. 氧化还原反应
高级中学基础化学（二）	物质构造	一、物质的构造与特性	1. 八隅体与路易斯结构 2. 离子键与离子晶体 3. 共价键与分子化合物 4. 网状固体 5. 金属固体
	含碳元素的物质	二、有机化合物	1. 烷、烯、炔与环烷 2. 同分异构物 3. 有机化合物的命名 4. 芳香族化合物 5. 官能团与常见的有机化合物 6. 生物体中的有机物质：糖类、蛋白质、脂肪、核苷酸
	化学能源	三、化学与能源	1. 化石燃料 2. 电池 3. 能源
	化学应用	四、化学与化工	1. 生活中的化学 2. 化学与可持续发展 3. 化学与先进科技
高级中学基础化学（三）	物质状态	一、气体	1. 气体性质 2. 气体定律 3. 理想气体 4. 分压
	物质变化	二、化学反应速率	1. 反应速率定律 2. 碰撞学说 3. 影响反应速率的因素
		三、化学平衡	1. 化学平衡 2. 平衡常数 3. 影响平衡的因素 4. 溶解平衡

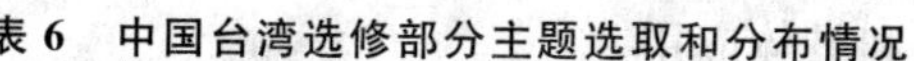

表 6　中国台湾选修部分主题选取和分布情况

册次	主题	子项目	具体内容
高级中学选修化学	物质构造	一、原子构造	1. 氢原子光谱 2. 玻尔氢原子模型 3. 原子轨道 4. 电子组态 5. 原子性质的趋势
		二、化学键	1. 化学键的种类 2. 价键理论 3. 分子间作用力
	物质性质	三、有机化合物	1. 有机化合物的组成 2. 碳氢化合物、有机卤化物、醇酚、醛、有机酸、酯、油脂、胺、硫胺
		四、水溶液中的酸碱盐的平衡	1. 布-洛酸碱理论 2. 酸碱度 3. 缓冲溶液 4. 盐
		五、氧化还原反应	1. 氧化数 2. 氧化还原滴定 3. 电池电动势 4. 电解
	物质状态	六、液态与溶液	1. 水的相变 2. 气化与蒸汽压 3. 溶液的性质
	物质性质	七、无机化合物	1. 非金属元素 2. 非金属元素 3. 过渡金属元素
	化学应用	八、化学的应用与发展	1. 聚合物 2. 生物体中的大分子 3. 先进材料
仅附在课本附录	物质的测量	一、物质的测量 二、测量的准确性	1. 长度、体积、质量的测量 2. 温度的测量 3. 误差的产生 4. 准确度与精密度的意义 5. 有效数字

五、日本课程标准知识内容组织特点

日本高中化学有必修和选修，围绕物质研究其组成、性质、变化及应用，但不同阶段偏重不同。基础知识和综合理科等部分涉及面广，但内容比较浅显，进入化学 1 则偏重于物质的组成、变化、性质、利用，化学 2 更涉及反应原理，但同时也更偏重于化学在生活中的价值和具体应用。

高中的化学1和化学2都特别设计了课题探究，这是日本课程内容的特色。这个专题给了学生和教师很大的探究空间。在这个专题中，学生可以选择自己有兴趣的化学方向进行实验设计、数据收集和分析。

表7　日本高中年级化学课程内容安排(化学1)

主　题	子项目	具体内容
物质的构成	物质和人类生活	化学及其作用
		物质的探究
	物质的构成微粒	原子、分子、离子
		物质的量
	有关物质的探究活动	
物质的种类和性质	无机物	单质
		化合物
	有机物	烃
		含有官能团的化合物
	有关物质种类和性质的探究活动	
物质的构成	化学反应	反应热
		酸碱中和反应
		氧化还原反应
	有关物质变化的探究活动	

表8　日本高中年级化学选修课程内容安排(化学2)

主　题	子项目	具体内容
物质结构与化学平衡	物质结构	化学键
		气体定律
		液体和固体
	化学平衡	反应速率
		化学平衡
生活和物质	食品和衣物材料的化学	食品
		衣物材料
	材料化学	塑料
		金属和陶瓷
生命和物质	生命的化学	构成生命体的物质
		维持生命的化学反应
	药品的化学	医药
		肥料
课题研究	特定化学事物及现象的探究活动	
	推动化学发展的相关实验研究	

六、韩国课程标准知识内容组织特点

高一为韩国“国民共同基本教育课程”的第十年，与化学有关的内容分布在“科学”课程中。高二、高三(11、12年级)的化学课为选修，主要内容分布在“化学Ⅰ”“化学Ⅱ”。对各课程，下面设有不同的内容领域(相当于中国大陆内容标准的“一级主题”)，对各领域细化成为“各领域内容”(相当于中国大陆内容标准的“二级主题”)，对每个领域陈述一些“探究活动”。下表所示为韩国高中化学课程标准结构体系。

表9　韩国高中化学课程标准结构体系

课程类别	课程名称	一级主题(内容领域)
国民共同基本教育课程必修	科学(10年级)	主题1 地球系统
		主题2 物体的运动
		主题3 化学反应中的规律性
		主题4 遗传与进化
		主题5 几种化学反应
		主题6 天体的运动
		主题7 电磁
		主题8 生命科学的未来
		主题9 自然中的能量
以选择为中心的教育课程选修	化学Ⅰ(11～12年级)	主题1 空气
		主题2 水
		主题3 溶液
		主题4 现代化学和我们的生活
	化学Ⅱ(11～12年级)	主题1 原子的结构和周期律
		主题2 化学键
		主题3 化学反应中的能量
		主题4 化学平衡
		主题5 反应速率
		主题6 酸碱反应
		主题7 氧化还原反应

以“化学Ⅰ”的“空气”主题为例，说明韩国内容标准在具体主题领域内部的结构和表述方式。从此例中可以看出，在主题领域内部，通过对该领域的进一步细化表述，说明该主题领域内的具体内容要求。“探究活动”与领域的具体内容并非一一对应，相当于我国内容标准中的“活动与探究建议”。

(1)空气

a. 调整组成空气的物质——氮气、氧气、二氧化碳等的性质，了解这些气体在日常生活以及技术产业领域中被利用的实例。

b. 引入摩尔的概念，理解组成空气的物质在化学反应中的量的关系。

c. 用气体方程式说明气体随压力和温度的变化其体积发生的变化，理解气体分子的扩散速度和分子量之间的关系。

d. 调查空气污染及污染来源，调查并讨论空气污染的处理方案。

[探究活动]

a. 推导出气体的温度、压力、体积之间的关系

b. 寻找日常生活中随压力和温度的变化气体的体积变化的实例并说明

七、芬兰课程标准知识内容组织特点

在芬兰，7～9 年级化学教学的任务是扩充学生的化学知识，加深学生对化学本质的认识，引导学生运用科学的思维获取知识，并在不同生活情境中应用知识。7～9 年级的化学核心概念包括空气和水，原料和产物，自然与社会等三个方面。

表 10　芬兰基础教育科学课程标准中 7～9 年级化学的核心概念具体内容及要求

核心概念	具体内容
空气和水	·大气中的物质及其对个人生活和自然平衡的重要作用 ·水及其性质，如酸度和碱度 ·物质的可燃性；燃烧反应；用化学符号语言描述燃烧反应；燃烧产物的性质及其对环境的影响
原料和产物	·地壳中发现的重要元素、化合物及其性质，产物的制备、应用、充足度(sufficiency)和回收利用 ·电化学现象、化学电池和电解，以及它们的应用 ·元素与化合物的符号标示、分类和特征；化学反应速率的比较 ·化学反应方程式的解释以及简单反应方程式的配平 ·用原子模型或元素周期表解释元素与化合物的结构和性质
自然与社会	·光合作用与燃烧；能源 ·氧化反应及氧化反应的有机产物，如乙醇和羧酸，这些产物的性质及应用 ·碳氢化合物，石油精炼工业及其产物 ·碳水化合物、蛋白质和脂类的构成及其作为营养物质和工业原料的重要性 ·洗涤用品和化妆品；纺织品

高中核心课程标准中的化学部分，在学程(模块)主题下设有模块目标要求及核心内容。五大学程主题中，KE1 为必修主题，其他四个主题(KE2-5)均为选修。

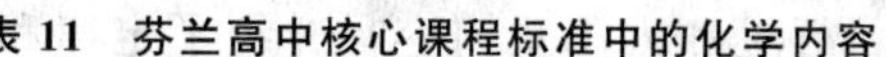

表 11　芬兰高中核心课程标准中的化学内容

学程主题	核心内容
必修 人类及生存(生命)环境的化学(KE1)	• 有机物的分类，例如烃类、含氧有机化合物、含氮有机化合物，它们的性质及应用 • 化学键，有机化合物的极性 • 不同类型的混合物，混合物中各物质的数量及其所占比例 • 有机化合物的氧化还原反应及有机质子转移反应
选修 化学的微观世界(KE2)	• 元素的性质和元素周期系 • 电子结构和原子轨道 • 氧化数和化学式的确定 • 化学键，结合能和物质的属性 • 原子杂化轨道、化学键和有机化合物的结构 • 同分异构现象
反应与能量(KE3)	• 化学反应的符号表征 • 无机化学反应和有机化学反应的类型、反应机理及应用 • 化学计算和理想气体定律 • 化学反应中的能量变化 • 化学反应速率和影响化学反应速率的因素
金属与材料(KE4)	• 电化学，标准电极电位，化学电池，电解 • 氧化还原反应 • 金属与非金属，金属氧化物，非金属氢化物 • 生物高分子，合成高分子，复合材料
反应与平衡(KE5)	• 化学反应平衡 • 酸碱平衡，强酸、弱酸、强碱、弱碱，缓冲溶液及其意义 • 溶解过程及溶解平衡 • 平衡的图示

八、法国课程标准知识内容组织特点

法国高中化学科目的最大特点是化学与物理合并为一科“物理—化学”。高中三个年级的“物理—化学”大纲的内容标准通过主题引领和串联。以主题形式引领和串联教学内容，亦是法国教学大纲的一个重要特色。

法国课标认为，相对于传统的介绍物理和化学概念，这种主题形式给教师提供了更大的教学自由性。另外，主题的方法还能培养学生对科学的兴趣。高一“物理—化学”教学内容的三个主题分别是：健康、体育锻炼和宇宙。三个主题使学科成为背景，从社会范畴或自然范畴出发，介绍和阐明各学科专业的内容和方法。

健康主题探讨医学诊断和药物成分的基础。体育锻炼主题介绍运动学研究，机体的需要和应答，压强概念和体育领域出现的材料和分子。宇宙主题，从大型宇宙结构到物质结构，包含恒星、行星和太阳系内容，介绍了定律和元素共同构建的结构单元。教师可以自行决定这三个主题的顺序，但要注意循序渐进地把难点和要求引入到教学中，特别是在数学工具的运用上。

高二和高三理科教学大纲都通过三大探究主题——观察、理解和行动及其相关的探究问题，引出几个相关的内容主题。其中高二理科“观察：色彩和图像”主题的相关问题为：眼睛是如何工作的？有色光来自哪里？色彩是如何产生的？“理解：定律和模型”主题的相关问题为：宇宙现象的物理原因有哪些？哪些相互作用可以同时解释物质的稳定性和物理化学变化？可以用哪种模型来描述这些相互作用？和这些相互作用相关联的能有哪些？“行动：21 世纪的挑战”主题的相关问题为：为什么说科学可以应对人类面临的挑战，使人类用可持续发展的意愿去保护地球？

高三理科“观察：波和物质”主题的相关引领性问题是关于波和粒子是信息的载体：如何探测到它们？波的特征和性质有哪些？如何得到谱图并运用谱来鉴定原子和分子？

高三理科“理解：定律和模型”主题的相关问题为：如何运用周期性现象来进行时间测量？为什么说在相对论中时间概念有很重要的作用？哪些参数影响化学反应发展？如何从分子结构中了解分子的性质？有机化学反应和质子交换反应怎样成为物质交换的一部分？能量传递是如何在不同尺度下实现的？量子性，尤其是对光来说，是如何表现出来的？“行动：21 世纪的挑战”的相关问题为：为什么说科学可以应对 21 世纪的挑战？如何用可持续发展的意愿来保护地球？

九、澳大利亚维多利亚州的课程标准知识内容组织特点

澳大利亚维多利亚州的必修水平(可免修)以具体学习的内容载体划分，选择最能体现学科规律和观念的内容(周期表)和密切结合生活实际的内容(材料)。选修水平(拿证书必修)以化学学科领域划分，体现学科价值和应用价值(分析、有机、化工、能源)。

维多利亚州课程标准的必修水平主题选择了最能体现学科规律和观念的、密切结合生活实际的四个研究领域；选修部分的研究领域的组织则根据化学的实际应用来完成。维多利亚州在内容选择上体现了社会性和学科的应用性。

表 12　澳大利亚维多利亚州课标四个单元及研究领域设置

单元主题	1 主要化学观念	2 环境化学	3 化学的手段	4 化学工作
具体研究领域	周期表 材料	水 大气	化学分析 有机反应途径	工业化学 能源供应与使用

在这些研究领域中，概念被自然引入进来，在随后的章节中，从更高的复杂度进行复习和回顾。在这四个单元中，结构、反应和能量的核心思想，是在不同的环境中和逐渐增加的认知水平上不断发展的。化学家使用工具获取证据，并使用这些证据提出模型和总结化学知识，并且已经形成了一个普遍的方法。每个单元的学习活动应该使化学思想水平有一定的提高。

第二节　不同国家和地区化学课程标准必修与选修的知识内容分布比较研究

研究中用于比较的不同国家和地区必修与选修阶段的划分为：必修指公共必修部分，即中学所有学生都要学习的知识(一般从 9 年级开始)；选修为部分学生需要学习的知识，主要关注理科倾向或大学倾向的化学选修课程。

此研究选用了美国大学理事会科学标准，这种课程标准的设置理念为“重心放在为大学做好准备而不是宽泛的为所有人提升科学素养上”，与之相匹配的课程为 AP 课程。因此，美国大学理事会科学标准本身就不是为全体高中生准备的课程，可以视为选修课程。

表 13　不同国家和地区知识主题的选取情况

国家(地区)／主题	中国大陆		美国	加拿大安大略省		中国台湾		日本		韩国		芬兰		法国		澳大利亚维多利亚州	
	必修	选修	AP	必修	选修	必修	选修	必修	选修	必修	选修	必修	选修	必修	选修	必修	选修
无机元素化合物	√		√	√			√	√					√				
化学键与分子结构	√	√	√	√	√	√	√		√		√	√	√		√	√	
原子结构和周期律	√	√	√	√	√	√	√	√	√		√		√	√		√	
化学反应速率	√	√	√		√		√		√		√		√		√		√
化学平衡	√	√	√		√		√		√		√		√		√		√
气体			√		√		√				√			√		√	
水溶液	√	√	√	√	√	√	√	√	√	√	√		√	√	√	√	√
氧化还原与电化学	√	√			√	√	√	√	√	√	√		√		√	√	√
化学反应中的能量	√	√	√			√				√	√		√	√	√		√
有机化学	√	√	√		√	√	√	√	√			√	√	√	√	√	√

针对上表的统计，有两个方面是需要关注的：

1. 各个国家和地区选取的知识主题之间的差异

气体主题在生活中的重要性不言自明，但在中国大陆，气体主要集中在物理中学习，化学不再重复。但是美国、加拿大安大略省、中国台湾、韩国、澳大利亚维多利亚州等都在化学课程中学习。

2. 在知识主题的学段设置上的异同

中国大陆高中的知识学习基本采用螺旋上升的方式，相同的知识板块既在高一必修中学习，又在选修中学习，必修中学习的广度较窄、深度较浅，选修中将拓宽广度，增加学生的认识视角，并加大深度。

其他国家和地区则并不一定设置知识的螺旋上升。从上表中可以发现，其他国家和地区主要在原子结构、化学键与分子结构、水溶液、有机化学等知识主题上，必修和选修同时涉及。而对化学反应原理的相关知识，如化学反应速率、化学平衡等因为知识本身难度较大，所以主要集中在选修中学习。

下面将从每个知识主题入手，对所研究的各个国家和地区课程的内容标准进行分析和比较。主要比较的知识主题包括化学键与分子结构、原子结构、化学反应速率、化学平衡、水溶液、氧化还原与电化学、化学热力学、无机元素化合物、有机化学等9个主题。

每个主题将主要关注以下三个问题。

(1)需要分层学习吗？(必修和选修两层)

(2)必修阶段需要学到何种程度？选修阶段要求学到何种程度？

(3)高中整体水平与中国大陆的差异是什么？

一、化学键与分子结构

这部分知识包括多种化学键类型、化学键理论、分子的极性、分子间作用力和氢键等。

中国大陆高一必修涉及化学键的概念，离子键、共价键的形成，离子化合物、共价化合物的概念。在高二选修中，出现了晶格能、共价键的键能、键长、键角的概念，配位键、金属键，分子结构、离子构型的判断，分子间作用力、氢键，晶体和晶格的概念。其他国家和地区涉及的具体知识点及年级分布见表14。

化学键与分子结构更多涉及微观领域，所以很少有国家或地区在9年级就学习这部分内容。从上表统计可以看到，除美国外，加拿大、中国台湾、芬兰在化学键的知识上设置了分层学习，也就是在高中必修、选修阶段都要学习化学键与分子结构知识。

必修阶段是要求所有高中生都要学习。在这一阶段，化学键主题需要学习哪些具体知识，不同国家的要求各不相同。中国大陆在高中必修课程中的化学键要学习离子键、共价键的概念，在这一点上，加拿大则仅仅要求识记一些简单的离子化合物、共价化合物和分子化合物。中国台湾在必修中引入了网状固体、金属固体的概念，同时要求以八隅体规则说明离子键的形成，这两方面的要求高于中国大陆。芬兰在必修课程中讨论有机化合物的极性和化学键，与之相比，中国大陆必修没有晶体概念，同时也不要求对有机物的化学键讨论，从这些方面来看，中国台湾及芬兰的必修水平均比中国大陆要求高。

表 14　不同国家和地区有关价键晶体等知识内容的年段分布(年级)

国家(地区) 知识主题	中国大陆	美国	加拿大安大略省	中国台湾	日本	韩国	芬兰	法国	澳大利亚维多利亚州
Lewis 结构式	11～12	11～12	11	10	11 ～ 12 年级： 1. 介绍电负性在氢、碳、氮、氧、卤素等之间存在不同程度的关系 2. 关于晶体，对原子、分子和离子的阵列进行说明		10 年级：化学键，有机化合物的极性 11～12 年级： 1. 原子杂化轨道、化学键和有机化合物的结构 2. 化学键，键能和物质的属性	11～12	
VSEPR 理论	11～12	11～12	12	11～12		11～12			
化学键的定义	10	11～12	11	11～12		11～12			10
离子键	10	11～12	11	10、11～12		11～12		11～12	10
共价键	10	11～12	11	10、11～12		11～12		11～12	10
极性、非极性共价键	11～12	11～12	11	11～12		11～12		11～12	
金属键	11～12	11～12	12			11～12			10
分子间作用力、氢键	11～12	11～12	12	11～12				11～12	10
偶极		11～12	12	11～12					
离子化合物、共价化合物	11～12	11～12	10、11						10
极性分子、非极性分子	11～12	11～12	12	11～12		11～12		11～12	10
原子晶体	11～12	11～12							
分子晶体	11～12	11～12							10
金属晶体	11～12	11～12		10					
离子晶体	11～12	11～12	11	10					

中国大陆选修阶段的化学键涉及键能、键长、键角的概念，以及各种晶体的概念，但是加拿大安大略省在选修中没有涉及，对晶体的要求只有“构建离子晶体(如 NaCl)的分子模型，书写结构式”这一要求。中国台湾的选修阶段内容不讨论晶格能、晶体堆积方式等知识；芬兰也不讨论晶体堆积方式，对化学键的类型和形成特点的讨论也没有中国大陆深入。

纵观整个高中阶段，美国、日本、韩国、法国、澳大利亚维多利亚州对这个主题都不采用分层学习的方式，除澳大利亚维多利亚州只在必修学习之外，其他都只在选修学习。中国台湾尽管必修层次高于中国大陆，但整个高中阶段而言，中国大陆的化学键知识比中国台湾深度和广度更高。日本和韩国的化学键知识要求整体都低于中国大陆。澳大利亚维多利亚州要讨论化学键对物质性质的影响、周期性和递变性，以及分子间作用力，晶体等概念，水平要求与中国大陆相近，但是澳大利亚维多利亚州是要求在必修阶段学习，所以在学生的学习难度上要高于中国大陆。法国的化学键知识强调应用，例如：对日常生产生活中的物质搜集和摘录相关信息，运用软件讨论分子模型和结构，用红外光谱验证氢键等，在知识本身的难度上要求并不高。

中国大陆与其他国家或地区在本主题上的差别如下。

(1)中国大陆化学键知识在内容标准中没有“偶极”的概念，加拿大、美国课标中则都有这一概念。

(2)关于具体的理论：Lewis 结构式与 VSEPR 等理论在美国、加拿大、中国台湾都有明确提到。中国大陆课标中则没有明确说出，但也有相关要求“能根据有关理论判断简单分子或离子的构型”。

(3)关于键能、键长、键角：只有中国大陆和美国提到，其他国家或地区都不作要求。

(4)关于电负性值表的使用：加拿大、日本、韩国、法国都要求使用电负性值确定化学键的极性。中国大陆在化学键的讨论中，没有明确的极性概念，也没有电负性与确定化学键类型的关系。

二、原子结构和元素周期律

从知识上来说，这个主题包括原子模型的建立，波尔氢原子理论，微观粒子及运动规律，多电子原子结构，元素周期律等。

在中国大陆，9 年级开始学习元素、微粒的概念，并将原子细分到电子和原子核；初步了解周期表，能通过原子序数找到周期表中的相应位置。高中必修阶段开始学习同位素的概念，了解原子核外电子排布，周期表的结构，常见元素的金属性、非金属性递变规律，周期表位置与原子结构关系等。高中选修开始接触电离能、电负性、电子亲和能及递变规律等这些深层结构概念规律，了解对角线规律等。

除美国外，加拿大安大略省、中国台湾、日本在原子结构的知识上设置了分层学习，在高中必修、选修阶段都要学习原子结构知识。法国和澳大利亚维多利亚州只在必修学习，芬兰、韩国只在选修学习。

必修阶段是所有学生都要学习的阶段。在这一阶段都需要学习与本主题相关的哪些知识，不同国家或地区的水平各不相同。与中国大陆相比，加拿大安大略省从 9 年级建立原子结构认识起，就对原子结构认识更深，认识到了原子核中的质子、中子概念，掌握了前 20 号元素的原子核外电子排布。中国台湾在必修阶段相比中国大陆，把能级的概念提前，但是总体来说与中国大陆必修水平持平。日本在初中要求了解物质是由原子、分子组成的，原子是构成物质的基本单位。高中必修在原子、分子的基础上增加了离子，同时对原子的内部组成和结构、分子、离子的形成过程等有了如下要求：“介绍原子作为电子和原子核的最小组成单位，并通过三个周期的周期表观察电子组态，对元素以及碱性金属、卤素、惰性气体元素等进行观察研究。此外，简单介绍离子和分子的形成过程”。另外，在高中必修中要求“了解三个周期间的元素与人类日常生活的关系当中物质元素涉及的深远意义，并介绍离子的作用”。在化学 2 中引入了电负性的概念。

在选修方面，加拿大安大略省从 11 年级开始引入电负性、电离能、电子亲和能等概念，同时在其他主题(如化学键)等方面提出要“使用电负性值表确定键的性质”等。12 年级进入电子亚层的学习。中国大陆选修阶段不涉及电子亲和能，对电负性、电离能不要求掌握递变性。比较而言，中国大陆在这些方面深度和广度低于加拿大安大略省。中国台湾的选修阶段内容设置的深度和广度与中国大陆持平。日本在知识概念的数量上略少，但是对电负性的要求仍然高于中国大陆。

表15　不同国家和地区原子结构相关知识内容的年段分布(年级)

知识主题＼国家(地区)	中国大陆	美国	加拿大安大略省	中国台湾	日本	韩国	芬兰	法国	澳大利亚维多利亚州
元素	9、10	11～12	9	10	10年级：原子作为电子和原子核的最小组成单位，并通过三个周期的周期表观察电子组态，对元素以及碱性金属、卤素、惰性气体元素等进行观察研究。此外，简单介绍离子和分子的形成过程 11～12年级：介绍电负性在氢、碳、氮、氧、卤素等之间存在不同程度的关系		11～12年级： 1. 元素的性质和元素周期系 2. 电子结构和原子轨道	10	10
原子数、质量数	10		11					10	10
同位素、放射性同位素	9	11～12	11					10	10
发射光谱		11～12(另有吸收光谱)	12	11～12					
光子	11～12	12							
焰色反应	10								
汤姆逊模型、卢瑟福氢原子模型	9	11～12(另有道尔顿、波尔、薛定谔)	9、12	10、12(波尔)					
能级	11～12	11～12	12	10					
原子核、电子	9	11～12	9	10		11～12		10	
质子、中子	9	11～12	9			11～12		10	
量子理论		11～12		11～12					
电离能、电负性	11～12	11～12	11						
电子亲和能及递变规律			11						10
电离能、电负性、原子反应的递变规律	11～12	11～12	11	11～12					10
金属性、非金属性递变规律	10	11～12	11						10
核外电子排布	9		9、12	10		11～12			10
泡利不相容原理、洪特规则	11～12		12	11～12		11～12			
电子亚层排布(spdf)	11～12		12	11～12		11～12			10
核外电子排布周期性	10		11	10		11～12			10
原子结构与周期表位置	9		9、12	10		11～12			
原子结构与元素性质	10		9、12	10		11～12			

纵观整个高中阶段，中国台湾与中国大陆原子结构知识水平基本持平。法国不引入亚层和能级概念，澳大利亚维多利亚州没有直接提出电负性、电离能和电子亲和能的概念。

中国大陆与其他国家或地区在本主题上的差别如下。

(1)中国大陆对原子模型的介绍较少，没有明确提出几种原子模型，但是美国、加拿大安大略省、中国台湾、澳大利亚维多利亚州则都有提到，且类型丰富。

(2)中国大陆在高中没有引入电子亲和能概念。加拿大安大略省则是将其与电离能、电负性在11年级同时引入，并讨论电子亲和能的递变规律。

(3)中国大陆对电负性、电离能的要求是“能说出元素电离能、电负性的含义，能应用元素的电离能说明元素的某些性质。”不要求讨论它们的周期递变规律，这一点上，加拿大安大略省、美国、日本有相应内容。

(4)中国大陆高中没有明确提出洪特规则、泡利不相容原理相关内容，加拿大安大略省安大略省在12年级大学预科课程中有引入，并要求学生依照原理写多种元素的电子排布。美国、中国台湾也有相关内容。

(5)中国大陆没有吸收和反射光谱的相关内容，美国和加拿大安大略省则都有涉及。

三、无机元素化合物

无机元素化合物的学习，中国大陆在初中主要以类别和物质为线索，通过学习生活中常见的气体、溶液、金属、酸碱等让学生对各种物质类别的通常性质有所了解。这个主题的学习重点安排在高中必修，非金属主要以“氯、氮、硫、硅、碳”为重点，金属以“钠、铝、铁、铜”为重点。元素化合物是中国大陆高中必修中的重中之重。课标提出了四大金属和四大非金属，元素化合物就围绕这八大元素的单质和化合物的化学性质进行深入学习。

这个主题一直受到课程编写者和教师的重点关注。在知识的组织方面有很多值得讨论的问题。例如，高中的元素化合物学习应该主要学习哪些元素？各个元素的代表物主要学什么？另外，高中教学通常认为元素化合物的学习与氧化还原反应、元素周期表密不可分，但是先学习氧化还原反应与元素周期律，还是先学习元素化合物，不同版本的教材和不同的教师对这三个内容的教学先后顺序的理解有所不同。

以下针对这些问题进行列表比较。

表16　不同国家和地区无机元素化合物知识组织比较

国家(地区)	代表元素	代表物	主要性质	所置主题及前后关系	表现期望及能力要求
中国大陆	钠、铝、铁、铜；氯、氮、硫、硅	代表元素的单质及其重要化合物	物理性质；化学性质：氧化性、还原性；化合物类别通性	必修　氧化还原反应之后，元素周期表之前；	了解主要性质、认识生产生活应用
美国	氮、氧、硫、磷、氢、碳	——	——	选修	认识对生命系统的作用

续表

国家(地区)	代表元素	代表物	主要性质	所置主题及前后关系	表现期望及能力要求
加拿大安大略省	碳、氯、硫、氮；铝、铜、钠	代表元素单质及其重要化合物	物理性质；化学性质；	必修　氧化还原反应之前 元素周期表之前	描述常见元素和化合物的主要物理和化学性质
中国台湾	氢、碳、氮、氧、硅、氯；主族金属元素；第三周期金属；过渡金属元素	代表元素单质及其化合物；过渡金属	物理及化学性质	选修　氧化还原反应之后，元素周期表之后	生活及环境中常见的重要化合物
日本	无(要求前三周期元素)	——	关于代表性无机物质，介绍化学工业与之的关联	必修　"物质的种类和性质"单元，氧化还原反应之前，元素周期表之后	观察无机物质的性质和变化，通过实验理解物质相关的基本概念和法则，掌握以此研究日常生活相关物质的学习方法
韩国	——	——	——	——	——
芬兰	——	金属与非金属，金属氧化物，非金属氢化物	氧化性、还原性	选修　与元素周期表同时讲，在氧化还原反应之前	知道氧化还原反应的原理及其应用，能书写氧化还原反应
法国	——	——	——	——	——
澳大利亚维多利亚州	——	——	——	——	——

与之前几个主题都采取知识分布螺旋上升的策略不同，中国大陆高中阶段元素化合物的学习主要集中在必修。其他国家和地区也都将该主题或在必修学习，或在选修学习。加拿大安大略省和日本主要在必修阶段学习，美国、芬兰和中国台湾则主要在选修阶段学习。

通过比较发现，中国大陆及中国台湾、美国、加拿大安大略省提出了代表元素，但略有不同。中国台湾也提出了氢、碳、氮、氧、硅、氯六大非金属元素与第三周期金属元素，学习这些元素的单质和化合物的性质，同时主题之间的顺序安排与中国大陆一致。但中国台湾把这部分内容放在高三，仅安排8学时。美国也在选修课程中学习，同时代表元素主要集中在非金属元素。加拿大安大略省的元素化合物知识选取与中国大陆最为相似，但主题的放置顺序稍有差异。

日本和芬兰都不提代表元素。以日本为例，课标提出，学习重点主要在于前三周期间的元素与人类日常生活的关系当中物质元素涉及的深远意义，并介绍离子的作用。无需逐个说明，且不包含金属离子的分离。关于代表性无机物质，介绍化学工业与之的关联。芬兰学习金属与非金属是在“金属与材料”这一主题中学习的，学习重点在于知道工业原材料的重要性以及这些原材料进一步的处理方法；知道氧化还原反应的原理及其应用。法国、澳大利亚维多利亚州、韩国都不单独设立这个主题。

总体看来，在课程标准的知识选取上，中国大陆与中国台湾、加拿大安大略省最为相似。再进行深入的教学探讨就需要涉及课时数安排、教学素材选取、课堂呈现等。但这些具体信息在课程标准文件中无法一一体现。目前，中国大陆高中利用一学期时间主要学习金属与非金属的性质，而中国台湾的课程标准规定这部分内容仅占8学时。究竟安排多少课时数才是合理的，对此问题并无定论，但需要考虑元素化合物知识属于事实性知识和叙述性知识，对发展公民素养有意义，具备事实说明功能，但是缺乏理论解释功能。

四、有机元素化合物

这个主题主要讨论烃类、醛、酮、醚、酯、醇、胺、有机酸等物质的命名、结构、官能团，物理性质、化学性质，有机反应类型等。同时也涉及糖、蛋白质、油脂等物质。

有机化学是中国大陆中学化学的重要组成部分，从9年级到高三的学习内容都对有机化学有所涉及。中国大陆中学化学学习的有机物类别包括烃类、醇类、酚类、醛类、酯类和羧酸。讨论的有机问题包括有机物的命名、常见的官能团结构、性质等，有机物的结构，同分异构现象，有机反应类型(加成、取代、消去、加聚和缩聚)，其他有机化合物(糖、蛋白质和油脂)等。

不同国家或地区的有机元素化合物主题的知识组织比较见下表。

表17　不同国家或地区有机元素化合物主题的知识组织比较

国家(地区)	代表物类别	反应类型	结　构
中国大陆	烷烃、烯烃、炔烃、芳香烃、卤代烃、醇、酚、醛、羧酸、酯	加成、取代、消去、酯化，加聚、缩聚	各种类型典型代表物的结构，同分异构
美国	无具体说明，但有机命名不作要求		
加拿大安大略省	烃、醛酮醚、醇类、酯类、胺、酰胺、羧酸、芳香化合物、聚合物	燃烧、氧化、加成、酯化、聚合、水解、消去、取代	各种类型典型代表物的结构，同分异构、立体异构
中国台湾	烷、烯、炔、有机卤化物、醇、酚、醛、有机酸、酯、油脂、胺、酰胺	氧化、加成、聚合、取代、酯化	各种类型典型代表物的结构，同分异构、立体异构
日本	含碳化合物、包括官能团内含氧、含氮的含碳化合物	不包含酯化	不涉及异构

续表

国家(地区)	代表物类别	反应类型	结　构
韩国	多种碳氢化合物		
芬兰	烃类、含氧有机物、含氮化合物；	无具体说明	同分异构现象
法国	烷烃、醇、醛、酮、羧酸、酯、胺、酰胺；	无具体说明	各种类型典型代表物的结构；双键共轭；
澳大利亚维多利亚州	烷烃、烯烃、胺、氯代烃、脂肪醇和羧酸；	加成，取代，氧化，酯化；	10个碳以下代表物的结构； 蛋白质的一、二、三级结构；

除加拿大安大略省、美国、韩国之外，其他国家和地区都将有机化学设置为必修、选修分层学习的模式，可见在世界范围内有机化学知识在中学化学学习中的重要性。

通过比较不难看出，不论在必修还是选修部分，中国大陆在物质类别方面的要求都比其他国家或地区要少，缺少胺、酰胺。代表物的缺少使得对命名、反应类型等的要求都有所降低。

在必修部分，在有机物结构方面中国大陆要求能够对同分异构现象举例说明，不要求命名，对有机反应类型不作要求。中国台湾在包括立体异构，同时要求对6个C以内的有机物进行命名。在选修部分，法国在有机合成的步骤、有机合成中的选择方面的要求比较高；澳大利亚维多利亚州对蛋白质的一级、二级、三级结构有较高要求。日本的选修则是在应用中讨论有机化学，分别从生活、生命两方面学习有机化合物，这是日本有机化学内容的特点。韩国与日本类似，但是水平要求要低于日本，不讨论有机化学的学科本体知识，主要关注生活生产中的应用。美国对有机化学知识的叙述则比较少，不要求有机物的命名，要求水平较低。

五、水溶液体系

水溶液包括溶液及溶解度的相关知识，以及酸碱平衡、沉淀溶解平衡知识，统称水溶液主题。

中国大陆的初中化学课程对水溶液作为一大主题进行了讨论，对于以水为溶剂的溶解，溶解度的概念、影响因素等都提出了学习要求。韩国在9年级要求与中国大陆相似。加拿大安大略省在9年级只要求了溶解的概念，其余都在11年级大学预科课中才开始学习。日本9年级要求学生“观察物质溶解在水中的变化过程，通过再结晶实验，了解物质在水溶后的分解过程，并掌握水溶后提取分解物的方法”。

在酸碱知识方面，中国大陆在9年级开始认识酸碱，“认识常见酸碱的主要性质和用途，知道酸碱的腐蚀性”。韩国在9年级开始接触“电离”概念，日本、芬兰在初中也都对酸碱性有所要求。

中国大陆高中必修开始学习电离和离子反应，选修开始讨论强弱电介质的电离。加拿大安大略省10年级开始能够“识别酸，书写方程式”。11年级学习电离，并要求能“从电离程度的角度解释强酸与弱酸，强碱与弱碱之间的差异”。尽管学习电离的时间相同，但是强弱电介质这一概念进入中国大陆的时间明显较晚。对于沉淀溶解平衡，我国在高中选修中讨论，加拿大安大略省在12年级讨论。

表18　不同国家和地区高中水溶液主题酸碱知识年段分布(年级)

国家（地区） 知识主题	中国大陆	美国	加拿大安大略省	中国台湾	日本	韩国	芬兰	法国	澳大利亚维多利亚州
阿伦尼乌斯理论，Bronsted-Lowery理论	阿伦尼乌斯理论，10年级		阿伦尼乌斯理论，11年级，Bronsted-Lowery理论，12年级	阿伦尼乌斯理论，10年级；Bronsted-Lowery理论，11～12年级		Bronsted-Lowery理论，11～12年级		Bronsted-Lowery理论，11～12年级	
酸的命名	10	11～12	10	10					
强弱电解质	10	11～12	11～12	10	10		11～12	11～12	10
离子反应	10	11～12	11	10					10
电离平衡常数	11～12		12		11～12	11～12		11～12	11～12
水的离子积	11～12		12	10				11～12	11～12
沉淀溶解平衡	11～12		12						
pH	10	11～12	10～12	10	10			11～12	
缓冲溶液	11～12		12	11～12		11～12	11～12	11～12	
滴定			11～12	11～12				11～12	11～12

不同国家和地区高中阶段水溶液主题的学习都涉及必修和选修两个阶段，但酸碱部分的内容设置方式各有不同。在高中必修阶段，各个国家和地区的共同点是不深入讨论酸碱的强弱问题。加拿大、日本、韩国必修部分涉及的水溶液知识与中国大陆基本相同，但把pH的概念提前。中国台湾的水溶液知识在必修涉及溶解平衡、溶度积、同离子效应等知识，必修水平高于中国大陆。法国必修部分不提酸碱概念，只讨论水作为溶质的溶剂及浓度计算，其水平低于中国大陆。澳大利亚维多利亚州必修也不讨论酸碱强弱，其水平要求与中国大陆持平。在选修阶段，因为中国大陆高中不引入K_a这一概念，所以对水溶液的知识要求显著降低。相比之下，中国台湾、法国、韩国、加拿大安大略省的选修要求高于中国大陆，一方面提出了弱酸弱碱的解离常

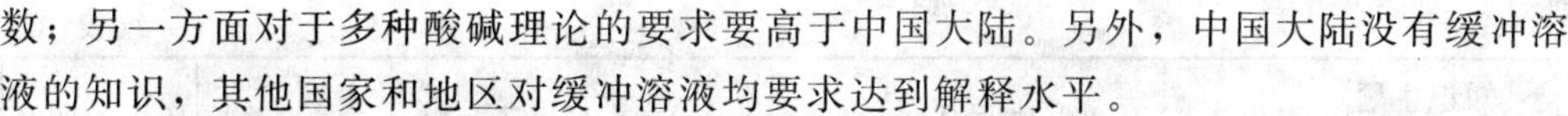

数；另一方面对于多种酸碱理论的要求要高于中国大陆。另外，中国大陆没有缓冲溶液的知识，其他国家和地区对缓冲溶液均要求达到解释水平。

六、氧化还原与电化学

从知识角度上看，这一主题的知识包括氧化还原反应，电池的电动势和电极电势，原电池和电解池的构成、原理、应用等。

在中国大陆，学生在初中就开始学习氧化反应的概念。日本在初中也有氧化过程和还原过程的介绍。

进入高中，氧化还原反应是重要核心知识之一，在中国大陆，高中必修中氧化还原反应作为主要知识点在高中必修一开始就学习，水平要求也比较高，要讨论到氧还还原反应的实质。电化学作为氧化还原的重要应用，是氧化还原反应的延伸，在必修阶段尽管涉及从化学能到电能的转化，但是电化学主要在高二选修中进行深入讲解。

表 19　不同国家和地区高中氧化还原和电化学知识分布

知识主题 国家（地区）	氧化还原反应	电池电势与电极电势	电池装置	电极反应	离子及电荷移动	电化学应用	所置主题及前后关系
中国大陆	实质，方程式配平；氧化剂还原剂；氧化还原反应的自发性	没有提及	种类、工作原理	有	移动过程分析	电化学腐蚀；金属腐蚀	氧化还原与电化学分主题。氧化还原反应在前，原电池和电解池在后；必修、选修都有
美国	大学理事会标准中没有这部分内容						
加拿大安大略省	实质，氧化数，方程式配平，氧化还原反应自发性	有	电池工作原理	半反应	有	有	氧化还原与电化学在同一主题，仅在选修
中国台湾	实质，氧化剂、还原剂，氧化数	电池电动势	电池种类、原理	半反应	有	电解、电镀	氧化还原与电化学分主题。氧化还原反应在前，原电池和电解池在后，必修选修都有

续表

知识主题 / 国家（地区）	氧化还原反应	电池电势与电极电势	电池装置	电极反应	离子及电荷移动	电化学应用	所置主题及前后关系
日本	实质，氧化剂、还原剂	没有提及	没有提及	没有提及	没有提及	防止金属腐蚀的方法	氧化还原在必修，电化学在选修
韩国	实质，氧化数，方程式配平	没有提及	工作原理	没有提及	没有提及	防止金属腐蚀的方法	氧化还原在必修与选修都有，电化学在选修
芬兰	实质，氧化数	有	有	有	没有提及	化学电池	氧化还原在必修与选修都有，电化学在选修
法国	实质，氧化剂、还原剂	没有提及	有	有	没有提及	有	选修
澳大利亚维多利亚州	方程式配平	有	设计和使用	有	没有提及	有	氧化还原与在必修与选修；电化学在选修

中国台湾与中国大陆的必修水平要求相同，即氧化还原反应要求掌握电子转移的实质，电化学部分只要求学生知道原电池。韩国的必修水平最低，要求“能够举例说明氧化和还原反应。能够说出日常生活中利用的几种化学反应。”日本、芬兰必修中不涉及电化学，氧化还原反应部分的要求与中国大陆相同。澳大利亚维多利亚州的必修中不要求掌握氧化还原反应的实质。可以说，对于高中必修部分的氧化还原反应的深度，中国大陆要求最高。

在选修部分，加拿大安大略省、中国台湾选修要讨论电池电动势、电极电压、还原电位等概念，芬兰要求电极电位概念，这些要求均高于中国大陆的选修水平。澳大利亚维多利亚州、法国的选修水平与中国大陆持平。韩国不讨论原电池的装置，日本的选修不讨论原电池和电解池，只从氧化还原反应的应用(如金属腐蚀)等方面学习，深度和广度明显较低。

总体来看，与其他国家和地区的课程标准比较而言，中国大陆课标对电极电势和电池电势都不做要求。中国台湾、加拿大安大略省、芬兰则都有相应要求。以加拿大安大略省为例，选修水平要求电池电势要会测量，会从半反应、电极电势的角度分析计算；要会使用电极电势表判断氧化还原反应的自发性，能够解释电极电势表中氢电极电势作为参照的意义。

在中国大陆的高中物理课程中也会讨论电池，会计算电动势，而化学不要求电动势，可能会使学生产生障碍，不能自主把物理与化学上的电池统一起来。同时，不讨论电极电势就无法解释氧化还原反应的自发性问题，而氧化还原反应的自发性问题是学生在学习中的一个困惑点，没有电极电势的概念就不易解决。

七、化学反应中的能量(热化学)

热化学主题包括反应热、反应热的测定、焓与焓变、热化学方程式、热化学定律、熵、吉布斯自由能等。

中国大陆高中必修主要是让学生认识到化学反应伴随吸热与放热，体会从能量的视角认识化学反应，同时认识到化学能与热能可以相互转化。高中选修则发展以焓变为核心的热化学知识，理解焓变与吸热、放热、成健、断键之间的关系，理解利用键能计算反应热的方法，同时引入了盖斯定律的简单计算。

表 20　不同国家和地区高中热化学知识分布

知识主题 国家(地区)	体系与环境的概念	能量形式的转化	体系能量变化的原因	状态函数的引入	盖斯定律的计算
中国大陆	无	化学能、热能	宏观—物质 微观—化学键	焓变、熵变	有
美国	有	动能、势能、化学能、热能	宏观、微观键能及其图示、分子运动解释热温关系	焓变、熵变	
加拿大安大略省	有		宏观 微观—化学键，热温关系的解释	焓变	有
中国台湾	没有提及	能量守恒	没有提及	焓变	有
日本	没有提及	没有提及	宏观：物质及状态变化与能量变化； 微观：粒子结构变化导致能量变化	没有提及	没有提及
韩国		太阳能转化成多种能量形式	微观：键能	焓变、熵变	
芬兰					
法国	有	化学能与其他形式能	没有提及	没有提及	没有提及
澳大利亚维多利亚州	没有提及	多种能源	没有提及	没有提及	没有提及

对于这部分知识，中国大陆、韩国和法国采取了必修与选修都学习的方式。

在必修部分，中国大陆主要让学生认识到化学反应伴随能量变化，引起这种变化的本质原因为化学键的断裂与生成，同时认识到化学能与热能是可以相互转化的。韩国引入了熵的概念，提出反应自发向熵增方向进行，同时提到“体系”。法国也发展了学生从能量认识化学反应的视角，没有能量产生的实质要求，但是提出了“化学反应体系”的概念，中国大陆没有对体系概念进行说明。

在选修部分，法国的水平要求低于中国大陆，没有关于反应热的计算，也没有应用盖斯定律。韩国与中国大陆选修程度相同。

美国、加拿大安大略省、中国台湾、日本、澳大利亚维多利亚州则只在必修或选修中学习这部分知识。其中中国台湾与日本在必修中学习，美国、加拿大安大略省、澳大利亚维多利亚州则安排在选修中学习。

总体来看，美国水平要求比中国大陆高，体现在引入熵变的概念，讨论化学反应的自发性问题，同时提出了系统与环境的概念。加拿大安大略省、中国台湾与中国大陆的水平要求相同。日本、法国、澳大利亚维多利亚州都不要求反应热的定量计算。

关于体系与环境，美国、韩国、法国都提出了体系的概念。这一概念的提出有利于学生理解能量的吸收与释放概念。中国大陆在高中回避了这个概念，实际上是把化学反应看作体系。但是因为没有这个概念进行区分，学生可能会在思考问题时偷换体系，得出错误结果。

八、化学反应速率与化学平衡

这一主题中，化学反应速率的相关知识内容包括：反应速率的意义，影响反应速率的因素，反应级数，碰撞理论，活化能，质量作用定律等。化学平衡包括的知识有对可逆反应、动态平衡的理解，对化学平衡常数的认识和计算，化学平衡的移动等。

对于化学反应速率的知识内容，中国大陆采用了螺旋上升的方式进行学习。在高中必修课程中让学生认识了化学反应速率这一概念，同时对温度、催化剂对反应的影响进行了讨论。选修阶段对这些方面的认识进行完善，比较全面的讨论影响反应速率的因素，同时介绍了活化能。但是，其他国家和地区均在选修阶段学习化学反应速率。中国大陆尽管在必修阶段设置了反应速率的相关内容，但只处于了解水平。化学反应速率的重点学习还是在选修阶段。

在化学平衡方面，中国大陆从高中必修阶段要求认识到可逆反应和化学反应的限度这两个概念，高中选修要求能够分析外界条件的改变对平衡移动的影响，知道平衡常数的含义并能解决相关的计算。化学平衡学习也只有中国大陆进行了必修、选修两阶段的分层设置。其他国家和地区均在选修阶段学习。中国大陆尽管在必修阶段设置了化学平衡的相关内容，但只是让学生了解化学反应是有限度的。化学平衡的重点学习还是在选修阶段。

表 21　不同国家和地区化学反应速率和化学平衡知识分布

知识主题 / 国家（地区）	可逆反应	动态平衡	碰撞理论	活化能	影响反应速率的因素	转化率	化学平衡常数	平衡移动的判定方法	影响平衡移动的因素
中国大陆	有	有	没有提及	有	温度、浓度、压强和催化剂	有	有	平衡常数，勒夏特列原理	温度、浓度、压强
美国	有	有	有	有	浓度、压强、催化剂、表面积	有	没有提及	勒夏特列原理	没有提及
加拿大安大略省	有	有	有	有	有		K_{eq}，K_{sp}，K_w，K_a，K_b，K_p	勒夏特列原理	有
中国台湾	有	有	有	有	浓度、压力、接触面积、温度		有	勒夏特列原理	温度、浓度、压强
日本	没有提及				浓度、温度、催化剂		有	勒夏特列原理	
韩国	有	没有提及			有			勒夏特列原理	有
芬兰	有				有				
法国	有				浓度、温度、溶剂、催化剂		K_w，K_a		
澳大利亚维多利亚州	有		有		浓度、温度、压强、催化剂		K_w，K_a	勒夏特列原理	温度、浓度、压强

这部分内容的总体深度和广度体现在化学反应速率上，中国大陆与美国课标要求基本持平。在具体知识内容安排上各个国家和地区存在一些差异，例如反应级数，中国大陆高中化学不讨论反应级数概念。加拿大安大略省对反应级数的要求是“通过简单的化学反应（如燃烧）解释构成整个反应机制的各步基本反应是如何决定反应速率的”。中国台湾也对反应级数有所要求。反应级数的讨论更接近反应的本质，化学反应不一定都是基元反应。但是中国大陆的学生明显缺少这个认识。

在化学平衡的内容方面，日本、芬兰、法国、澳大利亚维多利亚州主要在酸碱溶液水平讨论平衡问题，美国、中国台湾、加拿大安大略省则与中国大陆的化学平衡设置内容基本相同。另外也有一些知识内容之间的差异值得进一步讨论，例如，反应商和平衡常数的引入。引入反应商，使得对平衡移动的判断开始从定性走向定量。中国大陆大陆和中国台湾都引入了反应商的概念。有关平衡常数，引入的平衡常数的数量在不同国家存在差异。加拿大引入了所有平衡常数，包括 K_{eq}、K_{sp}、K_w、K_a、K_b、K_p，要求学生能确定其表达式并解决计算问题。中国大陆化学平衡内容中引入“平衡常数 K”这一大概念，同时有 K_{sp} 和 K_w，对其他具体的各种平衡常数不作要求。

第三节 启示与思考

一、国际化学课程内容选取与组织的趋势

在中国大陆，初中阶段主要以化学启蒙，培养公民初步的化学素养为目的。从科学探究、身边的物质、物质构成的奥秘、物质的化学变化、化学与社会发展等建立学生对化学的全方位的初步认识。中国大陆高中化学是按照必修、选修来进行组织的。高一学习必修内容的两个模块，旨在全面的了解化学，高二、高三学习选修内容，选择化学的应用或学科各分支进行较为系统的深入学习。

本书所研究的各个国家和地区在课程内容的选取和组织上虽各有不同，但呈现出以下几方面的总体趋势。

1. 知识的组织形式呈现多样化

在知识的组织形式上，中国大陆采取多元线索进行组织，高中必修和学术取向的选修模块以学科知识线索为主。主要涉及的化学学习主题包括无机元素化合物、有机化学物、化学反应速率及化学平衡、电化学、原子结构等上述讨论的主题。不仅中国大陆，中国台湾、韩国、加拿大安大略省等也采用这种知识组织形式，中学化学的知识主题基本相同，只是具体知识在不同年级的分布上稍有差异。但是通过比较发现，知识线索并不是唯一的知识组织形式。美国以学科的“大观念”为核心组织知识，日本围绕物质研究及物质的组成、性质、变化、应用来组织知识，法国则将物理与化学合并为一科，从健康、体育锻炼和宇宙，观察、理解和行动等不同的主题将两个学科有机结合在一起。

2. 不同学段的深度和广度安排依知识主题的难度进行设置

在知识深度和广度的安排上，中国大陆主要采取螺旋上升的知识排布。不仅初中到高中的知识呈现螺旋上升，高中必修与选修之间也存在螺旋上升关系，帮助学生循序渐进地掌握比较深入的化学知识。比较发现，其他国家和地区并不特定设置知识的螺旋上升。很多国家和地区主要在原子结构、化学键与分子结构、水溶液、有机化学等知识主题上，必修和选修同时涉及，而反应原理的相关知识，如化学反应速率、化学平衡等因为难度较大，所以主要集中在选修中学习。中国大陆在知识设置上，也可

以结合具体知识的特点和难度，对每个知识主题水平螺旋上升的必要性进行进一步地考量。

3. 内容标准的表述形式多样化

内容标准的表述形式可以反映对不同年级知识的水平要求。在这方面，中国大陆采取动宾形式的表述，既有知识划定，又有学习水平，例如“描述元素周期表的结构，知道金属、非金属在元素周期表中的位置及其性质的递变规律”等。研究发现，其他国家和地区的课程标准的表述形式也有以“概念领域”等名词形式表述的，如中国台湾的内容标准、日本的课程标准等。化学课程内容的表述形式究竟是采用“动宾结构”“概念词”“概念陈述句”还是其他的形式，这是一个值得研究的问题，它关系到内容表述的清晰度和知识结构的呈现，以及对学生实践和学习过程的关注和体现。并且最终会通过内容影响到实施。

二、中国大陆化学课程内容研究前瞻

除了参照以上不同国家和地区课程内容选取与组织的趋势对中国大陆课程内容进行考量和研究之外，在化学课程的每个具体知识主题下的知识点安排和深度和广度设置，也要参考中国大陆与其他国家和地区存在的差异点进行进一步研究。

1. 化学键与分子结构

中国大陆化学键知识在内容标准中没有“偶极”的概念，加拿大安大略省、美国课标中则都有这一概念。关于具体的理论，Lewis 结构式与 VSEPR 等理论在美国、加拿大安大略省、中国台湾都明确提到。中国大陆课标中则没有明确说出，但有相关要求“能根据有关理论判断简单分子或离子的构型”。关于共价键的键能、键长、键角只有中国大陆和美国提到，其他国家和地区都不做要求。关于电负性值表的使用，加拿大安大略省、日本、韩国、法国都要求使用电负性值确定化学键的极性。中国大陆在化学键的讨论中，没有明确的极性概念，同时也没有提及电负性与确定化学键类型的关系。

2. 原子结构与周期律

中国大陆对原子模型的介绍较少，没有明确提出几种原子模型，但是其他国家和地区(如美国、加拿大安大略省、中国台湾、澳大利亚维多利亚州)则都有提到，并且类型丰富。中国大陆在高中没有引入电子亲和能概念。加拿大安大略省则是将其与电离能、电负性在 11 年级同时引入，并讨论电子亲和能的递变规律。中国大陆对电负性、电离能的要求是“能说出元素电离能、电负性的含义，能应用元素的电离能说明元素的某些性质。”不要求讨论它们的周期递变规律，在这一点上，加拿大安大略省、美国、日本均有相应内容。中国大陆高中没有明确提出洪特规则、泡利不相容原理相关内容，加拿大安大略省在 12 年级大学预科课程中有引入，并要求学生依照原理写多种元素的电子排布。美国、中国台湾也明确有相关内容。中国大陆没有吸收和反射光谱的相关内容，美国和加拿大安大略省则都有这部分内容。

3. 化学反应速率

关于反应级数，中国大陆高中化学不讨论反应级数概念。加拿大安大略省对反应级数的要求是“通过简单的化学反应(如燃烧)解释构成整个反应机制的各步的基本反应是如何决定反应速率的”。中国台湾也对反应级数有所要求。反应级数的讨论更接近反应的本质，化学反应不一定都是基元反应。关于影响反应速率的因素，中国大陆主要讨论温度、浓度、压强、催化剂对反应速率的影响；加拿大安大略省、美国、中国台湾则在这个基础上都增加了表面积这个影响因素。

4. 化学平衡

中国大陆在高中选修中引入了熵变的概念，用于讨论化学反应的方向问题，这自然是无可非议的，但是其他国家和地区都没有将这一概念引入高中。熵变和焓变都是分析化学反应方向的指标，但都不能独立作为判断依据，引入熵变之后，是否需要引入吉布斯自由能概念，如果不引入自由能，那么引入熵变的意义不大。引入反应商，使得对平衡移动的判断开始从定性走向定量。中国大陆和中国台湾引入了反应商的概念，其他国家和地区都没有引入意味着仍处于定性判断平衡移动的水平，中国大陆高中要求定量判断，这一水平要求更高。另外，不同国家和地区引入平衡常数的数目不同。加拿大安大略省引入了所有平衡常数，包括 K_{eq}、K_{sp}、K_w、K_a、K_b、K_p，要求学生能确定其表达式并解决计算问题。中国大陆化学平衡内容中引入“平衡常数 K”这一大概念，同时有 K_{sp} 和 K_w，对其他具体的各种平衡常数不作要求。

5. 水溶液体系

中国大陆中学化学不对弱电解质的电离平衡常数作要求，只要求能解释弱电解质的电离平衡。其他国家和地区都提出了 K_a 这一概念。缓冲溶液在中国大陆课标中没有具体的内容标准，加拿大安大略省、法国、芬兰、中国台湾、韩国则都要求学生对缓冲溶液的认识达到解释水平。

6. 氧化还原与电化学

中国大陆课标对电极电势和电池电势都不做要求。中国台湾、加拿大安大略省、芬兰则都有相应要求。以加拿大安大略省为例，选修水平要求对电池电势要会测量，会从半反应、电极电势的角度分析计算；要会使用电极电势表判断氧化还原反应的自发性，能够解释电极电势表中，氢电极电势作为参照的意义。

在中国大陆的高中物理课上也会讨论电池，会计算电动势，而化学不要求电动势，可能会使学生产生障碍，不能自主地把物理与化学上的电池统一起来。同时，不讨论电极电势就无法解释氧化还原反应的自发性问题，而氧化还原反应的自发性问题是学生在学习中的一个困惑点，没有电极电势的工具就不易解决。

7. 化学反应中的能量(热化学)

关于体系与环境，美国、韩国、法国都提出了体系的概念。这一概念的提出有利于学生理解能量的吸收与释放概念。中国大陆在高中回避了这个概念，实际上是把化学反应看作体系，但并没有将化学反应与体系的概念进行区分，学生可能会在思考问题中偷换体系，得出错误结果。

8. 无机元素化合物

中国大陆高中利用一学期时间主要学习金属与非金属的性质，让学生熟练掌握代表物的化学性质。但通过比较发现，除中国台湾提出代表元素之外，其他国家和地区都没有提出代表元素，也没有将金属的性质、非金属的性质作为学习重点。以日本为例，其课标提出，学习重点主要在于前三周期的元素与人类日常生活中物质元素涉及的深远意义，并介绍离子的作用。无需逐个说明，且不包含金属离子的分离。关于代表性无机物质，主要介绍化学工业与无机物的联系。芬兰对于金属与非金属是在“金属与材料”这一主题中学习的，学习重点在于知道工业原材料的重要性以及这些原材料进一步的处理方法；知道氧化还原反应的原理及其应用。

元素化合物知识属于事实性知识，这类知识对公民素养是有意义的，具备事实说明功能，但是缺乏理论解释功能。本研究中大多数国家和地区的课标中都不要求学习代表物的性质，具有明显的概念理论知识先于事实性知识的倾向。

9. 有机化合物

高中必修在物质类别要求方面，中国大陆只要求烷烃、卤代烃、含氧衍生物、糖类、油脂、蛋白质的组成和主要性质，结构方面要求能够对同分异构现象举例说明，不要求命名，对有机反应类型不作要求。中国台湾在必修中，对于物质类别的要求比中国大陆丰富得多，在烃的衍生物上包括含氮衍生物，结构上包括立体异构，同时要求对6个C以内的有机物进行命名。日本、芬兰必修在物质类别上除了比中国大陆多了含氮衍生物，要求代表物质的性质之外，其他知识要求均低于中国大陆。澳大利亚维多利亚州在有机反应类型上的要求较高。

在高中选修部分，中国大陆的物质类别仍然少于其他国家，缺少胺、酰胺，代表物的缺少使得对命名、反应类型等的要求都有所降低。法国在有机合成的步骤、有机合成中的选择方面的要求比较高。澳大利亚维多利亚州对蛋白质的一级、二级、三级结构要求较高。日本的选修则是在应用中讨论有机化学，分别从生活、生命两方面学习有机化合物，这是日本有机部分的特点。韩国与日本类似，但是水平要求要低于日本，不讨论有机化学的学科本体知识，主要关注生活生产中的应用。美国对有机化学知识的叙述则比较少，同时不要求有机物的命名。

总的来说，中国大陆对有机部分的要求比加拿大安大略省、中国台湾、日本、法国、澳大利亚维多利亚州的要求都要低，主要是因为物质类别中缺乏含氮有机物(如胺、酰胺等)。

上述这些差异值得进行更加深入的课程论、教学论及学生认识发展的研究。

第四章

中学化学课程标准中知识学习进阶和表现预期的国际比较

许多国家的课程改革，越来越多地强调在科学教育领域应当发展学生的科学实践能力，并将知识与能力有效整合。基于此，本章将比较的重心聚焦于两个领域：一是典型国家和地区化学课程标准中对于学生能力进行具体刻画的表现预期，二是多数国家和地区化学课程标准所反映出化学课程内容选取与组织的共性，即知识的学习进阶，主要关注学生对核心知识的理解随学段上升而获得的系统发展。

第一节　典型国家和地区课程标准中核心知识的表现预期

一、美国《科学教育框架》中的表现预期

1. 美国《科学教育框架》中的表现预期介绍

美国《科学教育框架》(在本章中以下简称《框架》)提出了一个三维框架，以说明所有学生在高中毕业时应该学完的知识和实践。这个三维框架是：(1)强调不同学科领域的学科概念(维度一)；(2)贯穿学科领域并具应用性的交叉因素(维度二)；(3)科学和工程实践(维度三)。在维度一中，将科学和技术分为物质科学、生命科学、地球和空间科学、工程和技术科学等四个领域。这个框架指导了基础教育阶段的科学教育新标准的研制。基于《框架》的标准有以下两个突出的特点：第一，中学生应该进行系列学习，而不是以年级为群体；第二，标准应该定义为科学知识和科学实践的交叉，将二者分裂开是不可取的。

学生参与科学探究和讨论的实践才有可能深入认识科学和工程的相关观念，同时，学生只有在具体学科知识情境中才能习得或显示出其科学实践能力。

根据制订《框架》的委员会的观点，课程标准中应当包括表现预期(performance expectations)。术语“表现预期”用于描述学生能实现的活动和成果，这些活动和成果可以证明他们对学科核心概念的理解和应用。这样的“表现预期”是一种工具，用于界定我们期望学生了解、理解的知识和做的事情，这些反过来又有助于指导设计教学和评估的发展。该委员会认同美国大学理事会《进入大学的科学标准》中的表述：“成绩预期指出了学生应该知道什么、理解什么、能够做到什么，他们还举例说明学生如何参与科学实践，从而获得对基本知识的深入理解。通过提供可测量和可观察的任务，这些预期使教学和评价更加具有目标性和针对性。”

《框架》以两个案例说明表现预期如何实现对科学和工程实践、交叉概念、学科核心概念等三个维度进行整合。其中一个例子是生命体内的物质和能量流动(LS1. C)，即《框架》中生命科学的第一个核心观念。第二个例子是物质的结构和性质(PS1. A)，即《框架》中物质科学的第一个核心观念。

表1　“生命体内的物质和能量流动”的表现预期

分项	2年级	5年级
任务	根据食物不同将动物分为两类，并对每一类能够举出3个以上例子	解释动物如何食用食物，并给出例子和证据来支持每一种类型
标准	学生应该能够至少确认3种动物中的2种(植食性动物、肉食性动物、杂食性动物)。对每类动物给出正确的例子 要求学生提供证据支持自己的主张(即为什么这些动物属于那个类别)。要求学生思考被忽略的那类动物(例如：若学生解释的是肉食动物，就请他思考鸟、鱼)	学生应当提供基于证据的图表和论证，进行完整的解释。完整的解释应当包括并支持以下观点——食物为生命体组织提供材料，食物为生命活动提供能量。在生命材料相关的例子中，应当包含生长与修复。生长与修复的证据，应当包括食物在转化成生命体组织的过程中，一部分能量被消耗 食物用作能源的例子中，应该包括内部运动(例如，心跳)、外部运动(呼吸、自我运动)、维持体温。证据中应考虑到能量转移 (在这个水平时，对食物如何提供能量的具体细节不作要求)
学科概念	动物需要食物以维持生命和生长。动物的食物可以是植物或其他动物	生物需要能量。动物和植物都需要吸收空气和水，动物必须进食，植物则需要阳光和矿物质；厌氧生物(例如细菌)不需要空气。食物为动物提供机体修复和生长的材料，并且食物消化后可以释放能量以维持动物体温和运动。
实践	表达信息(例如，口头表达、用图片归类的可视化表达、写出标签或短句来描述为什么动物在不同的组) 基于证据的论证：支持动物分类	论证：用证据支持观点
交叉概念	模式：依据动物的食物相似性对动物进行分类	模式、相似性、多样性：生命体具有相似的需要，但是获得食物的方式具有多样性 物质守恒

续表

分项	8年级	12年级
任务	解释：为什么人呼出的气体中氧气含量低于吸入的气体氧气含量。在解释中，需要包含生命体的哪个部分消耗氧气，以及氧气如何转移到该部位	建立模型：建立模型描述使细胞获得或转移能量以满足人体需要的有氧呼吸过程
标准	完整的解释应当包括身体细胞中消耗氧气是释放食物能量的化学反应的一部分。这一论证应该基于以下推理：(1)化学反应释放能量过程中氧气的作用；(2)氧气和食物如何通过人体的呼吸系统和循环系统转移到人体细胞中	模型应当包括图表和文字，以说明来源于食物中的不同物质与氧气反应，释放出能量供给细胞即时需要或驱动其他化学变化。应该包括以下具体例子：ADP转化成ATP从而储存能量。还应该包括后续的转化(ATP转化为ADP，释放能量以供给肌肉收缩)
学科概念	通过光合作用，植物、藻类、微生物利用光能将大气中的二氧化碳和水转化为糖类。此过程释放出氧气。这些糖可以立即被消耗或者储存下来以备生长或后续使用。动物的食物是植物或其他动物。在生命体中，通过一系列化学反应，食物被降解并生成新的分子，以支持生长或释放能量。在动物和植物中，氧气与含碳化合物反应，产生能量并排出二氧化碳；厌氧细菌获得能量的化学过程不需要氧气	光合作用将光能转化为化学能，将二氧化碳和水转化成糖类和氧气。生成的糖类分子还有碳、氢、氧元素，它们被用于合成氨基酸和其他可以进一步聚集成可用于形成细胞的大分子(例如，蛋白质、DNA)的含碳分子。随着物质和能量在不同的生命体系水平之间流动，元素以不同方式重组成不同物质。由于这些化学反应，能量从一个体系转移到另一个体系。例如，有氧细胞呼吸是化学变化，其中食物分子的键断裂，生成新的化合物以转移能量到肌肉。无氧细胞呼吸是一种为细胞提供能量比较低效的化学反应路径。细胞呼吸也为机体温度保持提供能量，且这个过程中几乎没有能量损失。在任何变化中，物质和能量都是守恒的。守恒是生命系统(从个体到生态系统)的真理
实践	构建解释 论证(基于证据论证以支持提出的解释)	建模 表达信息(使用图表和文字来表达和外显模型，模型能够阐明问题的过程)
交叉概念	因果关系：从食物中释放能量的化学反应需要氧气。 物质循环和守恒；能量流动和守恒 体系：呼吸系统和循环系统的作用	体系：生命体存在一些体系，可以发生细胞水平的变化过程，从而实现生命功能。 物质循环和守恒：能量流动和守恒

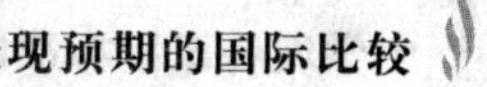

表2　“物质的结构和性质”的表现预期

分项	2年级	5年级
任务	学生通过提供描述性证据，支持“某物质是固体还是液体”的主张 注意：在这个年级使用沙子这种粒子尺寸可见但是可流动的物质作为测试物质是不合适的。测试案例的选择应当是比较容易分类的	学生提供收集证据(例如：物质在人眼看不到时仍存在)的策略
标准	物质是固体的描述性证据，应当包括物体的形状；对于液体，那么证据里应当包括物质形状由容器决定或者物质流到容器最低的部位	设计包括测量看不到的物质的重量(例如，气体、溶质)。例如，称量体积不同的容器(比如膨胀和瘪的气球或篮球)；混合前称量纯净水和糖的质量，再称量混合后的质量
学科概念	存在不同类型的物质(例如，木头、金属、水)。固体和液体性质不同，可以用于对他们进行分类。一些物质可以是固体或液体，取决于温度。物质是可观察、可称量的，或者以其他形式测量	任何物质都可以细分为肉眼不可见的微粒，但是物质仍然存在并且可以其他手段检测(例如，它对其他物体的效应)。气体是由自由移动的气体微粒构成的物质，可以通过它对表面的影响进行检测(例如，气球表面)或对可见物的影响(例如，风吹叶子，灰尘飘在空中)。物质的重量和数量守恒，即使在近乎消失的过渡中也仍然存在(例如，溶液中的糖)
实践	论证(例如，使用固体和液体的标准来确定某个物质属于哪一种)	设计调查
交叉概念	模式(存在大量不同的固体和液体；固体和液体存在一些相似的性质。	物质循环和守恒
分项	8年级	12年级
任务	学生建立原子或分子模型，以解释物质的固体、液体、气体状态的不同性质	学生先建立模型，以描述中性的原子和阳离子或阴离子。然后使用模型来描述周期表中相邻元素原子的性质

续表

分项	8年级	12年级
标准	模型应该展示出：固体中的原子或分子距离较近，运动受限（只能在原地振动），位置相对固定，不可移动。液体中的原子或分子的距离几乎与固体中相同，通常排列无序，与固体中相比自由度较大，可以以一定的速度运动。对于气体中的原子或分子，相互之间距离较远、往往是无序排列，以一定的速度自由运动、相互碰撞或者撞到器壁并且发生反弹	模型应该展示出：原子由内核（原子核）构成，原子核由质子和中子构成。质子数就是原子序数，决定它是哪个元素。原子核比原子小很多。原子的外部是电子。中性原子中，电子数等于质子数（质子和电子电荷相反），离子则是多一些或者少一些电子。 元素的同位素的中子数不同，在稳定状态下，中子数和原子数几乎相同。 电子分布在不同的层里，前几层的电子数固定（对轨道和状态数背后的原因，不作要求）。最外层电子是最不稳定的电子，其填充水平可用于解释化学性质和常见离子价态。 周期表中左右相邻的原子在质量上相似，仅相差一个质子数，化学性质不相同。 周期表中上下相邻的原子，化学性质相似，质量、原子量相差很大
学科概念	气体和液体都是由分子或惰性原子构成，这些分子或原子相对于彼此在运动。液体中，分子之间距离较近，气体中分子间距离较远，仅有时发生碰撞。固体中，原子紧密排列，只能振动不能改变相对位置。固体可以由分子形成，也可能由重复单元形成延伸的结构（例如，晶体、固体）。温度和压力变化时，物质状态可能发生变化，用这三种物质模型（固体、液体、气体）可以描述和预测这些变化（此时预测是定性的，而不是定量的）	原子由带电的亚结构组成，包括质子（由中子和质子组成）及其周围的电子。元素周期表以质子数为依据进行元素排列，同一列中的元素性质相似。周期表的重复模式表明其外层电子的模式
实践	建立模型 进行基于证据的解释	建立模型
交叉概念	因果关系：改变温度会引起物质微粒运动状态的改变 体系和体系模型：学生将物质视为由微粒构成的模型	结构和功能：原子结构决定元素的化学行为和物质性质 模式、相似性和多样性：基于原子结构的模式，元素周期表可以用于分析化学性质的模式

表现预期，能够说明学生应该知道什么以及如何应用科学概念。在上述2个表中，第一行是学生需要完成的任务，第二行是用于评价表现的标准，最后三行是在完成任务过程中需要用到的学科概念、科学实践和交叉概念。表中以2、5、8、12年级为例，说明表现预期在12年的教学中如何发展，高年级的学生表现预期应当体现出更深入的概念理解、更高水平的实践和更复杂的推理。这两个案例仅仅是示例，在研制基于《框架》的标准时，需要覆盖每个学科核心概念、整合科学实践，并使其与交叉概念连接。对于学科内容知识，需要多个实践和交叉概念与之匹配和关联，从而形成更适切的表现预期。对于评价来说，需要应用一系列表现预期。此外，用于评判表现结果(performance outcome)的标准应当体现出与具体的科学内容和年级段有所关联的科学实践的特点(例如：描述、模型、基于证据的解释)。

《框架》提出“基于〈框架〉的标准应当包括整合科学和工程实践、交叉概念、学科核心概念这三个维度的表现预期。”并且表现预期中应包含用于确定学生是否达成预期的标准，以及学生如何展示出应用知识的能力。

2. 美国《科学教育框架》表现预期的特点

《框架》认为课程标准应该包括内容标准和表现预期，并且在二者中实现对《框架》提出的三个维度的整合。根据以上对《框架》中表现预期的介绍，我们可以发现以下几个方面的特点。

(1)表现预期的功能

通过表现预期可以有效整合学科核心概念、科学实践和交叉概念，将核心概念与科学实践和交叉概念融合，在一定程度上解决了当前中国大陆科学教育较为关注的知识与能力如何整合的问题。再者，由于表现预期中阐明评价任务和评价标准，这对于有针对性的评价设计具有指导意义。

(2)表现预期的构成

表现预期包括任务、标准、核心概念、科学实践、交叉概念等五个构成要素。以任务为出发点，任务是指学生应当完成的活动任务；标准阐明融合核心概念、科学实践和交叉因素的表现是达到预期的表现。核心概念、科学实践、交叉概念则是在任务中需要使用的核心概念、科学实践、交叉概念。

(3)表现预期的呈现方式

《框架》中的表现预期案例，是基于学科核心概念的表现预期，以表现预期的构成要素组成表格。

二、美国《下一代科学教育标准》的表现预期

1. 美国《下一代科学教育标准》中表现预期简介

基于美国国家科学研究委员会制定的《科学教育框架》提出的科学实践、交叉概念和学科核心概念，《下一代科学教育标准》(在本章中以下简称《下一代标准》)进一步阐述从K～12年级各年段或年级的表现预期。《下一代科学教育标准》以两种方式呈现，一个是基于学科核心概念组织相应的表现预期，另一个是基于内容主题组织表现预

期。内容主题主要是学科核心概念的子概念，例如：将物质主题的学科核心概念“物质及其相互作用”拆为“物质的结构与性质”“化学反应”这两个主题。两种呈现方式中的表现预期是相同的，只是进行重组。《下一代标准》对幼儿园、一年级、二年级、三年级、四年级、五年级、初中、高中提出相应的各个学科的表现预期。

以下为《下一代标准》的初中、高中“化学反应”主题的内容。《下一代标准》的表现预期是基于核心概念组织的，并且说明该主题的表现预期所用到的科学实践、学科核心概念和交叉概念。通过对表现预期进行编码，从而可以在相应的科学实践、学科核心概念和交叉概念表述后面用编码指出它们体现在哪个表现预期里。除此之外，还在表格的最后几行注明该主题的表现预期与该年段、跨年段、语言素养标准和数学标准中的表现预期有关(此部分略去)。

值得关注的是，在每条表现预期后对其进行补充说明和评价限定，在科学实践或交叉概念中说明相关的科学本质。在学科核心概念中，除了该学科内部的概念，还包括工程领域的核心概念，由此促进科学与工程的结合。

表 3　初中“化学反应”主题的表现预期

<table>
<tr><td colspan="3">MS. 化学反应</td></tr>
<tr><td colspan="3">MS-PS1-2 分析和诠释关于物质相互作用前后的物质性质数据，从而确定化学反应是否发生
【说明：反应的例子可以包括糖或钢棉燃烧，脂肪与氢氧化钠反应，将锌与 HCl 混合】
【评价限定：评价限定在对以下性质的分析：密度、熔点、溶解性、燃烧性和气味】
MS-PS1-5 形成和使用模型来描述化学反应中原子的数量不变，因此质量守恒
【说明：重点放在物质守恒定律、表征原子的实物模型或绘画，包括数字形式】
MS-PS1-6 实施一个设计项目——构建、检验、修改一个利用化学反应释放或吸收热能的装置
【说明：重点放在设计，控制向环境的能量转移，利用物质的类型和浓度等因素修改装置。设计的例子可以包括溶解氯化铵或氯化钙等化学反应】
【评价限定：评价限定在测试装置时的标准只涉及物质的总量、时间和温度】</td></tr>
<tr><td>科学和工程实践</td><td>学科核心概念</td><td>交叉概念</td></tr>
<tr><td>形成和使用模型
6～8 年级的建模进阶到建立和使用模型来描述、检验和预测更抽象的现象并设计体系
·形成模型来描述不可观察的机理(MS-PS1-5)
分析和诠释数据
进阶到将定量分析延伸到研究中，区分相关和因果，掌握数据的基本统计技术和误差分析</td><td>PS1. A 物质的结构与性质
·每种纯物质具有特定的物理性质和化学性质(对于特定条件下任何大数量)，这些化学性质可以用于确认该物质(MS-PS1-2)(注：MS-PS1-3 也涉及)
PS1. B 化学反应
·物质以特定的方式发生化学反应。在反应过程中，起始物的原子重排成为不同分子，这些新物质具有不同于反应物的性质</td><td>模式
·宏观模式与微观的和原子水平的结构相关(MS-PS1-2)
能量和物质
·由于原子守恒，因此物理变化和化学变化中物质守恒(MS-PS1-5)
·能量转移可以通过人为设计的或自然的体系以能量流的方式追踪(MS-PS1-6)</td></tr>
</table>

续表

科学和工程实践	学科核心概念	交叉概念
·分析和诠释数据来决定结果的相似性和差异性(MS-PS1-2) 建构解释和设计方案 进阶到包括在与科学知识、科学原理和理论一致的多种证据的支持下构建解释和设计方案 ·实施一个设计项目，在项目中参与设计循环，构建或(和)实施满足具体设计条件和限定的解决方案(MS-PS1-6) 与科学本质的联系 科学知识是在实证证据的基础上建立的 ·科学知识是基于证据和解释的逻辑联系和概念联系(MS-PS1-2) 科学模型、定律、理论解释自然现象 ·定律是自然现象的规律或数学描述(MS-PS1-5)	(MS-PS1-2)，(MS-PS1-5)(注：MS-PS1-3 也涉及) ·每种类型的原子总数守恒，因此质量不变(MS-PS1-5)。 ·一些化学反应释放能量，另一些储存能量(MS-PS1-6)。 ETS1. B 形成可能的方案 ·需要检验方案，为了提高方案而基于检验结果修订方案(secondary to MS-PS1-6) ETS1. C 优化设计方案 ·尽管一个设计不一定在全部测验中都表现最好，确认在检验中表现最好的设计特征可以为重新设计提供有用信息，也就是，一些特征可以包含到新的设计中(secondary to MS-PS1-6) ·检验最有前景的方案、修改基于测试结果提出的东西，这样的循环过程可以产生更好的修订并最终得到最好的方案(secondary to MS-PS1-6)	

表 4　高中“化学反应”主题的表现预期

HS 化学反应
HS-PS1-2 基于原子的最外层电子状态、元素周期表中的趋势、关于化学性质的模式知识，建立和修改对简单化学反应的结果的解释 【说明：化学反应的离子应该包括钠与氯的反应、碳与氧气的反应、碳与氢气的反应】 【评价界限：评价应限定在主族元素反应和燃烧反应】 HS-PS1-4 构建模型用于说明化学反应体系释放和吸收能量取决于总键能的变化 【说明：重点应该放在化学反应是影响能量变化的体系。模型的离子可以包括分子水平的图示和反应的图画、反应物和生成物的相对能量图、能量守恒的图】 【评价界限：评价不包括计算反应物和生成物键能在化学反应过程中总的键能变化】 HS-PS1-5 应用科学原理和证据来解释改变反应微粒的温度或浓度对反应速率的影响 【说明：重点放在学生推理—关注分子碰撞的数量和能量】 【评价界限：评价应限定在只有两个反应物的简单反应，温度、浓度和速率数据的证据，温度和速率的定性关系】

续表

<table>
<tr><td colspan="3">·HS 化学反应</td></tr>
<tr><td colspan="3">HS-PS1-6 通过条件的改变，修改化学体系的设计，使之在平衡状态产生更多产物
【说明：重点放在勒夏特列原理的应用，和修订反应体系的设计，包括对宏观层面变化的联系的描述，以及分子水平发生情况的描述。设计的例子可以是设计使反应物增加的不同方式——增加或减少反应物】
【评价：每次只涉及单一变量的变化。不包括计算平衡常数和浓度】
HS-PS1-7 使用数学表征来支持化学反应中原子守恒和质量守恒
【说明：重点放在使用数学思想来表达反应物和产物的质量比例关系，使用摩尔作为原子到宏观尺度的转换，从而将这些比例关系转译为宏观尺度。重点放在评价学生使用数学思维而不是对问题解决技术的生搬硬套和记忆】
【评价界限：不包括复杂的化学反应】</td></tr>
<tr><td>科学和工程实践</td><td>学科核心概念</td><td>交叉概念</td></tr>
<tr><td>开发和使用模型
9～12 年级的建模是建立在 K～8 年级基础上，并且进阶到使用、综合和建立模型来预测和展示变量之间的关系(自然界和人为设计的世界中体系及其要素)
·基于证据形成模型来说明系统之间或者系统要素之间的关系(HS-PS1-4)
使用数学和计算思维
9～12 年级数学和计算思维建立在 K～8 年级的基础上，并进阶到使用代数思维和分析，线性和非线性函数(包括三角函数、指数和对数，用于分析、表征和建模数据的统计分析工具。基于基本假设的数学模型建立和使用基本的计算模拟
·使用现象的数学表达来支持主张(HS-PS1-7)
构建解释和设计方案
9～12 年级进阶到与科学知识、原理和理论一致的、学生独立产生的多重证据来源所支持的解释和设计</td><td>PS1. A：物质的结构与性质
·周期表根据原子核质子数对元素横向排序，将化学性质相似的那些元素放在一列里。这种重复的周期表模式反映了核外电子排布的模式(HS-PS1-2)(注意：这个学科核心概念在 HS-PS1-1 中也出现了)
·稳定的分子比其分立的原子组能量低；为了使分子解开，至少要提供这个能量(HS-PS1-4)
PS1. B 化学反应
·化学过程、速率和能量储存或释放，可以被理解为分子的碰撞和原子重排形成新分子，伴随着分子中键能总和变化，这个变化与动能的变化匹配(HS-PS1-4)，(HS-PS1-5)
·在许多情况下，反应及其逆反应之间动态的、依赖条件的平衡，决定了存在的各种类型分子数量(HS-PS1-6)
·原子守恒的事实，以及元素化学性质的知识，可以用于描述和预测化学反应(HS-PS1-2)，(HS-PS1-7)</td><td>模式
·在不同尺度上研究一个体系，可以观察到不同的模式并提供解释现象的因果证据(HS-PS1-2)，(HS-PS1-5)
能量和物质
·封闭体系中能量和物质的总量是守恒的(HS-PS1-7)
·体系中能量和物质的变化可以描述为能量和物质流入、流出、停留在体系内(HS-PS1-4)
稳定性和变化
·大多科学要构建关于事物如何变化和如何保持稳定的解释(HS-PS1-6)
与科学本质的联系
科学知识假定自然界存在层级和一致性
·科学假定宇宙是一个很大的独立体系，在其中基本定律是一致的(HS-PS1-7)</td></tr>
</table>

续表

科学和工程实践	学科核心概念	交叉概念
·应用科学原理和证据来解释现象和解决设计问题，考虑可能的、不期待的效应(HS-PS1-5) ·基于来自大量来源(包括学生自己的研究、模型、理论、模拟、同伴评审)的、有效的、可信的证据，以及对理论和定律在过去、现在和将来都描述自然界如何运转的假设来建立和修订解释(HS-PS1-2) ·优化复杂真实世界问题的解决方案，基于科学知识、学生的证据来源、优先条件、折中考量(HS-PS1-6)	ETS1. C 优化设计的方案 ·标准需要拆解为更简单的结构，从而可以系统地实现预期目标，关于标准优先级的决定也是需要的。(secondary to HS-PS1-6)	

2.《下一代科学教育标准》表现预期的特点

《下一代科学教育标准》在《框架》的基础上，将科学实践、学科核心概念和交叉概念整合形成具有系统性的表现预期，并且以学科核心概念为单位，对表现预期进行编码，从而有助于标识出每个表现预期用到的科学实践、学科核心概念和交叉概念。

除了呈现方式不同于《框架》的表现预期之外，其功能和构成与《框架》的表现预期基本相同。

三、美国《大学理事会的大学科学入学标准》中的表现预期

1. 美国《大学理事会的大学科学入学标准》中表现预期简介

《大学理事会的大学科学入学标准》(在本章中以下简称《理事会科学标准》)是2009年由美国大学理事会研发并颁布。美国大学理事会，是一个非政府、非盈利性的社会组织。1900年12所中部地区中学与大学协会的大学成立的"大学入学考试委员会"是大学理事会的前身。它是为了帮助学生顺利进入大学而设立的。

《理事会科学标准》是所有五个科学学科(地球科学、生命科学、物质科学、化学和物理)的一个贯通性和整合性的初高中课程标准。《理事会科学标准》反映了在两个年级段(从中学6～8年级开始到高中9～12年级)纵向上的课程、教学、评价以及专业发展之间达成一致性的需要，以顺利升入大学或就业。因此，《理事会科学标准》比其他标准目标性更强，因为它更注重与刚入大学水平的科学课程实现接轨，并且还因为包含了表现预期，它将内容知识如何运用以及如何通过推理和问题解决得到发展更具体化了。这种具体化的程度为课程开发者提供了更充分的指导，也为教师设计教学提供了更充分的指导，对评价初中生和高中生为AP课程以及大学课程的学习做好准

备提供了更充分的指导。

《理事会科学标准》分为科学学习的八个领域：统一概念；科学实践；科学、技术和社会；以及五个学科(地球科学、生命科学、物质科学、化学和物理)。所有具体学科标准都运用统一概念和科学实践来描述学生为大学做好准备时应该知道和会做的内容。

每一组标准(科学实践；科学、技术和社会)以及具体学科领域都是从对该领域内科学学习目的的详细描述开始。这种详细描述之后就是标准和目标以及表现预期和根本知识陈述。表现预期只出现在具体学科标准中，以体现目标内的科学实践同内容知识标准的整合。

C.1.3 化学键

学生理解物质是由元素的原子构成，成键方式大多不同但是成键方式可以预测。

相关联系

化学内部：周期表(C.2.1)；结构—性质的关系(C.2.2)；化学能(C.3.3)

化学与其他学科：DNA 的特性(LS.5.3)

AP 化学：2C，2D，5C

成绩预期

为了理解或者提升对目标的理解，学生知道、运用并参与根本知识的方式：

C-PE.1.3.1 运用图形表征描述一个反应体系内当原子或者离子间某个化学键断裂或者形成时可能发生的能量变化

C-PE.1.3.2 比较和对比下面几类化学键：共价键、极性共价键、离子键。讨论成键原子之间吸引的本质，成键电子的位置，每个化学键的方向性以及每个化学键的极性

C-PE.1.3.3 给定一系列金属和非金属

(界限：本成绩预期只强调由主族元素形成的简单离子化合物。1，2，17 族的金属和非金属元素，以及氢、碳、氮、氧应该介绍给学生。不要求学生记住多原子离子及其电荷，但是当给出了相应的多原子离子及其电荷表时，学生应该能够预测其化学式和名称)

C-PE.1.3.1a 运用周期表说出任何化学键中所包含的电子数

C-PE.1.3.1b 运用元素的名称及其在周期表中的位置预测两个原子之间形成化学键的类型

C-PE.1.3.1c 根据一种金属和一种非金属之间的联系，预测一种化合物的化学式并命名。预测是基于构成离子的数目、类型和化学式

根本知识

下面的概念是学生在成绩预期中应用并参与和推理所用到的

·许多元素的原子在与其他原子成键时会更稳定

·气态下两个独立的原子成键，会向周围环境释放能量，以形成能量较低的体系

·原子成键形成分子、晶格点阵、有金属性质的共价键网状结构。但可以预测的是，每种类型不相同的结构都由于元素种类和成键种类不同而有着不同的性质

·分子、晶格点阵、有金属性质的共价键网状结构中微粒之间的吸引作用就称之为化学键

·大多数化合物中的化学键都是两个极端键型(共价键和离子键)之间

·离子键包含两个相反电荷离子之间的吸引，典型的是一个带正电的金属阳离子和一个带负电的非金属阴离子。离子从各个方向吸引带相反电荷的离子，形成了三维的晶格

·典型的共价键包括成键原子之间至少共用两个电子。非金属原子间通常通过形成一个或者更多共价键相互结合。共价键可以形成小分子到大的聚合物分子以及三维晶格这样的大分子

·两个电负性不同的原子之间形成极性共价键；键的极性大小取决于电负性的差异以及原子之间的距离(键长)

·许多酸和碱都含有共价键，但可以进行反应生成离子化合物

·当元素成键时，它们能够形成进行系统命名的化合物

2. 美国《大学理事会的大学科学入学标准》中表现预期的特点

《理事会科学标准》中，将表现预期视为“为了理解目标或者提升对目标的理解，学生知道、运用并参与根本知识的方式”，并且将其放在学科内的每个内容主题内部。

(1)表现预期的功能

标准中的表现预期描述的是期望学生运用并建构他们的科学知识以完成一项目标或任务的方式，也可以视为表现标准。表现预期将学科核心主题与科学实践、统一概念进行整合，能够指导教学和评价。

(2)表现预期的构成和呈现方式

以下以“物质的状态”主题的表现预期为例。表现预期的呈现方式是基于核心主题的任务，主要采用解释、应用、设计等行为动词进行任务描述。并且在任务描述之后，对完成这些任务(即达到表现预期)需要的根本知识进行陈述，从而将学科知识与科学实践结合起来。

C.1.5 物质的状态

学生理解物质以不同状态存在，这些状态由原子—分子水平上的结构、微粒间的吸引以及微粒的相对运动决定

相关联系

化学内部：结构与性质的关系(C. 2.2)；能量的转移和转化(C.3.2)

化学与其他学科：天气过程(ES.1.4)；线动量守恒(P.2.2)；加热和冷却的相互作用以及能量(P.3.5)

AP化学：2A，2B，2D

AP环境科学：1B，3C

成绩预期

为了理解目标或者提升对目标的理解，学生知道、运用并参与根本知识的方式：

C-PE.1.5.1 进行状态在宏观(如一杯水)、符号(如 H_2O)以及原子—分子层次的转换。运用表征描述固体、液体、气体中微粒的相应排列。或者反过来，通过描绘的原子—分子层次图片或者动画来确定物质状态。

C-PE.1.5.2 解释气体能够填满任意大小空间，而液体能够流动并填充容器底部，固体具有固定形状的原因。论证讨论微粒运动和微粒间的吸引。

C-PE.1.5.3 研究气体的行为。研究按照理想气体定律中的 V，P，T，n 的概念和数学关系来进行

续表

C-PE. 1. 5. 3a 提出一个关于气体行为的科学问题（如一定数量气体体积变化对其温度的影响）

C-PE. 1. 5. 3b 设计一项研究来确定气体的行为

C-PE. 1. 5. 3c 收集和记录，观察和测量

C-PE. 1. 5. 3d 组织数据、选择合适的数据表征来表现各变量之间的关系

C-PE. 1. 5. 3e 运用对数据的分析来论证各变量之间的关系

C-PE. 1. 5. 3f 运用各变量（V，P，T，n）之间的关系预测一种变量发生改变对另一种变量产生的影响

C-PE. 1. 5. 3g 运用可视化表征，解释变量之间观察到的关系

C-PE. 1. 5. 4 运用气体分子运动论解释自然现象（如冷空气从雨天低压或者轮胎中逃逸）

C-PE. 1. 5. 5 建构原子—分子层次的热能加入到纯净物中所发生的变化。运用这些表征解释持续向纯净物中加入热能一般会产生状态变化的原因

C-PE. 1. 5. 6 根据分子的运动解释水冷冻会膨胀，而大多数物质加热会膨胀。提供实例说明水在凝固点以上的膨胀很重要

根本知识

下面的概念是学生在成绩预期中应用和参与推理所用到的

· 物质存在四种状态：固态、液态、气态以及等离子态

· 物质在任一状态下的存在和行为表现都可以用原子—分子理论（物质是由小微粒构成的观念）解释

· 一定量气体的行为可以用压强、体积和温度描述

· 物质的每一种状态都有着可预测的行为表现，这取决于物质的化学组成和物质微粒间的吸引

……

四、加拿大安大略省课程标准中的课程期望

1. 加拿大安大略省的课程标准中的课程期望简介

在加拿大 2008 年的科学课程文件《安大略省课程，9～10 年级：科学》和《安大略省课程，11～12 年级：科学》中，指明了每门课程的课程期望。期望所描述的知识和技能是期望学生们在课程练习、调查研究中得到发展和展示的，这些内容将在测试和各种各样的活动中被评估和评价。

两套期望（总体期望和具体期望）在课程中以每个系列或广泛领域列出（系列被编号为 A、B、C、D、E），总体期望和具体期望代表授权课程。

总体期望概括描述了学生到每门课程结束时需要具备的知识和技能。对于每门科学课程的每一部分内容，都有对应于三个课程目标的三个总体期望。

具体期望更细致地描述了预期的知识和内容。具体期望写在不同的主题系列之下，分别用字母和数字表示所属的内容主题和对应的总体期望（如，示例中的 C1. 1，C 表示“物质结构与性质”系列，1. 1 表示这是总体目标 1“将科学与科技、社会、环境相联系”之下的第一个具体目标）。

示例：加拿大安大略省化学 12 年级大学预科课程目标：

C 物质结构与性质

总体期望

学完本课程，学生能够：

C1 能针对应用物质结构与性质的产品和科技所带给人类的好处给予评价

C2 研究多种物质的分子构型和物理性质

C3 理解化学键的原子结构，以及它们如何与离子、分子、共价化合物以及金属化合物相联系

具体期望

C1 将科学与科技、社会、环境相联系

学完本课程，学生能够：

C1.1 针对基于原子和分子结构设计的技术进行评价(如核磁共振成像，核能，光谱和质谱的医学应用)[AI，C]

示例事件：在医药方面，放射性核素与化合物连接形成放射性示踪剂，被广泛应用在患者的血液中。这种放射性示踪剂能使医生获得有机体系统的图像，使得疾病能够及早被发现。但是，为了避免放射性污染，这种材料在使用、储存、处理上必须谨慎。

示例问题：在犯罪调查中怎样使用红外光谱？X 射线结晶学以及质谱如何促进我们对于原子核结构的理解？这些进步的社会效益是什么？

C1.2 针对基于物质结构与化学键的科学研究而开发的特殊材料，评价其对社会和环境的影响(如，防弹衣，纳米技术，超导体，即时胶黏剂)[AI，C]

示例事件：纳米粒子在医药方面有很多潜在应用，包括药物载体系统的改进，诊断图像的增强，外科机器人的应用等，这些都能对我们医疗系统的高效性提供帮助。但是，纳米粒子对环境有负面影响

示例问题：为了保护人类健康和安全不受纳米粒子侵害应有何安全预警？一次性尿布有什么性质使得可以吸那么多水？这种尿布对环境有什么广泛的影响？像尼龙这种合成纤维会对环境造成什么样的影响？如果生活中没有塑料，我们的生活会变成什么样？硅芯片是怎样改变了世界？

C2 发展调查研究和交流能力

学完本课程，学生能够：

C2.1 使用适当的科学术语表达与物质结构和性质相关的想法，包括但不限于：轨道，发射光谱，能级，光子，偶极[C]

C2.2 使用泡利不相容原理、洪特规则、构造原理等书写元素周期表中多种元素的电子排布[AI，C]

C2.3 使用价电子对互斥理论预测简单分子和离子的构型(如 CH_4，SO_3，O_2，H_2O，NH^{4+})，同时画图来表征它们

C2.4 在已知多种元素化合物的分子构型及原子的电负值的基础上，预测它们的极性[AI]

C2.5 对给定物质的化学反应形成的产物预测其类型(离子，分子，共价，金属)，并描述这类物质的性质[AI]

C2.6 实施探究观察分析多种物质的物理性质(如盐类，金属等)，确定这些物质中的化学键类型[PR，AI]

续表

C3 理解基本概念

学完本课程，学生能够：

C3.1 解释在氢原子模型发展过程中，卢瑟福和波尔通过实验观察提出的氢原子模型结论如何对氢原子模型的发展做出了贡献

C3.2 使用外层能级和亚层能级概念，使用泡利不相容原理、洪特规则和构造原理，描述元素周期表中多种元素的电子排布

C3.3 确定周期表中的每个元素在 s、p、d 轨道的特有性质，解释周期表中的元素位置、性质和电子排布之间的关系

C3.4 解释固体、液体的物理性质(溶解度，沸点，熔点，凝固点，硬度，电子传导性，表面张力)是如何依靠微粒排布和分子间与分子内部的受力类型来决定的(如共价键，离子键，范德华力，氢键，金属键)

C3.5 描述加拿大人对原子和分子理论领域做出的贡献

另一个值得关注的方面是关于科学探究能力期望的表述。科学探究能力设计在四个二级主题之下，联结了研究的四个方面——启动和规划，执行和记录，分析和解释，交流。随着内容系列中课程期望的完成，教师应确保以适当的方式发展了学生的科学探究能力。教师必须评估学生对这些能力的掌握情况，将其作为课程总体期望完成情况的一个评价部分。

将科学探究技能作为一个系列置于每学科、每年级的具体课程目标之前，同时嵌入其他系列的具体知识中，为具体内容中的探究能力表现提供了一个完整的系列。这种处理方式使得安大略省的课标除了具有知识体系，同时在能力体系上形成了一个整体，形成了各个年级的能力表现标准。

这一主题的内容、结构基本相似，只是不同年级所举例子不同。

示例：加拿大安大略省 11 年级化学大学预科 A 系列

科学探究能力和职业发展

总体期望

通过这门课的学习，学生能够：

A1. 在能力的四个方面(开始和计划，实施和记录，分析和解释，交流)发展科学研究能力(与探究和研究相关的能力)

A2. 识别和描述科学相关领域的职业，能描述科学家和加拿大人对这个领域的贡献

具体期望

A1. 科学研究能力

通过这门课程，学生能够：

开始和计划

A1.1 用公式表达相关的科学问题，包括观察到的关系、想法或问题，形成报告性预测，及/或用公式表达合理假设来聚焦探究或研究

A1.2 收集适当的仪器(比如：天平，玻璃仪器，滴定仪器)和材料(如，分子模型，溶液)，以及为每一项探究确定适当的方法，技术或过程

续表

A1.3 确定和定位多种书籍和电子读物资源，以便对研究问题有充实而适当的定位 A1.4 当对研究进行计划时，能够应用知识和对实验室安全操作的理解，正确解释工作场所危险药品信息系统的符号；能使用适当的技术处理和放置实验室仪器和实验药品；能进行适当的个人保护措施(如：戴护目镜) 实施和报告 A1.5 实施研究，控制相关变量，按照要求调整或拓展实验步骤，安全、精确、高效地使用适当的材料和仪器，收集观察结果和数据 A1.6 能够使用合适的格式，包括表格、流程图、图形及/或图表等，对来自实验等方面的数据进行编制、组织和汇报 A1.7 能够用适合的格式和学术上相关文本的形式来收集、组织、汇报从多种资源中得到的与研究主题相关的信息。这些资源包括电子读物、印刷品及/或其他来源 分析和解释 A1.8 综合、分析、解释、评价定性和定量数据；解决与定量数据相关的问题；确定证据是否支持前期的潜在预测或假设，其是否有科学理论依据；找出误差和错误的来源，对研究减少类似的错误提出改进意见 A1.9 从逻辑、精确性、可靠性、适当性和误差方面对实验中收集到的数据进行分析 A1.10 基于研究发现和研究结果给出结论，用科学知识证明结论 交流 A1.11 使用合适的语言和多种格式(如数据表格，实验报告，汇报，辩论，模拟，模型等)通过口头、书面及/或电子发表物等方式来交流想法、计划、步骤、结果等 A1.12 使用适当的数字、符号、图表等形式进行表征，使用适当的测量系统(如国际单位制和皇家学会单位) A1.13 精确严谨地表示任何与数据计算相关的结果，对实验数据计算结果的小数部分或有意义数据进行合理表达

2. 加拿大安大略省课程标准中的表现预期特点

加拿大安大略省课程标准以总体期望和具体期望的形式，将课程总体期望(目标1：科学与技术、社会、环境联系；目标2：发展学生进行科学探究的技能、策略和思维习惯；目标3：理解基本的科学概念。)与学科领域核心概念主题融合，并且具体化为“具体期望”。

(1)表现预期的功能

总体期望和具体期望表达了加拿大科学课程要达成的目标，将总体目标(总体期望)具体化并与学科核心概念融合，增强课程实施的可操作性，有利于落实三个总体期望。

(2)表现预期的构成

在具体期望中，以学生需要完成的表现任务为主要内容，包括解释、评价、设计等不同类型的活动。对于其中一部分任务，给出“示例事件”或“示例问题”。

（3）表现预期的呈现方式

基于总体期望对具体的表现预期进行分类，基于学科核心主题或核心能力（例如探究能力）提出相应的表现人物，并且附上部分“示例事件”或“示例问题”。

第二节 基于课程标准比较得到的核心知识主题学习进阶

一、物质主题的概念学习进阶

1. 物质的状态

幼儿园：物质因为大小、形状上的不同，分为固体、液体、气体。认识固体和液体。

（1）物体可以根据其可观察到的性质（形状和体积）分类为固体、液体和气体：固体有一定形状，液体形状随容器改变，气体填满所在空间。

（2）水以不同的状态存在，并且形式也不一样（如雨、雪）等。水可以是固体或者液体，并可以从一种状态变成另一种状态。

（3）物体可以通过加热和冷却从一种状态变成另一种状态。

小学：同一物质三态之间可以转化，认识气体、物理变化。

（1）一种物质可以以固态、液态、气态三种形式存在。

（2）空气是一种气体，可以填满所在空间。

（3）物质可以通过加入或者拿走热量从一种状态变成另一种状态，如加热水和冷却水。

（4）状态之间的转化如熔化、冷凝、蒸发等属于物理变化，变化过程中质量不变。但物质的大小、形状及体积可能会发生改变。

初中：微粒水平的状态改变以及状态改变中伴随能量变化。

（1）固、液、气三态下个体微粒的排列、间距和运动不同。固体中微粒紧密堆积受限于振动；液体中微粒互相围绕着运动，排列稀疏可以彼此滑过；气体中微粒几乎是独立运动。（物质的粒子模型）

（2）物质的状态取决于温度和压强。物质的状态随温度会发生变化，纯净的固体有特定的熔点，纯净的液体有特定的凝固点和沸点。纯净的气体可以在特定温度和压强下被压缩成液体。一定压强下随着温度的升高，许多纯净物会从固体变成液体或气体。

（3）改变温度使得物质微粒运动的速度增加和减小，从而改变物质的分子排布和运动，导致状态改变。因此，加热和冷却可能改变物质的状态。从能量的角度来看，提供或者移除热量可以改变构成物质微粒的能量，从而实现状态改变。（能量、分子运动、温度和物质状态之间的关系）

（4）状态的变化包括微粒相对位置和运动的改变。由此可以解释如蒸发、液化、凝固、熔解、升华以及浓缩、扩散等现象。

(5)物质常常发生两种常见的变化：化学变化和状态改变。状态改变是物理变化，整个过程中原子等微粒不发生变化，质量守恒。

(6)物质微粒水平的三态可以用图或者模型表征。

高中：物质存在四态，气体分子运动论用气体微观状态对其宏观表现进行了解释，气体性质和宏观量之间的关系和定量计算遵循气体定律，物质的物理特性(质量、体积、密度以及微粒排布)受到分子运动理论和分子间相互作用的制约。

(1)物质存在四种状态：固态、液态、气态以及等离子态。

(2)三态下物质构成微粒的运动程度和类型不同。固体中，组成物质的微粒的动能不够大到克服束缚他们的吸引力。尽管微粒在位置上震动，他们之间的距离并未增加。液体中，组成物质的微粒的动能足以克服吸引力，允许微粒彼此之间有相对的运动，但是大多数微粒没有足够的动能完全克服吸引力进入气态。气体中，微粒有足够的动能克服任何吸引。通常分离气体微粒很容易，因为他们的相互作用很小。

(3)理想气体的分子运动论指的是所有气体微粒满足以下条件：

· 在随机、不断、进行直线运动；

· 彼此间距远大于其本身的大小，气体微粒的体积可以忽略；

· 彼此之间没有吸引力；

· 彼此碰撞会造成能量转换，但体系整体的能量保持不变。

(4)气体分子运动论是运用理想的微粒相互作用和运动对气体宏观性质的一种解释。它描述了气体分子之间压强、体积、温度、速度以及碰撞的频率和作用力相互的关系。

(5)气体分子运动论可以从分子运动的程度和类型的角度解释气体的性质和状态，还可以解释能量变化如何影响物质的状态，解释气体的P、T、V、n之间的关系规律(如阿佛伽德罗定律、查理定律、玻意耳定律、道尔顿定律和理想气体状态方程)，并进行计算。

(6)液体中的原子和分子的运动是很随意的，这与其分子之间存在作用力有关。这种分子间的作用力决定了分子的状态，影响着物质的物理性质如熔点、沸点、挥发性和溶解性等。气体分子间作用力最弱，固体分子之间的作用力最强。

(7)氢键是一种特殊的分子间作用力，因此导致水的特性和许多生物大分子的特性。

(8)物质的每一种状态都有着独特的性质，这种性质取决于物质的化学组成和物质微粒间的吸引。某种物质处于哪一种状态取决于微粒之间的吸引作用。因此，可以利用分子间作用力的相对强弱来比较共价化合物的熔点。

(9)状态变化需要能量来破坏微粒间的相互作用。能量的大小取决于力的类型和大小。

(10)当系统吸收或者放出热能的时候会发生状态改变；这种热量可以由仪器测定；运用特殊热值以及相变潜热可以解决包含传热以及温度变化的问题。

(11)通常状态改变时的能量变化与化学反应的能量变化之间存在差距。

(12)物质发生状态改变时，构成物质的微粒之间的相对分布发生了变化，微粒并没有重新组合成新物质。

2. 物质的构成

初中：物质可以区分为混合物和纯净物，纯净物分为化合物和单质，分类依据是物质的元素组成不同。原子是构成物质的基本微粒。原子由原子核和电子构成。

(1)物质可以区分为混合物和纯净物。混合物和纯净物性质不同。可以根据混合物和纯净物性质不同分离混合物。

(2)纯净物具有特定的物理和化学性质。纯净物可区分为单质和化合物。单质和化合物的组成不同。

(3)化合物由不止一种元素组成。化合物都有着自己独特的、不变的组成以及独特的性质。化合物的性质不同于组成它的每种元素的性质。日常生活中常见的化合物都可用相应的化学式表示。

(4)单质是由同种类型的原子按照一定数目比结合而成的，这是从物质微粒构成角度上单质区分于化合物的地方。单质可以根据性质分类，也可以用化学式表示。不同单质会有一些属性不同，可以利用这些属性来区分各种元素，如金属与非金属。

(5)大量的物质都是由有限的不同类别原子构成，即元素。每种元素都有着特定的质量和化学性质。常用元素及其原子的组成，可以用符号表示。元素按照元素的质量及其化学性质排列在元素周期表中，常分为金属和非金属。元素可以用符号表示。

(6)原子是构成物质的基本微粒。原子极小，肉眼看不见，所有原子都有质量并占据空间，且处于不断的运动中。每个原子都有一个原子核，原子核带正电，被占据原子大部分空间的带负电的电子围绕着。

高中：每种元素因原子内部结构的不同而具有不同的反应性质，不同元素的原子会相互结合形成化学键，这种结合要遵循一定的规则。原子以一定的方式结合成分子，分子之间或者原子之间可以形成简单分子、网络或者晶格结构。

(1)原子内部有原子核，原子核是由质子和中子构成，质子数决定了元素的种类。

(2)质子数相同而中子数不同的相同元素的原子被称为元素的同位素。同位素中质子数与中子数的和为质量数，可以利用同位素的丰度和原子质量计算元素的相对原子质量。

(3)电子占据原子的大部分空间。在一个中性原子内部，电子数等于质子数。相对于质子和中子而言，电子的质量可以忽略不计。原子的最外层电子决定元素的性质。

(4)原子的结构可由模型来呈现。原子理论模型经历了长期的发展。

(5)不可能准确预测特定时间电子的位置。电子云模型可以表示电子出现的概率。

(6)核外电子分层排布，每种元素其核外电子的排布都是独特的，并且遵循一定的规则(泡利不相容原理、洪特规则、能量最低原理)。原子核外电子的排布(电子排布构型)是对原子中所有电子的位置以及能量的反映。

(7)电子所在的轨道，指的是电子出现概率最多的位置。不同类型的轨道都可以用符号表征(s、p、d、f)。每种类型的轨道都有着不同的形状和伸展方向。

(8)原子中的每个电子都有着特定的能量，电子通常占据最低能量轨道(基态)。高能电子占据离核更远的轨道。原子中电子的能量状态之间没有中间值，是不连续的。

(9)当一个电子由一种能量状态跃迁到另一个能量状态，它会放出或者吸收一个光子，该光子的能量等于两个能量状态的能量差。因此，每种元素都有着独特的吸收或者发散光谱。吸收和发散光谱都可以用于确定元素的身份。

(10)只有排布在最高能量状态的电子(价电子)才参与成键。这些电子影响着一种元素的化学性质(如氧化性)和成键能力。

(11)许多元素的原子在与其他原子结合时会获得一种稳定的价电子构型。惰性气体原子有着稳定的价电子构型，因此不易结合。

(12)物质微粒之间会互相结合，即形成了化学键。当价电子从一个原子转移到另一个原子时，会形成两个相反电荷离子之间的吸引即离子键。当价电子在原子之间共用时，会形成微粒之间的相互作用即共价键。两个原子之间可能形成不止一对共用电子对。

(13)离子从各个方向吸引带相反电荷的离子，形成了三维的晶格，即离子晶体。

(14)共价键可以形成小分子到大的聚合物分子以及三维晶格的晶体。

(15)路易斯结构式可以表示单质、化合物以及离子中价电子的排列。

(16)化学键断裂时，吸收能量。化学键形成时，放出能量。

(17)电负性表明了一种元素的原子在化学键中吸引电子能力的强弱。电负性的数值是根据固定的尺度划分的。

(18)两个原子之间由于电负性的不同可能导致所形成化学键的极性程度不同。键的极性大小取决于电负性的差异以及原子之间的距离。

3. 元素周期系

小学：存在元素周期表。

(1)周期表是呈现组成物质的元素的一种表格。

(2)自然界存在的100多种元素都呈现在周期表中。

(3)通过元素名称可以找到周期表中的相应元素。

初中：周期表是一种工具/模型：用于为元素分类和确定元素的性质。

(1)元素周期表是组织元素相关信息的一种工具。

(2)元素周期表中的元素符号代表了组成物质的各种元素，可以从周期表中的相应位置找出简单化合物化学式中的元素。

(3)元素周期表呈现了元素的原子序数和原子量。

(4)元素周期表按照原子序数(质子数)的增加来组织元素，周期表中从左到右、从上到下原子序数递增。

(5)元素周期表同纵列元素具有相似的化学性质。

(6)元素周期表中将元素分类为金属、非金属、惰性气体等。通过类别可以预测物质的化学性质。

(7)元素周期表最初是根据元素原子的重量来建构的。

(8)元素周期表揭示了元素原子内部的结构关系。可以运用它确定质子数、中子数和电子数。

高中：元素周期表经历了一定的历史发展，元素周期表体现了元素的位、构、性之间的关系。利用元素周期表可以研究原子内部结构、分类元素、预测元素性质以及表征物质。

(1)元素周期表经历了不断地发展，元素最初是根据他们重复的性质来排列在周期表中的，其常见版本是按照原子核电荷数的增加来排列元素的。

(2)元素在周期表中有序排列，横行为周期，纵列为族，一定行或者列中元素的位置之间存在联系。

(3)元素周期表中元素的排列是原子的核外电子排布周期性的体现，反映了元素原子核外最外层电子的重复模式及其能量排布的规律性变化。

(4)元素周期表反映了元素的电离能、电负性以及相关离子和原子大小的周期变化趋势，金属和非金属性都不同，这些物理和化学特性会对物质的化学行为产生影响。

(5)元素周期表中元素性质的变化是最外层电子变化的结果。

(6)元素周期表中同族元素最外层电子数相同。周期增加，最外层电子数目增加。可以根据元素在周期表中的位置来决定其价电子数目。

(7)元素周期表用族、周期和子类来组织物理和化学递变性。如周期表中 1、2 以及 13～18 族的元素，它们有着相同数目的价电子(He 例外)，因此有着相似的化学性质。第三周期元素随核电荷数的变化，其相关物理和化学性质表现出比较典型的递变性(如 a. 与氧气和氯气的反应，b. 氧化物和氯化物中的氧化数，c. 这些氧化物和氯化物与水的反应，d. 这些氧化物以及相应的氢氧化物的酸碱行为)。现代周期表中这些区域(s 区、过渡金属区、p 区、镧系锕系)中的元素也具有可预测变化的类似的性质。

(8)元素周期表作为一种工具可以研究平均原子量，质量数、原子序数之间的关系；确定同位素中的质子、中子、电子数、电子构型和能级；识别金属、非金属和准金属；确定碱金属元素、碱土金属元素以及过渡金属，卤族元素等；预测元素的性质(如价电子数、金属性、活泼性、导电性、成键类型等)；预测原子半径、电负性、电离能的趋势；利用其中主族元素的氧化数来建构化合物的化学式以及命名、书写一些化学式和反应式。

4. 溶液和酸碱盐

初中：溶液是由溶质与溶剂组成的。溶质、溶剂与溶液三者之间有一定的量的关系。显酸、碱性的溶液有各自的性质规律，互相之间发生中和反应。

(1)溶液是两种或者更多物质溶解在其他物质中形成的匀质混合物。溶液由溶质和溶剂组成。

(2)水是一种非常有用和熟悉的溶剂。

(3)在一定的温度和压力下，溶质在一定量的溶剂中有着特定的溶解度。

(4)溶解度可能随外界条件的改变而改变。

(5)溶质在溶液中的浓度与溶剂的凝固点降低或者沸点升高存在关系(依数性)。

(6)溶液的浓度可以定量描述为溶质的质量浓度、体积摩尔浓度，百万分率、百分比浓度等。

(7)溶解过程是一种溶解和结晶达到平衡状态的过程。

(8)可以通过加入酸碱指示剂变色将溶液区分为酸性、碱性。

(9)酸、碱具有各自的反应通性。

(10)酸碱能发生中和反应。中和反应有着重要的应用价值(如消化不良的治疗，酸性土壤的改良以及化肥的制造)。

高中：水是良好的溶剂并具有某些特性与其微观结构有关。溶解过程是溶质微粒与溶剂微粒之间的相互作用。酸和碱的界定有多种理论，酸碱盐在水溶液中的行为遵循平衡规律。

(1)水的微观结构导致了水的很多特性(水的熔点沸点、随状态变化的体积变化、表面张力等)，从而使水成为良好的溶剂。

(2)溶解过程可以看作微粒的运动，这一过程会破坏分子内或分子间作用力。

(3)溶质通常容易溶解在有着类似分子间作用力的溶剂中。

(4)酸碱盐溶于水后会发生解离现象——电离。电离过程可以用符号表示。

(5)对于酸碱的界定形成了不同的酸碱理论，如阿伦尼乌斯、布朗斯特-劳里以及路易斯酸碱理论等。

(6)pH 可以衡量溶液的酸碱度。pH 的计算与氢离子的浓度有关。

(7)强酸与弱酸，强碱与弱碱之间存在电离程度的差异。

(8)水、弱酸、弱碱的电离，盐类的水解都是平衡过程，遵循平衡规律(平衡常数和勒夏特列原理)。

(9)缓冲溶液具有重要的应用价值，利用的是关于酸碱盐的化学平衡规律。

二、反应主题的概念学习进阶

1. 物质变化

幼儿园：现象层次的变化，有变化。

日常生活中有些过程快、有些过程慢。加热或者冷却一种物质可能产生可见的变化。有时这些变化是可逆的(如熔化和凝固)，有时不是(如烘焙蛋糕，燃烧燃料)。

小学：性质层次的变化，有物理和化学变化两种。

有些过程发生会改变物质性质，这种过程有两种，物理变化和化学变化。当两种或者更多物质混合时，可能形成一种新的具有不同性质的物质。无论发生何种转化，物质的总质量不变。

初中：物理变化和化学变化的不同在于构成物质的原子是否重组形成新的物质。

化学变化是原子的重新组合；变化过程中物质守恒；化学变化过程中伴随能量变化(吸热或者放热)，是原子层次的变化，化学变化的实质是原子的重组。

(1)物质发生化学变化时，常常伴随一定的现象(例如：颜色发生变化，气体的生成，沉淀物的产生，热的产生或吸收，发出亮光)。还有的化学变化很难直接观察到。

(2)化学变化中构成物质的原子重新排列成新的物质。

(3)化学变化中特定原子的数目保持不变。化学变化遵循质量守恒定律。

(4)化学反应要么向环境释放能量，要么从环境吸收能量。

(5)常见化学反应的类型包括化合、分解、复分解、置换和燃烧反应等。

高中：化学变化过程中构成物质的微粒在电子层次发生了变化，化学变化的快慢是由分子的碰撞导致的，反应速率会受到外界条件的影响(这一点也与参加反应的微粒有关)。化学反应有一定的限度，可能达到平衡状态，平衡状态的改变遵循定性和定量的平衡规律。化学变化总是向着能量降低和混乱度升高的方向进行。核变过程中原子种类发生了改变，但质子和中子数之和没有发生改变。这种过程包括聚变和不稳定核的放射性衰变(裂变、β、γ放射)——电子和核层次的变化。化学变化的实质是微粒间的相互作用，表现为能量的变化。化学反应是有一定进程和规律的反应。

(1)碰撞理论是对化学变化速率及条件的定性解释。

(2)化学反应的能量变化与化学键的断裂和形成有关。

(3)盖斯定律可用于计算给定反应的热效应。

(4)化学反应发生有两种自然的驱动力，a. 向能量低(焓)，b. 向混乱度升高(熵)；可以用吉布斯自由能公式判断一个化学反应的方向。

(5)化学反应速率表示的是单位时间内反应物或者产物的量的改变。

(6)化学反应的速率受以下因素影响：温度、浓度、反应物的性质、表面积以及催化剂。

(7)化学反应势能图反映了反应物、生成物及活化分子的能量关系。

(8)加入催化剂为反应发生提供了另外一种路径，通常是降低了活化能。

(9)化学反应可以同时向正反两个方向进行。

(10)许多反应不能从反应物到产物进行完全；相反会在某一时刻达到平衡状态(一定的反应限度)。

(11)反应进行到平衡状态时并非完全停止，实际上物质仍在不断地反应与生成。

(12)一定条件下的化学平衡遵循化学平衡定律(化学平衡常数关系)。

(13)勒夏特列原理说明了外界条件的变化对化学平衡状态改变的影响。

★氧化还原反应和电化学

初中：

(1)燃烧反应是一类常见的化学反应。

(2)还有许多常见的化学变化都属于类似燃烧的氧化反应。如光合作用、金属腐蚀、化石燃料的燃烧等。

(3)燃烧能够为人类提供能量。

高中：

(1)氧化还原反应是在反应前后元素的化合价/氧化数有相应变化的化学反应。

(2)氧化还原反应存在电子的转移。还原反应得到电子，氧化反应失去电子。

(3)氧化还原反应的书写和配平遵守得失电子数守恒。

(4)原电池和电解池是利用氧化还原反应来实现化学能与电能的转化，二者合称为电化学电池。

(5)电化学电池中的两极分别发生氧化反应和还原反应，即半反应，也叫电极反应。

(6)电化学电池两极的半反应以及总的电池反应均可以用氧化还原反应方程式配平和表示。

(7)电化学电池两个电极之间有电势差(通常叫电动势/电极电势)，可以用标准还原电极电势/电极电位计算氧化还原反应的电压。

(8)可以在电化学中运用法拉第电解定律。

三、能量主题的概念学习进阶

幼儿园：我们需要能量，能量在生活中有许多应用——用能量。

(1)举例说明能量能够加热物质。

(2)动物从食物中获取能量。植物从阳光中获取能量。

(3)机器可以将能量从一种形式转化为另一种形式，或者帮助能量转化为运动、热或者光。

(4)我们家庭需要电来产生热和光，并带动小型机械等。我们是从电力线或者电池中获得电的。

小学：宏观上，能量有很多种形式。能量会从高温物体传向低温物体。燃烧可以获得能量，电池可以转化并储存能量。加热和冷却会影响物质的变化。——宏观能量有多种表现，互相之间可以转化，燃烧可以获得热能，加热和冷却会影响物质转化的速率。

(1)宏观上，存在着各种不同的能量形式，如运动、电、声、热、光等。

(2)在碰撞中能量会发生转化。

(3)能量会从热的区域或物体流向冷的区域或物体，使冷的变热，热的变冷。

(4)燃烧燃料是一个可以产生热、光、声的过程。燃烧需要空气中的氧气，并且当其量不足时才会熄灭。

(5)食物和燃料在燃烧时提供能量，并且这二者是可以相互转化的。

(6)电池是一种可以转化并储存能量的设备。

(7)加热会加快物理和化学变化。

初中：原子层级的能量；热和温度的微观实质，能量转化过程中守恒，光合作用以及燃料燃烧产生能量。

(1)原子和分子处于永不停息的运动中，温度升高，运动加剧。

(2)热能与物质中的原子或分子的运动以及相互作用有关。

(3)温度是衡量物体中分子平均运动动能的一种标志，但它不是对能量值的测量。同一物质同一温度不同的量可能含有不同量的热能。

(4)燃料燃烧或者细胞消化都是化学转化过程，在这些过程中碳氢化合物与氧气反应产生热能、二氧化碳以及其他废弃物。

(5)物质和能量不会产生和消失，但可以从一种形式转化为另一种形式。

(6)植物运用太阳光来驱动一个化学反应，该反应需要能量才能发生。在这个反应中二氧化碳和水结合成为碳氢化合物并释放出氧气。食物中的碳氢化合物以及含碳的燃料都是来源于这一过程。

高中：能量的转化和测量——微观状态下的能量是量子化的，能量转化有一定的规律，化学反应中能量变化的实质，核反应实现了物质和能量的转化。

(1)能量是量子化的。

(2)能量趋于降低。

(3)物质是稳定的是因为物质内部的相互作用降低了其能量。

(4)将物质拆分成要破坏物质内部微粒之间相互作用，因此需要能量。表现为键能。

(5)化学反应体系常常会向更稳定的能量状态发展，表现为反应焓变和熵变。

(6)核过程包括核内部结合能和质量的变化，每个原子都比化学过程释放出更多能量。

标★的概念是在上位概念(如“物质的变化”)中抽取出的下位概念(如“氧化还原和电化学”)的进一步细化分析。

第三节　启示与思考

一、基于核心概念学习进阶选取和组织化学课程内容

本章所梳理出的知识进阶成果，从一个侧面反映出各个国家和地区在中学化学学科的内容选取和组织上存在很大的共性。但是有几个方面的问题仅靠本研究依据的国际课程标准比较似乎尚不能得到很好地解决，具体如下。

一是，如何看待各个国家和地区课程标准所反映的差异认识的问题，比如美国课程标准基本没有“有机化学”这个在中国大陆课程标准中不可或缺的主题内容。对于“物质构成”是否需要达到量子化的水平以及达到什么样的量子化水平，各个国家和地区课程标准的深度和广度也各不相同。这个问题既反映了课程标准的内容选取问题，也反映了“课程标准”水平划分的问题。

二是，如何利用国际课程标准比较来解决中国大陆高中课程标准研制过程中有争议性的问题。比如，中国大陆高中课程标准在实践中反映出的“元素化合物知识内容与元素周期律的编排关系、有机化学内容必修和选修的分层关系、化学与生活模块中

化学知识的教学内容要求不够清晰、物质结构与性质模块的内容难度”等问题。如果直接针对高中课程标准的修订，理想状态下，我们更希望将中学化学学科概念按照年段进行进阶分析，而不是目前从国际课程标准比较中得到的学段进阶。由于大部分国家和地区的课程标准都没有做到按照年段进行内容选取和组织，因此，目前还无法从国际课程标准中提取证据以系统解决这个问题，只能够提供部分小样本的证据。

三是，如何利用国际课程标准来研究“化学实践”(含化学学科特色即化学实验)的学习进阶问题。化学实验是化学学科的突出特色，具有重要的学习价值。课程标准也需要体现概念理解和基于概念理解的学习过程，但是目前化学实验的问题在各国课程标准中尚没有统一的模式，不能完全解决这一问题。

因此，我们应该综合学科本体分析、学生发展证据、国际课标研究三方面的证据，并将之很好地整合，以解决中国大陆化学课程领域的内容选择与组织问题，这正是今天所做“前瞻研究”的意义所在。

二、以表现预期呈现知识学习的具体要求

本章以案例的形式呈现了表现预期在课程框架、课程标准等课程文件中表现形式。以上三个课程文件中的表现预期，其具体呈现方式和功能存在一些差异，但是我们首先需要关注它们的共同之处给予我们的启示。

(1)课程标准中应当包含表现预期(或表现标准)

基于科学教育的特点——需要同时兼顾科学知识和科学能力(或科学实践)，需要通过表现标准来实现科学知识和科学能力的有效融合，可以使得教学和评价更加具有针对性，也可以在一定程度上，引导我们国家目前的评价方式由偏重具体技能向兼顾科学实践整体的转变。

(2)表现标准的组成部分

为了实现科学实践与科学概念理解的整合，表现标准应当包括基于核心学科主题或核心能力(例如：探究能力)的任务，对每个核心主题研制相应的表现标准。任务可以是解释、设计、评价等类型的活动，且必须与核心概念关联。另外，表现标准还应当包括对任务表现的评价标准和完成任务需要的关键知识。

(3)表现标准的呈现方式

基于表现标准的组成部分，表现标准可以有多样化的呈现方式。其核心在于必须有能展示出学生能力的任务活动。具体的呈现方式可以参照两个案例——美国、加拿大。

第五章

中学化学课程能力培养要求的国际比较研究

促进学生能力的发展是学科教育的目标之一。那么，什么是能力？中国大陆教育心理学家冯忠良[1]认为能力是对活动进程和方式直接起稳定的调节控制作用的个体心理特性，必须是系统化、概括化的个体经验。能力是在活动中形成和发展的，也只有在活动中得以体现。由此，我们认为学生的能力表现为是否能够执行某项活动，以及在活动过程中表现出的水平。对于科学领域或化学学科领域，相应的学科课程应该发展学生哪些方面的能力？课程标准作为课程的指导性文件，凝聚了各个国家和地区教育研究者对"教什么""为什么教"的研究成果，本专题通过分析和比较一些典型国家和地区课程标准中的能力培养要求，试图回答发展哪些能力的问题。再者，能力培养要求决定了课程标准中的课程目标设定、课程内容选取、评价等关键部分的制订，因此，课标比较研究可以为我国化学课程标准的修订提供建议。

本专题先介绍典型国家和地区科学(或化学)课程标准的能力培养要求，然后对它们进行比较研究，考虑到科学探究能力在科学课程中的重要性，会单独介绍这些课程标准中的科学探究与科学实践。在此基础上，提出国际上的能力培养要求趋势及我国课标前瞻。

第一节　典型国家和地区课程标准的能力培养要求

我们主要选取中国大陆、芬兰、法国、澳大利亚维多利亚州、英国、美国、加拿大安大略省、中国台湾、日本、韩国的中学科学课程标准，从课程标准中的目标、内容和评价等部分提取其能力培养要求。

一、中国大陆课程标准的能力要求

中国大陆的《义务教育化学课程标准(2011 年版)》(在本章中以下简称《初中课标》)[3]和《普通高中化学课程标准(实验)》(在本章中以下简称《高中课标》)[4]，以课程目标为核心，在课程性质、课程理念、课程目标、各课程模块的目标和内容、实施建议、评价建议等部分描述化学课程发展学生哪些方面的能力。二者所描述的具体能力类型基本上是一致的，主要有以下这些能力。

(1)学生自主学习化学的能力。《初中课标》指出，增强学生学习化学的兴趣和学好化学的自信心，培养学生终身学习的意识和能力；为每一个学生的发展提供多样化的学习评价方式，在学习过程中，力求使更多的学生学会反思和自我评价，增强学习的主动性。《高中课标》指出学生应能对自己的化学学习过程进行计划、反思、评价和调控，提高自主学习化学的能力。

(2)分析和解决问题的能力。《初中课标》指出从学生的已有经验出发，让他们在熟悉的生活情景和社会实践中体会化学与日常生活的密切关系，学会分析和解决与化学有关的一些简单的实际问题；能用变化和联系的观点分析常见的化学现象，说明并解释一些简单的化学问题。《高中课标》提到运用化学知识，分析问题和解决问题的能力，重视化学与其他学科之间的联系，综合运用有关的知识、技能与方法分析和解决一些化学问题。

(3)创新精神和实践能力。《初中课标》强调让学生有更多的机会主动体验科学探究的过程，在知识的形成、相互联系和应用过程中养成科学的态度，学习科学方法，在“做科学”的探究实践中培养学生的创新精神和实践能力。《高中课标》指出，学生体验科学探究的过程，学习科学研究的基本方法，加深对科学本质的认识，增强创新精神和实践能力。

(4)科学探究能力。《初中课标》强调让学生认识科学探究的意义和基本过程，进行简单的探究活动，培养学生的科学探究能力。《高中课标》指出学生应经历对化学物质及其变化进行探究的过程，进一步理解科学探究的意义，学习科学探究的基本方法，提高科学探究能力。

(5)获取信息和加工信息的能力。《初中课标》指出，初步学习运用观察、实验等方法获取信息，能用文字、图表和化学语言表述有关的信息，初步学习运用比较、分类、归纳、概括等方法对获取的信息进行加工。《高中课标》同样强调学生应学会应用观察、实验、查阅资料等方法，运用比较、分类、归纳、概括等方法对信息进行加工。

(6)交流讨论、团队合作的能力。《初中课标》指出要培养学生主动与他人进行交流和讨论，清楚表达自己的观点；在综合性较强的探究活动中组织学生以小组为单位共同协作完成，以培养学生的团队精神和协同工作能力。《高中课标》指出学生应善于与他人合作，具有团队精神。

(7)化学学科特定的能力。《初中课标》在“评价建议”中提到以下方面的能力：观察、描述与解释简单化学现象的能力，初步具备运用所学的知识从化学视角对有关物质的性质、变化进行分析、判断的能力，化学用语的识别与运用能力，分析实验现象的能力等。《初中课标》和《高中课标》都提到化学实验能力。

另外，《初中课标》提到观察能力、想象能力和应变能力；《高中课标》提到学生的社会责任感、参与意识和决策能力，以及“具有较强的问题意识，能够发现和提出有探究价值的化学问题，敢于质疑，勤于思索，逐步形成独立思考的能力”。

中国大陆化学课程标准中有很多含有“能力”一词的表述，这些能力的类型具有多样性，主要体现为以下几个方面：(1)这些能力是从不同角度解析得到的，例如：获取和加工信息的能力来源于信息加工理论，将信息的获取和加工视为一种或一系列活动；分析和解决问题的能力，则是从问题解决活动这一角度出发得到的。(2)将自主学习的能力、分析和解决问题的能力、创新精神和实践能力、获取信息和加工信息的能力、交流讨论和团队合作的能力、观察能力、想象能力、应变能力、决策能力、独立思考能力等超越学科的一般能力与“化学”这一词语结合形成能力表述。这些一般能力是超越学科的，属于一般认识活动对应的能力，课标将这些上位的一般能力与化学结合，构造出在化学课程中要培养学生的能力。同时，也强调通过化学学习，实现学生的一般能力发展。(3)阐述化学学科特定能力，例如：观察、描述与解释化学现象的能力、分析和判断物质性质和变化的能力、识别与应用化学用语的能力、分析实验现象的能力、化学实验能力等。(4)强调理科领域共同重视的科学探究能力，让学生经历有关物质及其变化的探究。

然而，在内容标准中，《初中课标》和《高中课标》的“活动与探究建议”主要指向教学活动，而不是基于学生的化学学科能力的系统阐述，显得较为零散，对教学和评价的指导性不足。

《初中课标》和《高中课标》均在课程目标和内容标准的描述中，采用一系列行为动词描述学习水平的不同层次的要求，这些词语中有的是对学习结果目标的描述，也有的是对学习过程目标的描述。这些词语分别指向认知性学习目标和技能性学习目标和体验性学习目标，同一个水平层次的目标要求有一系列可选词语进行描述。这样的陈述，表明具有划分能力水平的意识，尤其是对于技能性学习目标，但是，实际上内容标准采用的行为动词大部分是认识、掌握等模糊的认知性学习目标词语，并没有真正将行为动词与学科内容知识很好地结合起来，以描述相应的化学学科能力。

再者，《初中课标》和《高中课标》在能力类型上大致相同，具有较好的统一性和延续性，但是并未说明在这些能力上学生从初中到高中有什么样的发展和变化，也就是能力的年级进阶。

二、芬兰课程标准的能力要求

芬兰《基础教育科学课程标准》(2004年)[4]描述的7～9年级化学教学的任务是扩充学生的化学知识，加深对化学本质的认识，引导学生用科学的思维获取科学知识，并在不同的生活情境中应用知识。化学教学必须培养学生进行有关能量、环境和工业等方面议题的日常选择与讨论的能力。通过化学实验帮助学生抓住科学的本质，形成新的科学概念、原理和模型，发展学生进行实验工作及进行合作的技巧和能力。这些能力类型及具体内涵包括以下三个方面。

(1)用科学的思维获取知识

学会应用信息技术和交流技术等典型的研究方法，以及评价知识的可靠性和重要性的方法。

(2)在不同的情境下应用化学知识

学会应用描述物质性质的化学概念，学会用概念和模型来描述化学键和物质的结构，学会借助化学反应方程式描述化学反应或者建立化学反应的模型，学会在实际情景中及做出选择时应用化学相关知识，知道化学现象的重要性并能应用于个人及社会生活中。

(3)化学实验和科学调查的能力

学会科学调查并能解释与表述相关结果，发展学生对实验现象的描述、解释和说明的能力；发展学生实施实验及合作的能力。

芬兰《国家高中核心课程》(2003 年)[5]指出，化学教学的特征是通过观察和化学实验研究化学物质和化学现象，通过模型和结构解释说明化学现象，借助化学符号通过建立模型和进行数学处理来描述实验现象。化学教学应重视培养学生的学习技能。在化学总课程目标和各个具体课程的目标中，都阐述了相应的能力要求，总体来看主要包括以下三点。

(1)获取、评价和处理信息

基于生活和环境，通过化学实验及其他积极有效的获取信息的方法，搜集并处理有关化学现象和重要物质属性的信息，能评价这些信息的可靠性和重要性；熟悉信息获取和建模的重要工具——信息技术和交流技术；发展所需要的表述和讨论信息的能力。

(2)应用化学知识

知道作为消费者怎样用化学知识以促进健康和可持续发展，知道在讨论和决策有关自然、环境和技术等问题的过程中怎样利用化学知识。知道怎样应用不同类型的化学模型、图表、系统对物质的性质进行分类；知道怎样书写化学反应方程式和处理反应过程中涉及的数学关系。

(3)关于实验和调查的能力

学会根据不同现象制订和实施计划，并能充分考虑其中的安全因素；学会实验技能，会批判性地获取与处理信息。

芬兰课标的课程目标和评价标准的阐述，主要围绕以上三个方面的能力以及对化学知识的理解展开，这些能力要求有以下特点：(1)强调学生的学习技能，尤其是应用信息技术和交流技术获取信息和知识，并且重视发展学生评价信息和知识重要性和可靠性的能力；(2)强调学生将化学知识应用于自然、环境、能量、工业、技术等相关问题的讨论和决策；(3)重视实验和调查的能力，在高中课标中强调获取和处理实验信息的技能。

三、法国教学大纲的能力要求

法国高中分为两个阶段，定向阶段(高一)和终结阶段(高二和高三)，在终结阶段，学习“物理—化学”课程的学生已经做出向科学领域的选择。《法国普通高中一年级“物理—化学”教学大纲》[6]指出，“物理—化学”教学允许学生在培养技能的同时，循序渐进地构建基础科学知识体系，并运用这一知识体系。《教学大纲》由健康、体育锻炼和宇宙等三个主题组成，每个主题内采用表格的形式介绍要学习的概念和相应的技能。下表为健康主题的次级主题——药物的概念和技能，表格中第一列为基本概念和内容，列举出学生要学习的概念，第二列是技能，包括知识运用、能力实践和态度获得，并且列出了实验技能。在技能的陈述中采用一系列动词表述。

表 1　法国教学大纲的能力要求

基本概念和内容	要求的技能
药物：通用名药物和商品名药物具有相同的活性成分，但药物名称却不一样。	
活性成分、赋形剂、表达 天然化学药物、化学合成药物 官能团	分析一种药物的表达。 用实验探究法揭示活性药物成分和它所在的环境(溶剂性质，pH)相互影响 理解合成化学的作用 在结构式中找出官能团
溶液：溶剂、溶质，分子类或离子类纯净物的溶解 非饱和溶液中纯净物的质量浓度和摩尔浓度 溶液的稀释 萃取、分离和鉴定化学物质 实验历史和实验技术 化学物质的物理性质：外形、熔点、沸点、溶解度、密度、单位体积质量 薄层色谱法	懂得一种溶液中可以包含分子或离子 掌握并会运用溶液中被溶解分子类或离子类物质的质量浓度或摩尔浓度表达法 取一定量的某给定类别纯净物 设计并实施一个溶解和稀释的实验步骤 用实验探究法确定物质浓度(比较颜色法) 解释标签和各种资料表达的信息 以被研究化学物质的物理性质为基础，设计和实施一个萃取实验步骤 会安全使用分液漏斗、过滤装置和加热装置 完成并解释薄层色谱法(带色混合和无色混合)
化学合成 密度、单位体积质量	根据样品的密度、单位体积质量确定其质量 知道固体质量或液体体积，确定物质的量 实施一个实验步骤，实现分子合成和检验
化学反应体系 化学反应 化学反应的符号表达：化学反应方程式	描述一个化学反应体系及其可进行的反应 写一个化学反应方程式，包括准确的化学计量数 根据系统初态和末态出现的化学物质的特征研究一个化学反应体系的反应

法国《普通高中一年级“物理—化学”教学大纲》指出，为了让学生获得技能，教师要向学生传授实验科学的方法和做法以及技能产生的过程，包括科学方法步骤、实验研究、从历史角度学习、跨学科合作、信息和通信技术的使用。提倡通过实验活动让学生亲自观察、接触具体的事物和进行团队合作学习，而不只是动脑想象和只思考书本或报告等形式化的内容。

因此，法国《普通高中一年级“物理—化学”教学大纲》对能力的要求主要体现在以下两个方面。

(1)强调学生学习科学方法和实验研究

教师将科学方法传授给学生，使学生掌握技能，从而使学生有能力进行推理实践以提出问题、提出假设、比较实验记录和形成批判精神。学生需要调动他们的知识储备，寻找、提取和组织有用的信息，以便提出恰当的假设；还需要进行推理、辩论、演示和小组作业，在介绍自己运用的方法步骤和获得的结果时，需要参加写作和言语交流活动，从而促进学生语言能力的进步。采用信息技术和通信技术辅助实验活动。

(2)在内容主题的阐述中，采用一系列动词描述相应概念对应的技能

课标指出，技能包括知识运用、能力实践和态度获得，并且用斜体字标出实验技能。我们初步统计各个主题中用于描述技能的动词频次(实验技能在科学探究专题中讨论)，可以看到法国高一“物理—化学”教学大纲中的技能动词，约50%属于学习输入型，例如：掌握、理解、懂得；约7.7%是属于输出型，但是其内涵较含混，例如：会用、能用、会使用；约7.7%是这二者的结合。除此之外，其余约35%的动词是任务清晰的输出型动词，例如：写出、写、计算、分析、描述、阐释、解释等。

表2　法国高一“物理—化学”教学大纲的技能动词的频数

高一技能动词	主题			小计	百分比	各类百分比
	健康	体育锻炼	宇宙			
提炼并会运用	2	1	0	2	2.6%	
掌握并会利用	1	0	0	1	1.3%	7.7%
掌握并会应用	1	0	1	2	2.6%	
掌握	7	0	6	13	16.7%	
懂得	6	9	8	23	29.5%	50.0%
理解	1	1	1	3	3.8%	
写出	1	0	0	1	1.3%	5.1%
写	1	2	0	3	3.8%	
找到	1	0	0	1	1.3%	
找出	1	1	0	2	2.6%	11.5%
确定	4	1	1	6	7.7%	
计算	1	1	1	3	3.8%	3.8%
分析	1	0	1	2	2.6%	2.6%
阐释	0	1	1	2	2.6%	9.0%
解释	1	1	3	5	6.4%	
描述	1	1	0	2	2.6%	2.6%
会用	0	0	1	1	1.3%	
能用	0	1	1	2	2.6%	7.7%
会使用	1	1	1	3	3.8%	
总计	31	21	26	78	100.0%	100.0%

法国《普通高中二年级理科“物理—化学”教学大纲》和法国《普通高中三年级理科“物理—化学”教学大纲》说明，高中终结阶段的“物理—化学”教学围绕科学探究的几大步骤——观察、建立模型及实际操作组织教学。技能培养和兴趣开发是理科课程教学的两个目标。类似于高一的课标，指出通过不同方式的运用深化学生的技能培养，这些方式包括科学探究、实验研究、历史法、与其他学科的联系、信息和通信技术的使用。终结阶段的能力要求体现在以下三个方面。

(1)强调科学探究的基础技能是理科学生成功的必备才能

教师应该把科学探究传授给学生，使学生掌握观察、建模和动手三大方面的技能，只有这样，学生才能够进行推理实践以找出问题、提出假设、比较实验记录和锻炼批判思维。学生需要调动已有知识、组织有用的信息，以便提出恰当的假设，学生还需要推理、论证、解释和小组合作。在介绍方法步骤和获得的结果时，培养学生的书面和口语表达能力。实验活动是科学探究的天然和理想组成部分。“物理—化学”学科的实验活动能够受益于信息和通信技术。

(2)在各主题中采用一系列动词描述相应的技能

终结阶段的理科教学围绕科学探究的主要阶段(观察、理解、行动)展开，并以新颖和启发式的开始为基础。每个阶段有不同的具体主题，对于每个主题的内容和技能，其呈现方式也采用类似于高一年级的表格形式。

法国高二教学大纲的技能动词，输入型动词的比例约为 20.5%，含混的输出型动词(会用、运用)比例约为 7.7%，其他动词(主要是具有明确任务的)所占比例大于 70%。与高一年级相比，任务型动词增加了命名、论证、建立联系、举例说明、分析、区别、区分、摘录并运用、摘录和应用、预测、构建等多种类型任务动词。输入型技能动词的比例由高一 57.7%降到 20.5%。

法国高三教学大纲的技能动词，输入型动词的比例约为 14.2%，含混的输出型动词(会用、运用)比例约为 7.5%，其他动词(主要是具有明确任务的)所占比例大于 78%。与高一年级相比，任务型动词增加了命名、评估、联系、表达、分析、区别、区分、摘录并运用、摘录和应用、预测、构建等多种类型任务动词。而且，输入型技能动词的比例由高一 57.7%高一降到 14.2%。

表 3　法国高二“物理—化学”教学大纲的技能动词频数

高二技能动词	主题			小计	百分比	各类百分比
	观察	理解	行动			
掌握	2	5	0	7	9.0%	20.5%
掌握并会用	0	1	1	2	2.6%	
掌握并比较	0	0	1	1	1.3%	
懂得	2	2	0	4	5.1%	
理解	0	1	1	2	2.6%	

续表

高二技能动词	主题			小计	百分比	各类百分比
	观察	理解	行动			
会用	2	2	0	4	5.1%	7.7%
运用	1	1	0	2	2.6%	
描述	4	1	0	5	6.4%	6.4%
构建	1	0	0	1	1.3%	1.3%
阐释	3	1	0	4	5.1%	14.1%
解释	3	3	1	7	9.0%	
预测	2	1	0	3	3.8%	3.8%
区别	1	0	0	1	1.3%	3.8%
区分	1	0	1	2	2.6%	
摘录并运用	1	4	8	13	16.7%	17.9%
摘录和应用	1	0	0	1	1.3%	
鉴定	1	0	0	1	1.3%	6.4%
辨认	1	2	0	3	3.8%	
确认	0	1	0	1	1.3%	
分析	0	1	0	1	1.3%	1.3%
写出	0	4	3	7	9.0%	9.0%
论证	0	0	3	3	3.8%	3.8%
命名	0	0	1	1	1.3%	1.3%
建立联系	1	0	0	1	1.3%	1.3%
举例说明	0	0	1	1	1.3%	1.3%
总计	27	30	21	78	100.0%	100.0%

表 4　法国高三“物理—化学”教学大纲的技能动词频数

高三技能动词	主题			小计	百分比	各类百分比
	观察	理解	行动			
掌握	2	1	0	3	2.8%	14.2%
掌握并运用	4	3	0	7	6.6%	
懂得	1	3	0	4	3.8%	
认识	0	1	0	1	0.9%	
运用	1	4	1	6	5.7%	7.5%
使用	0	2	0	2	1.9%	

续表

高三技能动词	主题			小计	百分比	各类百分比
	观察	理解	行动			
描述	0	1	0	1	0.9%	0.9%
建立	0	2	2	4	3.8%	3.8%
解释	1	2	1	4	3.8%	3.8%
区别	0	0	1	1	0.9%	1.9%
区分	0	1	0	1	0.9%	
摘录并运用	4	14	7	25	23.6%	23.6%
辨别	0	0	1	1	0.9%	2.8%
辨认	0	2	0	2	1.9%	
鉴定	2	3	4	9	8.5%	16.0%
找到	1	0	0	1	0.9%	
确定	0	6	0	6	5.7%	
估计	0	1	0	1	0.9%	
写出	0	2	0	2	1.9%	8.5%
给出	2	2	0	4	3.8%	
说出	0	1	0	1	0.9%	
定义	0	1	1	2	1.9%	
命名	0	1	0	1	0.9%	0.9%
分析	0	1	0	1	0.9%	0.9%
证明	0	0	2	2	1.9%	1.9%
比较	0	0	3	3	2.8%	2.8%
评估	0	0	1	1	0.9%	0.9%
展示	1	0	0	1	0.9%	1.9%
演示	0	1	0	1	0.9%	
联系	2	1	0	3	2.8%	2.8%
选择	0	1	0	1	0.9%	0.9%
判断	0	1	0	1	0.9%	0.9%
表达	0	1	0	1	0.9%	2.8%
表示	0	2	0	2	1.9%	
总计	21	61	24	106	100%	100%

(3)强调创造和创新能力是科学活动的核心，也是解决问题的关键

高二和高三教学大纲在“行动”阶段单设一个“创造和创新”主题，但是未对创造和创新能力本身进行具体阐述，该主题指向科学和技术文化、科学与社会的关系、科学活动职业等，技能要求为学生在班级项目或小组项目中进行科学探究，通过例子理解和说明科技与社会的活动、科技教育和职业。

表5　法国高二和高三教学大纲中创新能力的要求

创造和创新	
科学和技术文化；科学与社会的关系 科学活动职业(和研究机构、企业等的合作伙伴关系)	在班级项目或小组项目中运用科学探究 通过几个例子来理解科学和社会之间的相互作用 交流活动：举例说明科学参与到科技文化普及活动中 结合当地情况摘录并运用信息：科技活动，科技教育和职业

法国“物理—化学”教学大纲的能力要求有以下特点：①突出强调科学探究和实验研究，发展学生相应的研究技能和实验技能；②以一系列动词描述各个主题内容对应的技能，这些技能包括知识运用、能力实践和态度获得，并且用斜体字标识实验技能；③从技能动词类型的频次来看，从高一到高三，体现了从输入转向输出的年级进阶；④提到了观察、思考、推理、批判性思维、创造和创新等一般能力，但并未具体阐述。

然而，法国教学大纲也存在一些不足：首先，未系统地阐明技能的内涵及其相互之间的关系，尤其是实验技能与能力实践的关系，以及将态度获得也作为一类技能的依据；其次，未明确标识出技能陈述的类别，难免会有些模糊；再次，各主题里要学习的概念太过于具体，导致技能陈述也显得缺少系统性；最后，对于创造和创新能力，只是大致描述通过哪些专题教学活动体现，并没有对这些能力的内涵进行说明。

四、澳大利亚维多利亚州课程标准的能力要求

澳大利亚维多利亚州的课程标准(2005年)[7]指出，“学习化学可以通过发展专门的知识、技能和态度丰富学生的生活，使他们成为有科学素养的社会公民。也将为化学科研工作者的成长提供基础；他们做着基于实践的工作，探讨如何完善新的想法并展开研究，了解如何收集证据或数据用于扩大对化学知识的了解”。在这样的课程定位基础上，从以下三个方面体现出能力要求。

首先，明确阐述学生在化学课程中需要学习的核心技能，这些核心技能包括：①科学地进行调查和探究；②应用化学理解；③交流化学信息和理解。

表 6　澳大利亚维多利亚州课程标准的核心技能要求

科学地进行调查和探究
· 在完成所有实践性调查(包括适当处理废弃物)的时候，能够安全且负责任地按照需要独立或合作完成工作
· 进行调查，包括收集、处理、记录、分析定性和定量数据；根据调查和收集的信息得出相应的结论；评价过程和数据的可靠性
· 提出问题(及假设)；做出计划和/或设计，并进行调查；确认和处理不确定问题的可能来源
· 在进行调查研究和汇报时，考虑科研伦理问题
应用化学理解
· 建立概念之间的联系；加工信息；在新旧情境中应用理解
· 使用一手、二手资料和证据，来说明化学概念和理论是如何发展并随着时间的推移不断完善的
· 分析有关科技发展的问题及其影响
· 分析和评价公共领域中的化学相关信息和观点的可靠性
交流化学信息和理解
· 准确、有效地解释、说明和交流化学信息和化学思想观念
· 根据听众和用途的不同，采取相应的沟通方式
· 正确使用科学的语言和规范，包括化学方程式和化学计量单位

其次，该课标将核心知识和核心技能结合起来，形成对各个单元学习结束后学生的预期学习结果的描述。每个单元包括 2 个研究领域，每个领域有相应的学习结果(见下表)。学习结果的表述，概括了各个单元的整体活动性目标，也是一种能力预设。例如：解释物质的特性和应用。其中采用的动词主要包括：说明、解释、分析、评估、识别和解释。

表 7　各内容单元的学习结果

内容单元	研究领域	学习结果
第一单元 主要化学观念	领域 1：周期表	结果 1：说明如何利用证据来制订或完善化学思想和知识
	领域 2：材料	结果 2：利用结构和成键模型，解释物质的特性和应用
第二单元 环境化学	领域 1：水	结果 1：写平衡方程式，并对反应做出定性的和定量的分析。包括酸碱的反应，沉淀物和气体的反应，氧化剂和还原剂的反应
	领域 2：大气	结果 2：说明大气中的化学反应和过程如何帮助维持地球上的生命

续表

内容单元	研究领域	学习结果
第三单元 化学的手段	领域 1：化学分析	结果 1：评估用于化学分析的技术和仪器的适用性
	领域 2：有机化学的途径	结果 2：识别和解释在有机反应中官能团的作用，以及使用有机分子构建反应的途径
第四单元 工业化学	领域 1：工业化学	结果 1：分析在工业生产中，决定所选定的化学药品的最佳使用条件的因素
	领域 2：能源的供应和使用	结果 2：分析化学反应中发生的化学和能量转换

最后，学生在完成以下评估任务时展现的关键能力和就业技能指向就业所需的能力，因此是超越学科的一般能力。除了下表列出的就业技能，在整个学习过程中，学生也可以展示其他的关键能力和就业技能，例如与他人或团队合作、利用数学思想和技巧。

表 8　关键能力和就业技能

评估任务	关键能力和就业技能
实际调查的报告	策划、组织和(书面)沟通
扩展实际调查	自我管理、团队合作、问题解决、主动性、进取心、沟通
对材料刺激的回应	诠释信息
简报(口头/书面)	策划、组织、收集、诠释和总结信息、沟通
利用多媒体形式的简报 (口头/书面)	策划、组织、收集、诠释和总结信息、沟通、信息和通信技术的使用
信息分析	解决问题、诠释信息和组织、(书面)沟通、自我管理

另外，该课标列出了化学家使用的技能——实验数据采集、观察技能、实验技术、数据管理和解释技能、沟通技能、运算、信息和通信的核心技术能力、建模。但是对于每项技能并未做具体的阐述。

澳大利亚维多利亚州课程标准(2005 年)化学课程的能力要求主要有以下特点。

(1)从化学学习的核心技能、各单元学习结果、关键能力和就业技能等三个方面，描述化学课程要发展的学生能力。这三个方面也可视为三个层次，关键能力和就业技能是超越学科的一般能力，核心技能是化学课程整体要发展的学生能力，而各单元学习结果是核心知识与核心技能结合的能力描述。不过，值得指出的是关键能力和就业技能并未统领其他两个方面，而是作为在评估任务中能体现出的学生一般能力。

(2)在化学学习的核心技能中，将科学调查和探究技能放在首位，并且强调应用化学理解的技能、交流化学信息和理解的技能。可以将化学学习的核心技能，视为化学家使用技能的概括化表达。

(3)“应用化学理解”这一核心技能，突出要建立概念之间的联系，用资料和证据说明化学概念随时间的推移不断完善，在新旧情境中应用化学理解，加工信息，分析有关科技发展的问题及影响，以及分析和评价公共领域的化学相关信息和观点的可靠性。

(4)关注核心技能和核心知识的学习进阶。从第1单元到第4单元所学的知识越来越难，学生应该在展示这些技能的时候体现出不断进步的特点。在4个单元中，结构、反应和能量的核心思想，是在不同的环境中和逐渐增加的认知水平上不断发展的。

五、英国课程标准中的能力要求

《英国国家科学课程标准》(2004年修订版)[8]将1年级至11年级的科学教育分为四个阶段，描述每个阶段结束时学生应当掌握的知识、技能和理解。第一阶段是1～2年级，第二阶段是3～6年级，第三阶段是7～9年级，第四阶段是10～11年级。《课标》的能力要求主要包括以下方面：

(1)在4个阶段中都强调学生应具备科学探究技能。在每个阶段的课标表述中，都把科学探究作为一个学习主题，阐述学生对“科学中的猜想与证据”的认识，并且阐述计划、获得与展示证据、对证据的思考与评估等探究技能的内涵及要求。

(2)从第二阶段开始强调应用对科学知识的理解。第二阶段中，明确指出学生应当使用简单的模型与理论来解释事物，以及将知识和对科学思想的理解应用到熟悉的现象、日常事物及个人健康中。在第三阶段中，指出学生使用科学观点与模型解释现象与事件，并且理解一系列熟悉的科学应用。在第四阶段中，指明学生要发展这样一种能力——将对科学的理解与其自身及他人对生活方式的选择联系起来，与社会中科学技术的发展联系起来。

(3)要求学生利用参考资料找出更多的科学观点。这是在四个阶段的表述中都提到的，由此可以看出英国课标强调学生查阅资料获取科学知识的能力。

(4)强调运用科学语言、图画、表格等分享与交流观点的能力。英国课标强调学生运用相应阶段学习的科学语言，以及图画、表格等科学研究交流常用的方式表达观点。

总之，英国课标以简洁的方式阐述预期发展学生的哪些知识、技能和理解。技能主要指向探究技能，另外还有查阅参考资料、交流观点的能力。理解包括应用科学知识解释现象以及将科学知识应用到生产生活实际中。

六、美国课程标准中的能力要求

美国《大学理事会的大学科学入学标准》(2009年)[9]提出了学生做好大学一年级科学课程准备或AP课程准备应该知道、理解和会做的内容，聚焦于科学的核心目标——建立证据线索，运用证据发展并修正科学解释，并作出关于自然现象的预测，

聚焦于发展学生建构可检验的且基于证据进行解释和预测所必需的能力。科学能力要求学生能够整合关于自然界如何运作的知识和对如何建立、扩展和修正知识、运用知识于解决熟悉的和不熟悉问题的理解。制订此标准的委员会认为，学习科学要求学生整合各种类型的知识形成一定的知识结构。这些知识类型包括科学概念(idea)、概念之间的联系、这些联系的原因以及运用这些概念来完成下列任务的方式——解释和预测其他现象、解释情境、解决问题、有效地参与科学实践和交流。

美国《大学理事会的大学科学入学标准》将科学学习分为八个领域：统一概念、科学实践、科学技术和社会、五个学科领域(地球科学、生命科学、物质科学、化学和物理)。科学实践是科学家完成目标或任务会经历的实践，学生通过参与各种类型的科学实践来建构和应用学科知识。统一概念是跨学科的共同科学概念。基于学科领域的标准将统一的概念、科学实践与学科核心概念结合起来形成表现预期，描述学生为大学做好准备时应该知道和会做的内容。

美国《科学教育框架》[10]从学科核心概念、交叉概念、科学与工程实践三个维度描述学生的学习目标。在科学教育的K～12学年中，学生应该参加科学与工程实践，并应用交叉概念来加深他们对各学科领域核心概念的理解。依据《科学教育框架》的基本思想开发的美国《下一代科学教育标准》(2013年)[11]，融合科学实践、学科观念、交叉概念形成对各个学科领域的核心概念在各个年级段的表现预期。

由此可见，美国课标的主要特点是：强调概念的整合理解，构建跨年级的连贯课程；强调学生需要参与科学实践，并且重视科学实践与学科概念的结合(以表现预期的形式进行描述)；提出学生概念理解、科学实践、表现预期的跨年段发展进阶。

七、加拿大安大略省课程标准的能力要求

加拿大《安大略省11～12年级科学课程标准》(2008年)[12]构建了一套从课程目标、课程期望到学业成就评价的能力要求体系，在每个部分都清晰地列出能力维度。安大略省11～12年级科学课程的总目标如下表所示，由三个维度组成。基于总课程目标，对每门课程的B－F内容系列(A系列为科学探究能力和职业发展，B系列至F系列为学科内容主题)提出由学科知识和这三个维度融合而成的总体期望，进而提出由主题知识与这三个维度结合形成的具体期望。对于A系列，其总体期望和具体期望的维度是科学研究技能和职业发展。课程期望的维度与总课程目标大致相同，只是将“发展学生进行科学探究的技能、策略和思维习惯”放在“发展调查研究和交流能力”下。

在化学课程的总体期望和具体期望表述中，采用外显的表现型动词，并且有一定的规律。对于每个内容领域，总体期望对应于三个课程目标的动词依次是分析、研究、理解。在具体期望中，对应于目标“将科学与科技、社会、环境相联系”的动词主要是分析、评价，对应于“发展调查研究和交流能力”的动词主要是交流、分析、研究、预测、设计、构建、书写等；对应于“理解基础概念”的动词主要是解释、说出、确定、比较和对比。

表 9 化学课程的具体期望维度

课程目标	内容系列的课程期望维度	成就评价维度
· 将科学与技术、社会、环境相连 · 发展学生进行科学探究的技能、策略和思维习惯 · 理解基本的科学概念	· 将科学与科技、社会、环境相联系 · 发展调查研究和交流能力 · 理解基础概念	· 知识和理解 · 思考和研究 · 交流 · 应用

学业成就评估的对象是知识和技能，并且将知识和技能分为四大类，这四个类别实际上与课程目标、课程期望的维度是基本一致的。每一类的具体指标如下所示，揭示了这四类评估对象的具体内涵。

知识和理解

内容知识(例如，事实，术语，定义，设备和材料的安全使用)

内容的理解(例如，概念，观点，理论，原理，程序，过程)

思考和研究

启动和规划，技能和策略的使用(例如，提出问题，确定问题，发展假设，选择策略和资源，发展计划)

过程技能和策略的使用(例如，执行和记录，收集证据和数据，观察，处理材料和安全的使用设备，解方程，证明)

批判性/创造性思维过程、技能和策略的使用(例如，分析，解释，解决问题，评估，根据证据形成和证明结论)

交流

以口头、视觉和/或书面形式(例如：图表、模型)表达和组织观点和信息(例如：明确表达，逻辑组织)

以口头、视觉和/或书面形式针对不同的观众(例如：同龄人、成年人)和目的(例如：通知、说服)进行交流

以口头、视觉和/或书面形式(例如，符号，公式，科学记数法，国际单位制)使用公约、词汇和学科术语

应用

在熟悉的环境中应用知识与技能(例如，概念和过程，设备的安全使用，科学研究技能)

在陌生的环境中应用知识和技能(例如，概念和过程，设备的安全使用，科学研究技能)

联系科学、技术、社会和环境(例如，评估科学对技术、人、其他生物和环境的影响)

提出实践行动课程，去处理有关科学、技术、社会和环境的问题

在学业成就水平划分中，“有效性”是对思考和研究、交流、应用的各项指标的描述语。在“思考和研究”类中，有效性的评估可能关注于一个分析中的相关度或表现的深度；在“交流”类，则关注表达的清晰度或信息和思维的逻辑组织性；在“应用”类，关注适当或广泛的联系。同样，在“知识和理解”类，知识评估侧重于准确性，而理解的评估集中于解释的深度。通过描述语的相关阐述，将学生在这四个类别上的成就分为四个水平：有限、一些、大多、高水平或全部。从低级水平到高级水平的进阶，表

现为内容知识和理解的全面性提高，以及"交流""应用""思考和研究"的有效性增加。

加拿大安大略省科学课程标准的能力培养要求有以下特点。

(1)有结构地、系统地阐述能力培养要求。从科学课程的总体目标到各年级课程的总体期望和具体期望，以及从总体目标到成就评价对象，从基本一致的维度阐明能力培养要求。

(2)将批判性思考、创造性思考能力、解决问题的能力与科学探究能力结合，在科学探究过程中发展学生的这些能力。

(3)设定了学生能力达成程度的水平划分。对每类评价指标依据描述语的达成程度，划分为四个不同的水平。

八、中国台湾课程标准的能力要求

中国台湾《中小学一贯课程体系参考指引》(2006年)[13]认为小学、初中、高中、职业学校学生的基本能力包括一般能力与领域(学科)能力。一般能力是跨领域(学科)的，展现于日常生活的学习能力、社会能力、适应能力、生活能力等四种能力。领域(学科)能力是指特定领域(学科)培养的能力，展现于该领域(学科)的学习表现。其中将基本能力划分为12岁、15岁、18岁三个阶段，阐述每个阶段学生应该具备的一般能力和学科能力。

下表所示为一般能力之学习能力的内涵。学习能力包括自主学习、视阅听能力，从12岁到15岁和18岁，自主学习的元认知能力(界定学习目标、制订学习计划)逐渐增强，视阅听能力则增加了对各领域知识的理解。

表10　中国台湾《中小学一贯课程体系参考指引》学习能力

向度	项目	12岁	15岁	18岁
学习能力	自主学习	正确、有效地利用媒体(包括平面、电子与数位)与科技搜集、分析、整合与运用信息	整合与运用信息，界定学习目标、制订学习计划并执行	知道如何以个人的强项辅助弱项，评估与善用资讯，界定学习目标、制订周密的学习计划并执行
	视阅听能力	透过视阅听解决自己所遭遇的问题	透过视阅听，理解不同领域的知识，解决所遭遇的问题情境	透过视阅听，更有效理解不同领域的知识，解决自己所遭遇的问题情境

中国台湾《中小学一贯课程体系参考指引》阐明了自然与生活科技领域能力(15岁之前，小学和初中)和自然领域下的化学学科能力(15～18岁，高中或职业学校)。自然与生活科技领域能力主要包括理解科学知识、持续学习科学知识、探究科学知识、设计实验、寻求问题的答案及看法、用图表呈现并解释探究结果、认识生活与科学相关的现象及器皿、尊重别人的观点并与他人合作、依据科学知识和态度处理问题、对科学和自然及生命的态度。化学学科能力(高中)的类型包括：理解化学的概念，了解日常生活中与化学相关的事物，化学计量能力，化学实验的能力，用信息获取化学知

识的能力。

综合来看，中国台湾《中小学一贯课程体系参考指引》中的化学学科能力可以概括为：理解化学知识的能力，获取知识的能力，探究化学知识的能力(设计实验、寻求问题的答案与看法的能力、解释探究结果的能力)，尊重别人的观点并与他人合作的能力，处理问题的能力、化学定量能力、化学实验能力、对科学、自然及生命的态度。

中国台湾《普通高级中学课程纲要》(2008 年)[14]由总纲和各学科的课程纲要构成，在总纲中，描述了普通高级中学教育的目标、科目与学分数、实施通则。总纲的高级中学教育目标指明要增强学生的以下能力：逻辑思考、判断、审美及创造的能力，自我学习的能力及终身学习的态度，自我了解与生涯发展的能力。总纲的实施通则部分，指明“教材之宜强调基本概念与原理原则之习得，并提供高层次认知思考能力之学习素材，让学生习得运用知识解决问题的能力”；“教学实施宜以学生为中心，并强化学生自主学习、批判性与创造性思考的能力，引导其学习如何学习、思考如何思考，进而培养终身学习的能力”“教学实施宜与社区、社会适度互动，有效利用多元教学媒体与社区资源，以增进学生公民意识与社会参与能力，并提升教学效果”。总纲的学习评量部分提到“学习评量应兼顾认知、情意、技能三层面及各领域、学科之核心能力与内涵”“教师应强化高层次认知思考，以培养学生论证、审辨、批判性和创造性的思考能力”。

表 11　中国台湾《中小学一贯课程体系参考指引》自然领域能力

领域	学科	12 岁	15 岁
自然科学与生活科技(小学、初中)	自然与生活科技(小学、初中)	1. 能具备基本科学知识	1. 能正确理解科学知识
		2. 能持续学习基本科学知识	2. 能持续学习科学知识及发展探究科学知识的能力
		3. 能经由观察、实验等科学探究过程认识日常生活中简单的科学现象，并能寻求问题的答案，能对探究的结果做简单描述	3. 能设计简单的实验，经由观察及归纳等过程去寻求问题的答案及看法，并能使用简单图表呈现并解释探究的结果
		4. 能认识日常生活中自然与科学相关的问题及工具	4. 能认识日常生活中与科学相关的现象及器具，并了解其在生活中的应用
		5. 能认识自然界基本物质的性质与现象	5. 了解同一现象能有不同的观点，了解同一问题能有不同的解决方式，并能尊重别人的观点，能与他人合作处理问题
		6. 能尊重他人观点，能与他人合作处理问题	6. 能依科学知识及科学态度来处理问题
		7. 能欣赏自然与科学之美	7. 能养成主动探究科学问题的习惯
			8. 能培养对科学的正向态度
			9. 能欣赏自然与科学之美
			10. 能培养尊重生命、爱惜生命以及善用自然资源的态度

续表

领域	学科	15岁	18岁	
			高中	职业学校
自然（高中职业学校	基础化学（高中职业学校	11. 能了解物质的组成与性质	1. 具备物质组成的粒子概念，能知道化学的范畴与生活的关系	1. 能知道自然界的物质
		12. 能了解化学反应与交互作用	2. 能了解自然界的物质及其基本化学概念，并且知道化学与环境的关系	2. 能了解生活中的能源
		13. 能认识常见的化学材料	3. 能了解物质形成及其化学变化的基本化学概念	3. 能了解物质的组成、状态与性质
			4. 能知道生活中的能源及其基本化学概念	4. 能知道生活中的物质
			5. 能知道日常生活及生命中的重要物质及其组成	5. 能知道化学在科技、工业上的应用
			6. 能知道日常生活及生命中的化学物质	6. 能具备化学实作的能力，清楚实验的安全规范
			7. 能具备化学实作的能力，清楚实验的安全规范	
			8. 能具备利用资讯获取化学知识能力	

中国台湾《普通高级中学化学课程纲要补充说明》(2008 年)[15] 阐明“基础化学的课程乃在掌握普通高中教育的目标，在高一高二兼顾社会与自然领域的学生。以学科能力为体，学科知识为用，延续九年一贯课程以能力为学习指标的精神，着重基础的化学原理及应用，将生活化教学内容融入教材脉络”。

中国台湾《普通高级中学课程纲要》(2008 年)中的《普通高级中学必修科目基础化学课程纲要》在课程目标部分指出，“教材应能加强科学基本素养，培养化学兴趣，认识科学方法，增进个人解决问题、自我学习、推理思考、表达沟通的能力”。中国台湾《普通高级中学选修化学课程纲要》指明选修化学课程应该加强化学原理与知识培养、实验能力与操作技巧的养成。中国台湾《普通高级中学必修科目基础化学课程纲要》和《普通高级中学选修化学课程纲要》分别阐明了相应课程的核心能力。

中国台湾必修科目基础化学和选修科目化学课程期待发展的学生核心能力，分为两个方面：一是科学思考的基本方法与态度，具体包括论证、思辨、理解、批判、解析、创新、发现及解决问题等智能；二是化学学科能力，具体包括熟稔专业语言、建构重要概念并应用、数据图表的转化与解读、量化分析及化学信息解析、实验技巧及思考法则、基于证据思考和判断生活中与科学相关的事件和现象。

表 12 中国台湾《普通高级中学课程纲要》化学课程核心能力

学科课程	核心能力
基础化学	一、化学是基础科学的核心学科，最重要的是建立科学思考的基本方法与态度。对论证、思辨、理解、批判、解析、创新、发现及解决问题等智能的培养，应为学习的核心。 二、化学与物理学同为物质科学的两大柱石，包含理论、现象与应用方面的学习。学科能力应注重概念的理解与应用，数据图表的转化与解读，并能就生活中与科学相关的事件或现象寻求证据导向和理性判断的思考与观点。
选修化学	一、化学是基础科学的核心学科，最重要的是建立科学思考的方法与态度。对论证、思辨、理解、批判、解析、创新、发现及解决问题等智能之培养，应为学习的核心。 二、化学与物理学同为物质科学的两大柱石，包含理论、现象与应用的学习。学科能力培养应注意熟稔专业语言、建构重要概念、认识量化分析及化学信息解析、操演实验技巧及思考法则、建立实用及生活中的化学知识。

中国台湾《基础化学课程纲要》和《选修科目化学纲要》在内容部分单列出学生应该学习的化学实验，并且指明每个实验相应的技能。其中的实验名称有示范实验和具体的实验名称，示范实验的技能主要是观察、提问、讨论、论述、报告、资料检索等，而其他实验主要是具体的实验技能，例如倾析、过滤、滤纸层析、集气法、蒸馏等。在"实施要点"中提到，"实验教材的设计……应着重操作型的学习，强化实验过程中获得过程技能外，并能培养其归纳推理、发现和解决问题、自我学习的能力"。

中国台湾《基础化学课程纲要》和《选修科目化学纲要》在"教学评量"中提到，"评量之内容，应以学习目标为导向，在认知方面，则按记忆、理解、应用、分析、综合、评价等不同层次，制作评量试题，而题型宜生动活泼，从生活中取材，并求难易适中；在技能方面，则考评学生实验操作技巧，科学过程技能、设计实验及综合判断之能力；在情意方面，则注重科学精神和求真、求实之科学态度的含蕴，及求知与参与之热忱"。

中国台湾化学课程的能力要求主要有以下特点。

(1)将中小学生的基本能力分为跨领域的一般能力和领域(学科)能力。一般能力是跨越学科的、日常生活所需的能力；领域(学科)能力则是在学科课程学习中培养并展现的能力。中国台湾《基础化学课程纲要》中提出的核心能力主要指向两个方面，一是科学思考方法与态度，它属于基础科学领域的能力；二是化学学科的能力。

(2)中国台湾《基础化学课程纲要》的"总纲"指明高中教育要强化学生的以下能力：逻辑思考、判断、审美及创造的能力；自我学习与终身学习的能力；自我了解与生涯发展的能力；高层次认知思考能力；运用知识解决问题的能力；社会参与能力；论证、审辩、批判性和创造性的思考能力。这些能力也是超越学科的，因此也应属于一般能力。

(3)在化学核心能力中，强调学生的科学思考能力，包括论证、思辨、理解、批判、解析、创新、发现及解决问题等智能。

(4)在化学学科能力中，强调在实验中发展学生的实验操作技能、科学过程技能、设计实验及综合判断的能力，在示范实验中发展观察、提问、讨论、论述、报告、资料检索等技能。

(5)提出采用布卢姆教育目标分类学将认知分为不同层次，进而制作评量试题。

九、日本课标的能力要求

日本《中学学习教学要领》(1999 年修订版)[16]将初中理科分为两个领域(第一领域是物理和化学，第二领域是生物和地球科学)，分别描述两个领域的目标和内容。物理和化学领域要发展学生的以下能力。

(1)通过对物质和能量的观察学习，提高对事物和现象的关注度，从而培养有意识地展开调查、发现规律的能力，学会解决问题的方法。

(2)通过观察有关化学变化、物理的事物和现象，结合实验，学习观察和实践能力。通过对实验结果的独立观察，培养学生独立思考和总结的能力。

(3)学习身边的物质化学变化，掌握原子、分子、物质的化学反应基础应用等的科学学习方法；能够对身边的物理现象进行科学思考，掌握电流的基础应用、运动规律等的科学学习方法。

(4)通过对物质和能量等事物和现象的观察了解，学习与日常生活相关的正确思考态度，实现学生综合理解自然的目的。

日本《高中学习指导纲要》(1999 年修订版)将高中理科课程分为理科基础知识、理科综合 A、理科综合 B、物理Ⅰ、物理Ⅱ、化学Ⅰ、化学Ⅱ、生物Ⅰ、生物Ⅱ、地理Ⅰ、地理Ⅱ等科目。理科基础知识科目要发展的学生能力是：理解科学与人类生活的关系，体验观察和实验，对自然界的研究和解读，培养科学的观察视角和思考方式。

理科综合 A(物理和化学相关内容)要培养学生的能力是：观察自然界事物和现象；通过实验，以对能量和物质的构成的理解为中心，了解自然现象和事物的自然规律；培养学生对自然界的综合思维方式；掌握基本学习方法；理解与日常生活有关的身边的自然事物和现象，养成科学的思维方式和思考方法。

化学Ⅰ科目要培养学生的以下能力：观察化学有关的事物和现象，通过实验培养学生化学性探究的能力和正确的学习方法，掌握化学研究的基本概念和原理法则，树立科学的自然观，掌握有关物质的微观的学习方法；利用物质相关的概念和法则研究日常生活相关物质的学习方法；学习化学基本概念，掌握化学的学习方法，培养学生科学的思考力、判断力和表现力。化学Ⅱ是化学Ⅰ的深化，其能力要求与化学Ⅰ类似，增加了“掌握将化学成果应用到日常生活的知识”。

由此可见，日本的初中和高中课标将理科课程的目标设定为综合理解自然、形成科学的自然观。为了达成这一目标，学生需要具备相应的能力，其能力要求的特点主要有以下几点。

(1)强调观察事物和现象的能力。在初中和高中都要求学生观察与物理或化学有关的事物和现象，提高对自然界的关注度。

(2)重视实验的作用。通过实验培养学生探究和发现规律的能力，掌握化学研究的基本概念和原理法则。

(3)重视学生的思考能力。通过对实验结果的观察，培养学生独立思考的能力。培养学生科学的思考力、判断力和表现力。

(4)要求学生掌握化学的学习方法。掌握将概念和法则用于研究日常生活相关物质的学习方法。

十、韩国课程标准的能力要求

韩国《国家课程标准》(2007 年)[17]将科学课程分为 3～10 年级的必修课程科学科目，以及 11～12 年级的选修科目——物理Ⅰ，化学Ⅰ，生命科学Ⅰ，地球科学Ⅰ，物理Ⅱ，化学Ⅱ，生命科学Ⅱ，地球科学Ⅱ。以下简单介绍科学、化学Ⅰ、化学Ⅱ的能力培养要求。

科学科目在对目标的描述中，简洁地阐明要发展学生的以下能力：理解科学的基本概念，并应用于自然探究和解决日常生活问题中；培养科学地探究自然界的能力，并灵活用于解决日常生活的问题；培养科学思考能力和创造性解决日常生活问题的能力。在对课程性质的描述中，要求在多种探究活动的学习过程中，培养科学态度及交流沟通的能力。化学Ⅰ科目的能力要求与科学科目基本相同。化学Ⅱ科目作为化学Ⅰ的深化科目，要培养学生的以下能力：综合理解化学基本概念，将其应用到探究物质现象和解决问题中；培养科学探究物质现象的能力，将其灵活用于解决与物质现象相关的问题中。

韩国《国家课程标准》(2007 年)的科学和化学科目以培养创造性地解决日常生活问题和物质现象相关问题的能力为核心目标，要求培养学生理解科学概念的能力和探究自然界的能力，将这二者灵活用于解决实际问题中。为了达成解决科学问题的能力的目标，还要发展学生的交流沟通和表达能力，以及科学思考的能力。在科学概念的理解上，强调综合性的理解，而不是单一性的理解，强调将科学概念应用于探究自然界。

第二节　不同国家和地区中学化学课程标准能力培养要求的比较研究

通过对 10 个国家和地区的中学化学(或科学)课标中有关能力表述的比较研究，可以大致得出，化学课程发展的学生能力，包括能力的构成、能力的水平和呈现方式等几个方面。各个国家和地区的能力表述各有特点，呈现方式也体现出多样性，但是同时也存在一些共同的特点，主要包括以下几个方面。

一、在能力的构成上，核心是对概念的理解和应用以及对科学研究技能的理解和应用

通过对课程目标、内容陈述、学习和教学建议、评价等部分有关能力的表述进行概括，我们可以发现其核心是理解化学概念原理并应用这些理解，以及理解和应用科学研究技能。在概念理解和应用中，强调将概念原理应用于解决生活问题或物质现象相关问题，以及对概念的综合理解。其中，加拿大安大略省化学课标强调学生理解核心概念和基本概念(跨学科)，将概念和技能与课堂外的世界建立联系，在"评价"的对象上指出"知识和技能的使用为内容之内或不同内容之间建立联系"。澳大利亚维多利亚州课标在关键技能"应用化学理解"中要求"建立概念之间的联系，处理信息，在新旧情境之间建立联系"。美国课标提出了学科核心观念和交叉概念，并且提出从低年级到高年级学生的概念发展进阶。韩国课标在评价部分指出"要评价概念综合性理解的程度"。

科学研究技能可以视为科学探究，在本章的下一节详细讨论。值得说明的是，所研究的几乎全部课标都指出或体现出应该将科学探究与学科知识内容整合。

二、部分国家和地区的课标提到科学思考、学习能力、创新和创造、交流能力、合作能力等一般能力。

韩国的课标指出"通过进行有关科学作文和讨论，培养学生科学的思考能力，创造性的思考能力以及表达能力"。日本课标提到"除了基本概念和学习方法的掌握，还要求培养学生科学的思考力、判断力和表现能力"。法国课标指出"科学教育能帮助学生学会观察、思考和推理"。中国台湾《普通高级中学课程纲要》的"总纲"部分里提到逻辑思考、判断、审美及创造的能力，自我学习的能力、高层次认知思考能力等，在必修基础化学课程纲要和选修化学课程纲要提出的学科核心能力中，第一个方面就是"建立科学思考的基本方法与态度，对论证、思辨、理解、批判、创新、发现及解决问题等职能之培养，应为学习的核心"。

加拿大安大略省的课标在"科学课程计划的角色和职责"部分指出，"学生应发展相应的学习技能，教师应使用各种不同的教学、评估和评价策略为学生提供各种亲自动手的机会，以发展他们的学习技能，这些学习技能包括解决问题的能力、批判性和创造性思维的能力以及合作能力"。在"评价"部分的评估对象之一是思考和研究，其内涵是批判性和创造性思维技能的使用，以及探究、研究、问题解决技能和过程。

芬兰课标重视合作能力，用典型的研究方法(信息技术和交流技术、评价知识的可靠性和重要性的方法)获取科学知识。除此之外，法国"物理—化学"教学大纲提到"创造和创新能力是科学活动的中心，也是解决问题的关键"。

芬兰《普通高中核心课程》提到发展学生的学习、信息获取、管理和解决问题的能力和首创精神。关于信息获取，具体到化学课程中，指出"通过化学实验及其他积极有效的获取信息的方法，搜集并处理有关化学现象和重要物质属性的信息，能评价这些信息的可靠性和重要性""描述、解释、评价及讨论实验过程中或其他途径获得的有效信息""发展学生获取实验信息的技能和处理信息的技能"。

大部分国家或地区都指出要培养学生的交流能力，最为突出的是澳大利亚维多利亚州课标和加拿大安大略省课标的表述。加拿大安大略省课标将“交流”作为评价和评估的四类对象之一，其内涵为通过各种形式传递含义。澳大利亚维多利亚州在“目标”部分指出“发展和其他人进行化学交流的有效沟通技能”，并且课标中提出的关键技能之一是“交流化学信息和理解”。另外，芬兰、澳大利亚维多利亚州、加拿大安大略省的课标里还关注了就业技能或职业生涯规划能力。

三、部分国家或地区的化学课标对能力水平进行设定

加拿大安大略省的化学课标在“关于评价和评估的说明”中，将评估的对象——知识和技能分为四类：知识和理解、思考和研究、交流、应用。用有效性作为对“思考和研究”“交流”“应用”各项指标的描述语，用准确性描述“知识”，用解释的深度描述“理解”。在描述语的限定上，将学生在这四个类别的成就水平分为四级——有限、一些、大多、高水平或全部。中国台湾《高中基础化学课程纲要》和《高中选修科目化学课程纲要》的“教学评量”中，指明评估的内容分为认知方面、技能方面和情意方面，对于认知方面则按记忆、理解、应用、分析、综合、评价等不同层次进行。

四、能力要求的年段进阶在一些国家或地区的化学(或科学)课标中得以体现或被关注

美国对科学概念、科学实践、表现预期提出跨年段发展进阶；中国台湾的《中小学一贯课程体系参考指引》分别界定 12 岁、15 岁、18 岁学生的一般能力与领域(学科)能力，也就是学生的学习表现。澳大利亚维多利亚州课标没有给出具体的学习进阶，但是提到“从单元 1 到 4 中的核心知识的复杂度是逐级提高的，学生也应该是逐步提高他们的核心技能水平”。法国课标对技能的描述中，从高一到高二所采用的输入型动词比例明显降低，外显的输出型动词(即表现型)比例明显增大，这也体现了能力的年级进阶。

五、用于描述能力的两种方式——表现型与内隐型的动词表述

通过对比这些国家和地区的能力表述方式，尤其是在内容标准中的表述，可以发现存在这样两种描述方式：一种是采用外显的任务型动词进行描述，属于表现型能力，突出了学生的能力表现；另一种是用输入型的动词描述，属于内隐型能力。第一种方式以法国、澳大利亚维多利亚州、美国、加拿大安大略省为代表。其余的国家和地区几乎都是第二种方式。

法国课标中用于描述技能的动词，有以下三类：输入型动词(例如：掌握、理解、懂得)，含混的输出型动词(例如：会用、能用)，具有明确任务的输出型动词(例如：分析、描述、解释、计算、写、区分、论证等)。

澳大利亚维多利亚州课标在每个单元的两个研究领域中，分别表述该领域的学习结果，其采用的动词也是具有明确任务的输出型动词(例如：说明、解释、分析、评估、识别和解释)。

加拿大安大略省课标在总体期望和具体期望的表述中，也采用了外显的表现型动词，并且具有一定的规律——对应于其三个课程目标的总体期望表述中，动词主要是

分析、研究、理解；在具体期望表述中，对应于目标“将科学与科技、社会、环境相联系”的动词主要是分析、评价，对应于“发展调查研究和交流能力”的动词主要是交流、分析、研究、预测、设计、构建、书写等，对应于“理解基础概念”的动词主要是解释、说出、确定、比较和对比。

美国对基于各个学科核心概念的表现预期进行描述时，也采用了外显的任务型动词。

与中国大陆现行课标相比，其他国家和地区的能力描述都主要是内隐的输入型能力或者含混的输出型能力。

六、学科概念和能力在课标中呈现方式的多样性

法国课标采用两列表格的形式，一列是该主题的概念，另一列是对应的技能。澳大利亚维多利亚州的课标先表述核心概念，再陈述预期的“学习结果”。加拿大安大略省课标从总体期望和具体期望两个层次描述预期的学生能力表现，呈现出较好的结构性。美国先分开阐述科学实践、核心概念、交叉概念等维度的内涵，然后通过表现预期融合这些维度。这些表述方式虽然存在一定的差异，但是都能够较好地将知识与能力要求结合起来。而中国大陆课标的两列式呈现方式，第一列中已经将概念和认知动词结合，这样很容易导致大部分表述都只是输入型的能力。其他国家和地区将概念与技能完全分开阐述。

第三节　启示与思考

一、国际课程标准能力培养要求的趋势

1. 学科能力与一般能力的融合

从典型国家和地区的科学或化学课程标准能力培养要求的分析中，发现这些能力包括跨越学科的一般能力和学科特定能力。不同学科课程的学习，固然可以促进学习能力、解决问题的能力、交流沟通能力、使用信息技术的能力、批判性思考能力、科学思考能力、创新能力、实践能力、合作能力等跨越学科的一般能力的发展，因此，芬兰、日本、韩国等化学课程标准中都提到一部分这些能力。但是，并未明确这些一般能力与化学学科的关系，未明确化学学科对一般能力发展的贡献，这样模糊的状态不利于真正促进一般能力的发展。

从能力的本质来看，一般能力对应的活动范畴较大，因而较为空泛，学科能力对应的活动范畴较小，具有更好的针对性，所以需要将二者结合起来，阐明学科课程如何贡献于一般能力的发展，并且使其对应的活动更具指向性。比如，加拿大安大略省课程标准将批判性思考能力、创造性思考能力、解决问题的能力与科学探究能力结合，阐明在科学探究过程中发展这些能力。

2. 科学探究能力与学科知识的结合

能力的表述通常是不同类活动的概括，因此，人们经常会忽略将其与学科内容结

合起来，或者只是简单地加上学科名称作为前缀，例如，分析和解决与化学有关的问题等。但是，由于活动的执行依赖于知识经验的调控，需要更具指向性地将能力与知识结合起来，这也是学科教育的贡献所在。例如：加拿大安大略省课程标准在内容系列的期望描述中标明相应的科学探究技能，美国课标将科学实践与学科知识结合形成表现预期。这样的能力表述方式，有助于揭示学科内容与科学探究能力的关系。

3. 从内隐的能力表述到表现型能力表述的转换

理解和应用科学概念和探究技能，是各个国家和地区化学课程标准共同的能力培养要求，但是，在课标中只用“理解”“应用”“知道”这样的词语描述能力要求，必然会带来一些模糊不清的问题。什么是理解？应用什么？怎么应用？因此，需要将能力表述由这样的内隐型转换成表现型能力表述。法国、澳大利亚维多利亚州、加拿大安大略省、美国等描述预期学习结果时，采用体现活动任务的动词进行描述，这样的描述指明了学生理解这些概念、技能的表现是什么，也就是他们能够完成哪些具体的活动，例如：分析、解释等。再者，表现型能力表述有助于教师在教学中设计恰当的课堂活动组织教学，也能够促进学业评价的合理性。

4. 多层次、系统地阐述能力培养要求

课程标准作为课程指导文件，应当从课程目标、内容标准、评价建议等方面多层次、系统地阐述能力培养要求。系统性表现在这些部分的能力培养要求应该是一致的，层次性表现在这些部分的表述具体化程度可以不同，例如：在课程目标部分是概括地总体表述，在内容标准和评价建议部分则应是更为具体的、与学科知识结合的表述形式。这个方面可以借鉴加拿大安大略省课程标准的呈现方式。

5. 能力的年级进阶

在确定能力类型之后，一个随之而来的问题是能力的水平和年级进阶，也就是在不同年级之间的能力要求在要素上和水平上有何不同。不同年级之间的能力类型可以相同，但是仍然需要说明随着年级升高学生能力的发展体现在哪些方面。美国、加拿大安大略省的课程标准，对科学探究技能提供了各个年段结束时学生应达到的水平；英国课程标准也具体描述了不同阶段学生的探究技能水平。

二、我国化学课程能力培养的前瞻

1. 整合基于不同角度的能力要求，融合一般能力与学科能力

现行的化学课程标准提出的能力类型较多，同时涉及化学学科能力和跨学科的一般能力，并且一般能力的类型本身也是从不同的角度和层次提出的。这样的能力培养要求看起来是全面的，但是实际上并没有很准确地阐明一般能力与学科能力的关系。为了更准确地阐述化学课程的能力培养要求，需要将现行课标中的一般能力进行整合，并且找到一般能力与学科特定能力之间的关系和结合点。

2. 关注能力与知识的结合，增加表现型能力表述

现行的化学课程标准提供了一系列行为动词描述不同类型的学习目标，但是在内容标准中大部分表述仍然采用“知道”“了解”等内隐的、非行为化的动词，并且“活动

探究建议"栏目主要是针对教学的列举式阐述，难免有漏失。国际课程标准能力培养要求的趋势之一是从内隐型转向表现型的表述，这样的转换有助于更好地体现出能力与知识的结合，另外，实现系统的表现型能力表述依赖于将化学学科核心概念的活动类型进行系统解析。

3. 研究不同年级能力的发展进阶，以系统化的方式呈现能力要求

随着年级的升高，除了具体学科知识的增加，学生的能力有什么样的发展？这是课程设计必须考虑的问题，而中国大陆现行初中和高中化学课程标准，在很多能力类型的表述上是几乎完全相同的，并没有体现出能力的发展进阶。再者，从课程标准本身的构成来讲，能力类型和能力水平需要在课程目标、内容标准、评价建议等方面进行系统阐述。

4. 关于科学探究能力：归并现有探究要素，强调对证据、假设有效性和局限性的评价

英国、加拿大安大略省的课程标准，对科学探究技能进行系统阐述，提出四项科学探究技能，美国《大学理事会的大学科学入学标准》从科学研究的目标是构建解释这一认识出发，提出五个科学实践，美国《科学教育框架》从对科学家和工程师共同的研究活动的认识出发，提出八个科学实践。因此，中国大陆现行课标中的科学探究要素主要是过程技能，并且8个要素数量较多，因此需要对要素进行适当归并，例如：将问题与假设合并成为新的要素等。在归并要素的过程中，需要充分考虑化学实验在科学探究中的作用。

英国、加拿大安大略省关注证据和猜想之间的关系。澳大利亚维多利亚州课程标准以证据的作用为核心描述科学探究能力。这给我们一个启示，在描述探究要素内涵时，需要关注基于证据可靠性标准和基于证据的推理对证据、假设进行评价。

5. 关于科学探究能力：与化学学科内容结合，关注发展进阶

科学探究是科学领域共通的能力，在化学学科的课程标准中，需要将化学学科内容与科学探究结合。虽然现行化学课标也指明科学探究应与学科知识结合，但是并没有很好地体现出学科内容与探究要素如何结合。再者，中国大陆现在的初中和高中化学课程标准，并没有体现出明显的年级进阶，但是发展进阶的确认有助于教师更有针对性地设计教学活动，以及开放学业测评工具，因此，需要通过研究科学探究要素与化学学科内容的结合，进而明确发展进阶。

参考文献

[1]冯忠良. 结构化与定向化教学心理学原理[M]. 北京：北京师范大学出版社，2001.

[2]中华人民共和国教育部. 义务教育化学课程标准(2011年版)[S]. 北京：北京师范大学出版社，2011.

[3]中华人民共和国教育部. 普通高中化学课程标准(实验)[S]. 北京：人民教育出版社，2003.

[4]芬兰：2004 版的《基础教育国家核心课程》(National Core Curriculum for Basic Education 2003).

[5]芬兰：2003 版的《普通高级中学国家核心课程》(National Core Curriculum for Upper Secondary Schools 2003).

[6]法国：《普通高中一年级物理—化学教学大纲》《普通高中二年级理科物理—化学教学大纲》和《普通高中三年级理科物理—化学教学大纲》.

[7]澳大利亚：《维多利亚州高中化学课程标准》(2005 年颁布，2007—2014 年实施).

[8]英国：英国国家科学课程标准(2004 年修订版).

[9]美国：美国大学理事会(College Board)研发的《Science：College Board Standards for College Success》，2009.

[10]美国：美国国家科学研究委员会(NRC)研发的《A Framework for K～12 Science Education：Practices，Crosscutting Concepts，and Core Ideas》，2012.

[11]美国：美国国家科学研究委员会(NRC)研发的《Next Generation Science Standards》，2013.

[12]加拿大：《安大略省课程，9～10 年级：科学，2008 年》，《安大略省课程，11～12 年级：科学，2008 年》.

[13]中国台湾：《中小学一贯课程体系参考指引》，2009.

[14]中国台湾：《普通高级中学课程纲要》，2008.

[15]中国台湾：《普通高级中学化学课程纲要补充说明》，2008.

[16]日本：《初中学习指导要领，第 4 节理科》和《高中学习指导要领，第 5 节理科》(1999 年修订，2003 年实施).

[17]韩国：《科学教育课程标准》，2007.

第六章

中学化学课程中科学探究与科学实践的国际比较研究

从10个国家和地区学化学课程标准的能力要求可以看出，科学教育不只是要求学生理解和应用科学概念，还要求学生经历科学探究过程，培养学生的科学探究能力。科学实践是美国《大学理事会标准》和《科学教育框架》最新提出的概念，是科学家经历的实践活动，也属于科学过程方法的范畴。以科学探究和科学实践为代表，科学过程方法的内涵是什么？由哪些部分构成？学生的科学探究能力有什么要求？课标如何呈现科学探究能力要求？本章通过分析典型国家和地区课程标准中的科学探究和科学实践，进而提出对于我国化学课标的启示和建议。

第一节　典型国家和地区课程标准的科学探究要求

一、中国大陆化学课程标准中的科学探究

《义务教育化学课程标准（2011年版）》指出“义务教育阶段化学课程中的科学探究，是学生积极主动地获取化学知识、认识和解决化学问题的重要实践活动”“学生通过亲身经历和体验科学探究活动，激发学习化学的兴趣，增进对科学的情感，学习科学探究的基本方法，初步形成科学探究能力”“科学探究既是一种重要的学习方式，也是义务教育阶段化学课程的目标和重要内容”。

从“增进对科学探究的理解”“发展科学探究能力”“学习基本的实验技能”等三个方面对科学探究主题的内容和学习目标提出要求。“增进对科学探究的理解”包括体验和认识科学探究是获取科学知识的途径、提出问题和猜想对科学探究的重要性、猜想与假设必须用事实验证，可以通过实验和观察获取事实和证据，科学探究需要推理和判断以及观察和实验，合作与交流的重要作用。在“发展科学探究能力”中将科学探究分为提出问题、猜想与假设、制订计划、进行实验、收集证据、解释与结论、反思与评价、表达与交流等八个要素，并阐述各个要素相应的目标。

“义务教育阶段化学课程中的探究活动可以有多种形式和不同的水平。活动中包含的探究要素可多可少，教师指导的程度可强可弱，活动的场所可以在课堂内也可以在课堂外，探究的问题可来自课本也可源于实际生活”“在探究活动中各要素呈现的顺序不是固定的”“探究活动包括实验、调查、讨论等多种形式”。关于实验和科学探究的关系，课程标准指出“化学实验是进行科学探究的重要方式，学生具备基本的化学

实验技能是学习化学和进行探究活动的基础和保证。”关于科学探究与学科知识之间的关系，课程标准指出“科学探究既作为学习的方式，又作为学习的内容和目标，必须落实在其他各主题的学习中，不宜孤立地进行探究方法的训练。对科学探究学习的评价，应侧重考查学生在探究活动中的实际表现。”

《义务教育化学课程标准(2011 年版)》将科学探究作为内容主题之一，在其中除了以上陈述外，还给出 3 个探究学习案例。再者，各个内容主题的“活动与探究建议”中，对内容主题内列举实验探究的具体活动，例如“实验探究空气中氧气的体积分数”“小组协作设计并完成实验：人呼出的气体与空气中二氧化碳相对含量的差异”，主要采用“实验探究”“设计实验”“观察”等动词。

《普通高中化学课程标准(实验)》(2003 年)也在过程与方法目标中提到科学探究能力，虽然没有将科学探究独立作为一个内容主题，但是在内容标准的“活动与探究建议”中列举相应的活动。

综上所述，中国大陆化学课程标准重视科学探究，包括学生对科学探究的理解和科学探究能力的发展，并且重视化学实验在科学探究中的作用。再者，在内容标准的活动探究建议中，将科学探究与学科知识进行结合，但是初中和高中都只是强调“实验探究”和“设计实验”，并未具体到科学探究能力的要素上。

二、芬兰课程标准中的科学探究

芬兰《基础教育科学课程标准(7～9 年级)》(2004 年)在课程描述中提到“化学教学需要依靠实验的方法，运用实验方法需要学生具备一定的起点能力，这些起点能力主要来源于对与生活环境相关的物质和现象的观察研究。学生基于此起点，发展其对实验现象的描述、解释和说明的能力，以及用化学符号语言建立物质结构和化学反应的模型。化学实验的目标是必须帮助学生抓住科学的本质，形成新的科学概念、原理和模型；化学实验必须发展学生进行实验工作以及进行合作的技巧和能力，激励学生学习化学。”

芬兰《基础教育科学课程标准(7～9 年级)》(2004 年)的教学目标中与科学探究有关的表述是“学会实施科学调查并能解释与表述相关结果”。在“8 年级的总结性评价标准”中，“学生应知道怎样实施简单的科学实验，例如研究物质的燃烧、燃烧产物在水中的溶解或者所形成水溶液的酸度”“知道怎样解释和处理实验结果”“知道怎样研究物质的属性，并能应用研究结果对某些元素与化合物进行分类、鉴别和区分，例如贵金属与普通金属”。

芬兰初中课标说明化学实验的目标是帮助学生抓住科学本质，形成新的科学概念、原理和化学反应的模型。学生需要在观察研究与生活环境相关的物质和现象的基础上，发展对实验现象的描述、解释和说明的能力，从而用化学符号语言构建物质结构和化学反应模型。化学实验需要发展学生进行实验工作和合作的技巧和能力。也就是说，芬兰初中课标对科学探究的要求是：知道怎样实施简单的科学实验，知道怎样解释和处理实验结果。与此同时，芬兰课标提出了化学探究的任务——研究物质的属性，且强调实验的目的是帮助学生形成新的科学概念、原理和模型——应用研究结果对某些元素进行分类、鉴别和区分。

芬兰《国家高中核心课程标准》(2003 年)在"教学目标"部分有以下表述。

· 能基于生活和环境，通过化学实验及其他积极有效的获取信息的方法，搜集并处理有关化学现象和重要物质属性的信息；能评价这些信息的可靠性和重要性。

· 学会怎样根据不同现象制订和实施实验计划，并能充分考虑其中的安全因素。

· 能够描述、解释、评价及讨论实验过程中或通过其他途径获得的有关信息。

在"评价"部分与科学探究相关的阐述如下。

化学教学评价必须重视发展学生获取实验信息的技能和处理信息的技能，包括：

· 观察、制订计划、进行测量和实施实验。

· 安全使用仪器和试剂。

· 口头或书面表述实验结果。

· 解释实验结果、对实验结果建模和评价。

· 得出结论并应用结论。

芬兰高中课标的必修课程和选修课程各主题内阐明化学探究任务如下。

· 知道怎样通过实验检测有机化合物的性质及其反应，熟悉分离和鉴别的方法，知道怎样配制溶液。

· 知道怎样通过实验及不同类型的模型，研究关于物质结构、性质及反应的现象。

· 知道怎样通过化学实验及其他不同类型的模型，分析研究关于化学反应、化学反应速率及化学反应机理等的实验现象。

· 能通过实验和模型方法研究与金属及电化学有关的现象。

· 知道怎样通过化学实验和应用模型研究与化学平衡相关的现象。

芬兰课标对探究任务的描述，包括检测有机物性质及其反应、分离和鉴别、配制溶液，研究关于物质结构、性质及反应的现象，研究关于化学反应、化学反应速率及反应机理等实验现象，研究与金属及电化学有关的现象，研究与化学平衡相关的现象。

对比芬兰初中和高中课标，可以发现初中要求学生实施简单的实验，描述、解释和说明实验现象，解释和处理实验结果；高中要求学生制订实验计划、实施实验、表述和解释实验结果，对实验结果建模和评价，得出结论并应用结论。初高中的共同点是都强调评价实验信息，应用结论，给出化学探究任务。

三、法国教学大纲中的科学探究

法国《高中一年级"物理—化学"教学大纲》中，提到"为了让学生获得技能，教师要向学生传授实验科学的方法和做法、技能产生的过程，包括科学方法步骤、实验研究、从历史角度学习，还包括跨学科合作、信息和通信技术的使用"，技能(含实验技能)包括知识运用、能力实践和态度获得。尽管法国高一课标指明科学探究属于科学方法的教学，但是实验研究也应该属于科学探究。

在科学方法的部分，有以下阐述。

· 教师要把科学方法传授给学生，使学生掌握技能，只有这样，学生才有能力进行推理实践以提出问题、提出假设、比较实验记录和形成批判精神。

· 为此，学生需要调动他们的知识储备，寻找、提取和组织有用的信息，以便提出恰当的假设。另外，他们还需要进行推理、辩论、演示和小组作业。学生为了介绍自己运用的方法步骤和获得的结果，就需要参加写作和言语交流活动，以促使学生在语言能力方面得到进步。

在实验研究部分，有以下相关的阐述。

· 与科学问题相关的实验研究能够帮助学生培养批判精神和掌握科学技能。

· 在这一活动中，学生将制订实验步骤，完成实验，比较理论和实验结果，运用实验结果。

· 另外，学生必须能够设计和实施包含假设验证过程的实验方案，能作图和进行相应的观察，能进行测量并分析，能估计测量精度，能用合适的方式写出结果。严谨性和精确度的学习是“物理—化学”教学的核心内容。

法国高一“物理—化学”教学大纲的探究要素概括起来主要是：用知识储备和信息提出恰当的假设，推理，辩论、演示和小组合作，用写作和言语交流来介绍方法步骤和实验结果；制订实验步骤，完成实验，比较理论和实验结果，运用实验结果，用合适的方式写出实验结果。强调作图和观察、测量分析、估计精度、运用实验结果、假设验证的实验方案。

表1　法国高一“物理—化学”教学大纲中的实验技能

主题	实验技能
健康	·鉴定信号在一定时间内是否为周期性的 ·确定周期信号的特征参数 ·用实验探究法学习折射和全反射 ·用实验探究法理解医学探查方法的原则和传播介质的属性的影响 ·设计并实施一个实验步骤来检验离子 ·使用分子结构模型和结构软件 ·用实验探究法确定溶液中纯净物的浓度(比较颜色法) ·用实验探究法揭示活性药物成分和它所在的环境(溶剂性质，pH)相互影响 ·取一定量的某给定类别纯净物 ·设计并实施一个溶解和稀释的实验步骤 ·用实验探究法确定物质浓度(比较颜色法) ·以被研究化学物质的物理性质为基础，设计和实施一个萃取实验步骤 ·完成并解释薄层色谱法(带色混合和无色混合) ·实施一个实验步骤实现分子合成和检验 ·根据系统初态和末态出现的化学物质的特征研究一个化学反应体系的反应

续表

主题	实验技能
体育锻炼	·进行视频录像并运用它来分析运动现象 ·取一定量的某给定类别纯净物 ·通过溶解或稀释配制要求浓度的溶液 ·用实验探究法确定物质浓度(比较颜色的方法) ·通过实验探究法验证反应中化学变化或物理变化引起的热效应 ·进行一组测量，用实验探究法建立模型 ·使用分子结构模型和分子结构显示软件 ·设计或实施一个萃取实验步骤，以被研究化学物质的物理性质信息为基础 ·会安全使用分液漏斗、过滤装置和加热装置 ·实践并解释薄层色谱法(带色混合和无色混合) ·用实验探究法确定物质的浓度(颜色比较法)
宇宙	·利用色散系统使发射光谱和吸收光谱可视化，并将这些光谱和白光的光谱进行比较 ·进行一组测量，用实验探究法建立模型以确定介质折射率 ·设计实验步骤进行实验以检验离子 ·用实验探究法验证反应过程中元素守恒 ·借助录像，用实验探究法理解在太阳系中观察到的星体运动状况

高一“实验技能”的表述可以分为三类：(1)大部分是具体的实验任务，例如，设计和实施萃取实验，设计实验步骤并实施以检验离子、配制一定浓度的溶液、取一定量的溶液、比较光谱；(2)用实验探究法实现一定目标，例如，验证元素守恒、建立模型、研究化学反应体系、确定物质浓度等；(3)使用分子结构模型和显示软件。

法国《高二“物理—化学”教学大纲》和《高三“物理—化学”教学大纲》指出，高中终结阶段(高二和高三)的“物理—化学”教学“应循序渐进，并调动本学科基础的科学方法和知识体系，围绕科学探究的几大步骤组织教学，观察、建立模型以及实际操作，通过提出新颖的和结合实际的问题及入门方法寻求学生的参与和兴趣。”“通过不同方式的运用深化学生的技能培养，科学探究，实验研究，历史法，与其他学科的联系，信息和通信技术的使用。”“在终结阶段，科学探究是贯穿大纲的基础，教师可以选择不同的入门水平实现科学探究教学。”

在“科学探究”部分有以下阐述。

·教师要把科学探究传授给学生，使学生掌握观察、建模和动手三大方面的技能，只有这样，学生才有能力进行推理实践以找出问题、提出假设、比较实验记录和锻炼批判思维。

·为此，学生需要调动他们的知识储备，寻找、提取和组织有用的信息，以便提出恰当的假设。另外，他们还需要进行推理、论证、解释和小组作业。

·学生为了介绍自己遵循的方法步骤和获得的结果，就需要参加写作和口语交流活动，这有助于培养学生在法语上的书面和口语表达能力。

在实验活动部分的阐述如下。

·实验活动有助于学生分析之前自己所提出的问题，抓住自己所做工作中出现的问题，设计或实施实验操作步骤并完成实验。还应当鼓励学生把实物和表现形式做比较，对所得结果和要证明的假设的合理性进行评判。为此，学生必须要作图并进行相应的观察、操作和测量分析，估计精确度并能用合适的方式写出结果。

·实验活动可以围绕两种不同的中心展开：课堂经验，把事实及其表现形式进行初步关联；学生实验活动，学生掌握技术、方法、概念和认知的手段。

在历史法的部分有如下阐述。

·科学史也显现了科学探究的多元化，科学探究不能简化成顺序过程：观察—建模—验证(或驳倒)，作为教育本质的探究也同样是这样。

在信息和通信技术的使用有如下阐述。

·“物理—化学”学科的实验活动能够受益于信息和通信技术：计算机辅助实验、输入和处理测量值。仿真模拟是科学探究实践方式之一。

·实验数据的自动化输入和处理有助于学生腾出时间进行思考，对测量进行统计分析，对理论和实践进行讨论。

法国高中课标指出科学探究的三大技能——观察、建模、动手，并在“历史法”部分说明不能简化为顺序过程，应显现出多元化。学生掌握这项技能，才能用推理实践来提出问题、形成假设、比较实验记录、形成批判精神。学生要基于知识储备和信息提出假设，推理、论证，解释和小组作业，表达方法步骤和获得的结果。实验活动有助于学生分析问题，抓住问题，设计和实施实验步骤完成实验。强调对所得结果和要证明的假设的合理性进行评判，用信息和通信技术进行仿真模拟、输入和处理测量值等。

高二实验技能也主要分为三类：具体实验任务、实验探究和研究。具体陈述见下表。

表 2 法国高二“物理—化学”教学大纲的实验技能

主题	实验技能
观察	·通过一组测量构建出薄凸透镜的成像规律，作图表示 ·实验探究比较眼睛和照相机的光学功能 ·用实验探究来展示并理解物体颜色的概念 ·实验探究揭示并理解有色光的概念 ·用实验探究进行颜色提取、颜色合成和色谱分析 ·用实验探究确定有色纯净物的浓度，利用郎伯-比尔标准(工作)曲线 ·通过实验找出影响物质颜色的参数(pH，溶剂等) ·进行光化学反应实验步骤

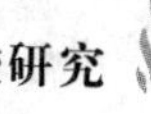

续表

主题	实验技能
理解	·完成并解释简单的起电实验 ·设计并完成一个制备离子型溶液的实验步骤，给定离子浓度 ·进行一个从溶剂中萃取纯净物的实验步骤 ·用实验探究测量状态变化时能量的变化 ·完成分馏蒸馏操作 ·进行实验操作估计燃烧放出的能量值 ·通过实验探究画出磁场或静电场的示意图 ·完成录像实验，并开发运用录像资料来研究运动系统的动能、势能和机械能的变化
行动	实验探究： ·验证焦耳效应 ·表达电源两端和接收装置两端的电压随电流密度的函数 ·通过实验探究做一个电池，并画出它的功能结构图。 ·从混合物中萃取羧酸 ·使醇或醛被氧化 ·通过特征检验或薄层色谱分析法验证醇氧化反应的产物 ·确定合成效率值 ·进行以下操作来证明你对使用器材的选择：溶剂萃取，加热回流，真空过滤，蒸馏

四、澳大利亚维多利亚州课程标准中的科学探究

澳大利亚维多利亚州阐述了化学科研工作者的工作：“他们做着基于实践的工作：探讨如何完善新的想法并展开研究，了解如何收集证据或数据用于扩大知识和化学的了解”。

在澳大利亚维多利亚州化学课标的总体目标中，与探究相关的表述如下。

·了解实验证据在发展和创造新的化学思想和知识上的作用。

·评价假设的质量以及模型、数据和结论的局限性。

·发展设计以及安全地进行实际调查的技能，包括风险评估、危险源辨识和废弃物处理。

·发展所需的知识和技能，完成实验过程和程序，进行调查研究。

·意识到科学研究中的伦理问题，并在化学研究中加以注意。

·发展和其他人进行化学交流的有效沟通技能。

·开展实际调查，收集、解释和分析数据和证据，从而得出结论。

澳大利亚维多利亚州课标提出化学课程要发展学生的主要技能，包括科学地进行调查和探究、应用化学理解、交流化学信息和理解。其中“科学地进行调查和探究”的表述如下。

·在完成所有实践性调查(包括适当处理废弃物)的时候，能够安全且负责任地按照需要独立或合作完成工作。

·进行调查，包括收集、处理、记录、分析定性和定量数据；根据调查和收集的信息得出相应的结论；评价过程和数据的可靠性。

·提出问题(及假设)；做出计划和/或设计，并进行调查；确认和处理不确定问题的可能来源。

·在进行调查研究和汇报的时候，考虑科研伦理问题。

综上所述，澳大利亚维多利亚州的化学课标，强调实验证据对于发展化学思想和知识的作用，评价假设的质量以及模型、数据和结论的局限性，提出问题(及假设)，设计以及安全地进行实际调查，完成实验过程和程序进行调查研究，进行化学交流的有效沟通，收集、解释和分析数据和证据从而得出结论，评价过程和数据的可靠性，考虑科研伦理问题。在“学习活动”中，只是用“调查”“研究”这样的词语来表述学习活动，未对探究类的学习活动进行更具体的阐述，尤其是基于探究要素的阐述。

五、英国课程标准中的科学探究

英国课标将科学课程分为四个阶段，每个阶段都强调“教学应当保证将科学探究贯穿于所选的教学内容当中”。

在每个阶段的“知识、技能与理解”目标的描述中，对科学探究进行了阐述，主要从猜想、证据、参考资料、分析与交流想法、独自或合作研究等方面展开，将重点放在证据上——证据与猜想的关系。探究的阐述体现了从第一阶段到第四阶段的进阶——从简单研究到系统研究，从定性到定性或定量，从合作到独立或合作。第一阶段主要是将证据与简单的科学猜想联系起来，评估证据和检测与比较是否合理，第二阶段是将不同猜想联系起来，使用简单的模型与理论解释事物，第三阶段是评估自己的工作，尤其是证据的说服力，第四阶段是思考数据、证据、理论与解释之间的关系。

在每个阶段的“科学探究”主题中，对科学中的猜想与证据(数据、证据、理论与解释)、探究技能进行分别阐述，也体现了英国课标尝试做出科学探究的学习进阶。探究技能主要包括：制订计划，获得证据，对证据的思考与评估，交流技能和科学的应用与启示。

“科学中的猜想与证据”，主要包括证据或数据收集、猜想与证据的关系。学习进阶主要体现在：第一阶段，通过观察与测量收集证据；第二阶段，用观察与测量得到的证据检验猜想；第三阶段，理解基于经验提出的问题、证据与科学理论之间的相互影响，依据理论作出预言、然后看证据是否与预言相符；第四阶段，收集与分析科学数据，数据的诠释方式如何为检验猜想、发展理论提供证据，用科学理论、模型与猜想提出对现象的解释。概括而言，主要是以下两个维度的进阶：(1)证据的收集，从观察与测量收集的证据到科学数据；(2)猜想与证据的关系，从只关注证据，到证据检验猜想，再到问题、证据与理论之间的关系，最后是数据的解释如何为检验猜想与发展理论提供证据。

表3 英国各阶段的"知识、技能与理解"目标描述的科学探究

第一阶段	第二阶段	第三阶段	第四阶段
· 学生观察、探索并提出与生物、物理现象有关的问题 · 他们开始以合作的方式收集证据来回答问题，并将证据与简单的科学猜想联系起来 · 评估证据并且思考所做的检测与比较是否合理 · 利用参考资料找出更多的科学观点 · 运用科学的语言、图画、表格分享与交流各自的想法	· 他们开始将不同猜想联系起来，并使用简单的模型与理论来解释事物 · 他们可以进行更多的系统性的调查，独自工作或与他人展开合作 · 他们在工作中参考各种资源。他们讨论他们的工作及其重要性，使用一系列的科学语言、示意图、图表等交流观点	· 他们进行更多的定量的探究，独立进行调查或与他人合作。他们评估自己的工作，尤其是他们自己或他人收集的证据的说服力 · 他们广泛地选择并且使用参考资料 · 他们清楚地表达他们做了什么以及这些工作的意义 · 他们了解在当前科学发展下，科学家是如何进行合作的以及实验证据对于支持科学猜想的重要性	· 学生了解社会中科学运行与科学家工作的方式 · 思考数据、证据、理论与解释之间的关系，发展他们的实践、解决问题和探究的技能，既能独自工作也能团队合作 · 他们既可以定性也可以定量地评估探究的方法和结论，能够清晰、准确地交流他们的观点

"制订计划"包括提出问题并思考怎样回答问题、计划利用的证据、思考可能发生的情况、决定收集数据或证据的方法。学习进阶体现在：

第一阶段，提出问题并思考怎样回答问题，利用第一手经验与简单的信息资源回答问题，思考可能产生的结果，认识到测试或比较的不合理。

第二阶段，提出能通过科学探究解决的问题，思考利用第一手资料或其他资料，考虑可能发生的情况或做一些尝试，用控制变量的方法比较或检验。

第三阶段，应用所学的知识和理解将猜想转为可研究的形式，思考使用亲自收集的证据或其他证据，进行初步研究并作出预言，考虑关键因素及不能控制变量的情况，决定收集数据的数量、范围、技术等。

第四阶段，设计检验科学猜想、回答科学问题，收集第一手或第二手数据，独自或与他人合作收集第一手数据，评估收集证据的方法(效度和可靠性)。

概括来说，从低年级到高年级依次是：(1)提出问题并思考怎样回答问题，从没有限定的问题到能通过科学探究解决的问题，进而到用知识和理解将猜想转为可研究的形式，最终是科学猜想和科学问题；(2)计划利用的证据，从第一手经验与简单的信息，到第一手资料或其他资料，再到亲自收集的证据或其他证据，最后是第一手或第二手数据；(3)思考可能发生的情况，从直接思考，到加入做一些尝试，再到初步研究并预言；(4)决定收集数据或证据的方法，从认识到测试或比较的不合理，到用控制变量的方法比较或检验，再到考虑关键因素和不能控制变量的情况，收集数据的方法，最后到评估收集证据方法的有效性和可靠性。

表 4 英国各阶段科学探究的要求

第一阶段	第二阶段	第三阶段	第四阶段
科学中的猜想与证据 应当使学生认识到：在尝试回答问题时，通过观察与测量的方式收集证据是十分重要的	科学中的猜想与证据 应当教给学生： A. 科学是一种创造性的思维活动，是来尝试解释生命体和非生命体是如何运行的，并发现事物间的因果联系(例如：詹纳的接种牛痘预防天花的工作) B. 用来自于观察与测量的证据检验猜想是非常重要的	科学中的猜想与证据 应当教给学生： A. 利用历史的与当代的实例来理解基于经验提出的问题、证据与科学理论间的相互影响(如，拉瓦锡关于燃烧的研究，全球变暖的可能原因) B. 检验理论的一种重要方式是：依据理论做出预言，然后看证据是否和预言相符 C. 当代的和过去的科学家是如何工作的，包括实验、证据和创造性思维在发展科学猜想时的作用和角色	数据、证据、理论与解释 应当教给学生： A. 如何收集与分析科学数据 B. (发挥创造性思维得出的)对数据的解释，如何为检验猜想、发展理论提供证据 C. 如何使用科学理论、模型与猜想，提出对各种现象的解释 D. 有一些问题科学目前仍无法解释，并且有一些问题科学无法解决
探究技能 应当教给学生： 设计 A. 提出问题(如，"怎么样?""为什么?""如果这样会发生什么事"……)并且思考怎样才有可能得到答案 B. 利用第一手经验与简单的信息资源回答问题 C. 在决定做什么之前，思考有可能产生怎样的结果 D. 当一项测试或比较是不合理的时候能够认识到	探究技能 应当教给学生： 制订计划 A. 提出能通过科学探究解决的问题并决定如何找出答案 B. 考虑能够利用什么样的信息资源找出答案，包括第一手资料与一系列其他资料 C. 在决定做什么、收集什么样的证据、使用什么的仪器和材料时，要考虑可能发生的情况或进行一些尝试 D. 采用控制变量的方法进行比较或检验	探究技能 应当教给学生： 制订计划 A. 应用所学的知识和理解，将猜想转化成可研究的形式，并通过合适的方式进行研究 B. 计划使用亲自寻找的证据还是使用从其他来源获得的证据 C. 在需要的时候，可以进行初步的研究工作并作出预言 D. 在搜集证据时，考虑解释问题时可能需要的关键因素；以及在难以控制变量的情况下如何收集证据(如野外工作、调查) E. 决定数据收集的数量与范围，以及要使用的技术、装置以及材料(如生物研究中恰当的样本数)	实践与探究技能 应当教给学生： A. (如何)设计检验一个科学猜想，回答一个科学问题，或是解决一个科学问题 B. 收集第一手或第二手数据，包括使用ICT信息来源与工具 C. 收集第一手数据时，能够准确并安全地工作，独自或与他人合作 D. 评估收集数据的方法，并考虑它们作为证据的有效程度与可靠程度

续表

第一阶段	第二阶段	第三阶段	第四阶段
获得与展示证据 E. 依据简单的说明，避免对自己与他人造成的危险 F. 利用视觉、听觉、嗅觉、味觉与触摸等合适的方式开展探究，观察、测量并记录结果 G. 以多种方式来交流结果，包括 ICT(如，口头报告、书面报告、画图、表格、框图、象形图等)	获得与展示证据 E. 恰当使用简单的仪器与材料并且避免危险 F. 进行系统性的观察与测量，包括使用 ICT 的方式记录数据 G. 重复观察与测量来保证有效性 H. 使用一系列不同的方法将数据恰当与系统的表达出来(方法包括图表、图形、表格、条形图、线状图和 ICT)	获得与展示证据 F. 恰当地使用一系列装置和材料并且采取措施控制可能存在的风险 G. 在恰当的精确度下观察并测量，包括使用 ICT 的方式记录数据(例如：变量随时间的实时变化) H. 利用充足的相关观察和测量来减少误差并获得可靠证据 I. 使用多种方式，包括示意图、表格、图形与 ICT 等来展示以及交流数据间定性与定量的关系	交流技能 应当教给学生： A. 回忆、分析、解释、应用以及质疑科学信息或猜想 B. 使用定性与定量的方法 C. 展示信息，形成论点并得出结论，使用科学的、技术的和数学的语言、规则与符号以及 ICT 工具
对证据的思考与评估 H. 进行简单的比较(例如，手跨度，鞋子的尺码)，辨别出简单的模式与关联 I. 比较实际结果与学生期望的结果，并根据他们的知识和理解，尝试做出解释 J. 总结工作并向其他同学解释他们做了什么	对证据的思考与评估 I. 能够比较通过自己的观察和测量或其他来源得来的数据，并能识别其中的简单的模式或联系 J. 运用观察、测量或其他数据来得出结论 K. 辨别所得结论是否与预言相符，并且/或者是否能根据这些结论作出进一步的预言 L. 运用科学知识与理解来解释观察、测量、其他数据或结论 M. 总结与评述自己与他人的工作，并描述其意义与局限	对证据的思考与评估 分析证据 J. 使用示意图、表格与图形(包括拟合曲线)来判别与描述数据间的关系或模式 K. 利用观察、测量与其他数据来得出结论 L. 判断所得结论在多大程度上支持之前的预言，或者能够根据结论做出进一步的预言 M. 运用科学知识与理解来解释与说明观察、测量的结果或是其他来源的数据、结论 评估 N. 考虑观察与测量过程中的异常现象并尝试加以解释 O. 考虑已有证据是否能够充分支持任何已得的结论或解释 P. 在需要的时候，提出恰当的建议来改进所用的研究方法	科学的应用与启示 应当教给学生： A. 现代科学与技术发展带来的应用，它们的好处、缺点以及风险 B. 思考有关科学技术(发展)的决策是如何做出的以及这样做的原因，包括涉及伦理道德问题的决策，以及决策对社会、经济与环境产生的影响等 C. 科学知识的不确定性和科学猜想是如何随着时间而变化的，以及科学共同体在确认这些变化中的作用

“获得与展示证据”包括安全使用仪器和材料，观察、测量与记录，交流结果。学习进阶主要体现在：(1)使用仪器和材料的安全，从避免危险到采取措施控制可能的风险；(2)观察、测量与记录，从利用感知觉，到系统性地观察与测量并用信息技术记录数据，再到考虑精确度观察与测量并用信息技术记录数据，使用充足的观察与测量减小误差；(3)交流结果，从用多种方式交流结果，到使用不同的方法将数据恰当与系统地表达出来，再到利用多种方式展示以及交流数据间定性与定量的关系。第四阶段将“交流技能”作为独立的技能，从低年级到高年级，体现了系统性和措施控制的增加。

“对证据的思考与评估”包括辨别模式与关联、解释与结论、总结与评述，前两者属于分析证据，后者属于评估。学习进阶主要体现在：(1)辨别模式与关联，从“进行简单的比较，辨别出简单的模式与关联”，到比较数据(自己观察得到或其他来源的)并识别其中的模式与关联，再到“使用示意图、表格或图形判别与描述数据间的关系和模式”。(2)解释与结论，从“比较实际结果与学生期望的结果，并根据他们的知识和理解尝试做出解释”，到“运用观察、测量或其他数据来得出结论，辨别所得结论是否与预言相符，并且是否能根据结论作出进一步预言，运用科学知识与理解来解释观察、测量、其他数据或结论”(第二阶段和第三阶段)。(3)总结与评述，从总结自己的工作并向同学解释做了什么，到“总结与评述自己与他人的工作，描述意义与局限”，再到“考虑观察与测量中的异常现象并尝试解释”“考虑已有证据是否充分支持任何已得的结论和解释”“在适当的时候，提出恰当的建议改进所用的研究方法”。也就是说，主要体现在模式与关联的复杂度提升，结果与期望的简单比较到运用科学知识与理解来解释，从简单总结到总结与评述。

英国课标对科学探究的系统阐述，以及对各学习阶段的科学探究理解和科学探究技能的进阶研究，值得我们借鉴。但是，在内容陈述中，并没有体现出科学探究与内容的结合点，这一点是需要我们关注的。

六、中国台湾化学课程标准中的科学探究

中国台湾《中小学一贯课程体系参考指引》(2006 年)中，对自然与生活科技领域的能力表述中关于探究的表述见下表。

表 5　中国台湾《中小学一贯课程体系参考指引》对自然与生活科技领域的能力表述

领域	学科	12 岁	15 岁	18 岁	
				高中	职业学校
自然科学与生活科技	自然与生活科技（小学、初中）	1. 能持续学习基本科学知识	1. 能持续学习科学知识及发展探究科学知识的能力		
		2. 能经由观察、实验等科学探究过程认识日常生活中简单的科学现象，并能寻求问题的答案及能对探究的结果做简单描述	2. 能设计简单的实验，经由观察及归纳等过程去寻求问题的答案及看法，并能使用简单图表呈现并解释探究的结果		
			3. 了解同一现象能有不同的观点，了解同一问题能有不同的解决方式，并能尊重别人的观点及能与他人合作处理问题		
		3. 能尊重他人观点及能与他人合作处理问题	4. 能运用科学知识及科学态度处理问题		
			5. 能养成主动探究科学问题的习惯		

在必修科目“基础化学”的课程目标和核心能力部分，并没有明显地提到科学探究，例如：“论证、思辨、理解、批判、解析、创新、发现及解决问题等智能”“学科能力应注重概念的理解与应用，数据图表的转化与解读，并能就生活中与科学相关的事件或现象寻求证据导向及理性判断的思考与观点”。在必修科目“基础化学”和选修科目“化学”的“实施要点”中，以下表述提到了“探究”，并将其拆分为：提出假设、设计实验步骤。

中国台湾《基础化学课程纲要》和《选修科目化学纲要》在“教学方法”中指出，“教师教学时，应以学生既有的知识或经验为基础，多举生活上的实例以引起学习的动机，并尽量以相关的媒体辅导学生观察现象、发现问题，适时提供学生进行提出假设、设计实验步骤等探究的机会。在实验活动中，应多让学生亲手操作，增加学习化学兴趣，并培养基本操作技能。即使是示范实验也可选同学操作，其他同学则可学习观察、提问、讨论、论述、报告、资料检索等。”

中国台湾《基础化学课程纲要》和《选修科目化学纲要》在各自的“化学实验”中对每个实验列出相应的技能。“示范实验”发展学生的技能主要是：观察、提问、讨论、论述、报告、资料检索；对于其他实验主要是具体的实验技能，例如：倾析、过滤、滤纸层析、集气法、蒸馏等。

中国台湾《基础化学课程纲要》和《选修科目化学纲要》在“实施要点”中提到，“实验教材的设计……应着重操作型的学习，强化实验过程中获得过程技能外，并能培养其归纳推理、发现和解决问题、自我学习的能力”。

中国台湾化学课程纲要缺少对探究的系统阐述，以寻求问题的答案作为探究的驱动力，将科学探究作为教学实施的方式，且侧重于实验，涉及观察现象、发现问题、提出假设、设计实验，突出实验过程技能(操作技能，观察、提问、讨论、论述、报告、资料检索等技能)和数据图表的转化与解读。

七、加拿大安大略省课程标准中的科学探究

加拿大安大略省科学课程标准中课程目标为：科学与技术、社会、环境相联系，发展学生科学探究的技能、策略和思维习惯，理解基本的科学概念。这三个目标分别对应于每个内容系列的第一个、第二个、第三个总体期望。11～12 年级的每个化学课程分成 6 个系列(主题，9～10 年级为 5 个系列)，第一系列为“科学研究技能”，其余 5 个是内容系列(9～10 年级为 4 个系列)。也就是说，科学研究技能是三个课程目标之一，同时又作为课程系列。

加拿大安大略省课标的“科学研究技能”包括启动和规划、执行和记录、分析和解释、交流等四个方面的技能，并且说明这四方面的技能不一定按顺序完成。“必须给学生机会通过研究去学习，由此他们能够不断练习逐渐精通各种科学研究技能，这些技能不仅发展了学生的批判性思维，也加深了他们对科学的理解”。“各方面的技能将会在任务和活动的背景下得到实践和精制，这些活动并不局限于某个单一技能，一个完整的研究过程将会涵盖这四方面的技能”。四个方面的科学研究技能具体包括：

·启动和规划技能包括：阐述问题或假设，或对一些想法、问题、议题、变量之间的关系做出预测，制订研究计划去回答那些问题或检验这些假设。

·执行和记录技能包括：通过收集、整理、记录信息，安全地实施探究来观察、收集、整理和记录数据。

·分析和解释技能包括：对从探究或研究资料中获取的实验数据恰当性进行评估，并分析数据或信息，以便得出结论、论证结论。

·交流技能包括：使用恰当的语言、数字、符号、图形等多种形式来展示成果，以便交流彼此的想法、过程以及结果。

启动和规划

阐述问题或假设，或对问题、变量之间的关系作出预测，制订研究计划回答问题或检验假设/预期

思考和头脑风暴
确定研究问题
阐述问题
确定变量
作出预测，形成假设
界定和澄清研究问题
识别和定位研究资源
选择仪器和材料
制订研究的安全规范

交流

使用恰当的语言、数字、符号、图形等多种形式来交流彼此的想法、步骤、结果和结论

以多种形式交流想法、步骤和结果（如，口头、书面、电子演示）
使用合适的形式交流结果（如，报告、数据表格、科学模型）
展示数字、符号、图表
准确、精确地表述结果
使用正确的术语和合适的测量单位

执行和记录

通过收集、整理、记录合适来源的信息实施研究：探究、观察、收集、整理、记录定性和定量的数据

安全实施探究
观察和记录观察结果
准确、安全地使用设备、材料和技术
正确控制变量
调整或扩展步骤
收集、整理和记录相关研究中的信息和数据
使用规定文献格式来确认资料来源

分析和解释

评估探究数据、资料信息的信度，分析数据或信息以识别规律和联系，得出结论、证实结论

批判性、逻辑性思考
评估数据和信息的信度
处理和整合数据
评估数据支持或否定假设/预测
解释数据/信息以识别规律和联系
得出结论
证实结论
明确误差或偏见的来源

图 1　加拿大安大略省课标中的科学探究技能

科学研究技能作为课程系列之一，其期望描述了各类科学研究中的重要技能。以下为加拿大安大略省 10 年级应用型科学课程、11 年级学术型化学课程的科学研究技能期望。

10年级科学(应用 SNC2P)的科学研究技能期望

A. 科学研究技能和职业生涯探索

总体期望

通过这门课程的学习，学生将：

A1. 在四个方面(启动和规划、执行和记录、分析和解释、交流)去展示科学研究技能(关系到探究和调查两个方面)

A2. 识别并描述当下与科学领域有关的各种职业，识别在这些领域内做出贡献的包括加拿大人在内的科学家

具体期望

A1. 科学研究技能

通过这门课程的学习，学生将：

启动和规划[IP]

A1.1 制订有关观察关系，想法，问题，和/或议题的科学性问题，做出预测，和/或对探究或研究焦点提出假设

A1.2 选择合适的工具(显微镜，实验玻璃仪器，光学器材)和材料(载玻片，水槽，透镜，pH 试纸)来做具体的研究

A1.3 确定并找出与研究问题相关的文字材料、电子设备和人力资源

A1.4 应用相关知识和研究中的安全措施原理[如，正确的操作，储存，处理实验材料(遵守实验室有害物质信息条款光学器材的安全操作)；安全管理及处理生物材料的方法]，目的在于用正确的方法使用各种设备和材料(如，参考 WHMIS 网页上的手册；注意生命安全！精确地安排！)

执行和记录[PR]

A1.5 根据要求，通过控制变量，依照要求改变或延伸实验步骤，使用标准的设备和材料安全，准确、有效地收集记录数据和观察结果

A1.6 从实验室及其他地方汇总数据，用合理的形式组织记录数据，比如表格、流程图、图表和图示等

A1.7 从多种途径筛选，组织并记下与研究主题相关的信息(公共健康组织的网站，联邦和地区政府的出版物，参考书籍，个人采访等)亦可采用推荐的形式和可被接受的学术文件

分析和解释[AI]

A1.8 定性/定量分析讨论数据结果，通过分析实验结果是支持还是反驳了最初的预测或假设。鉴明错误、误差或不确定因素可能的来源

A1.9 分析从研究过程中收集到的数据以令结果的误差更小更可靠

A1.10 在调查结果及研究发现的基础上得出结论并证明

交流[C]

A1.11 交流想法、设计、过程及结果，口头或书面总结，电子展示亦可。注意语言的准确，展示形式应多样化(如数据表格，实验报告，演讲，辩论，模拟，模型等)

A1.12 使用正确的数字、符号和图形模型以及适当的度量单位(例如 SI 和英制单位)

A1.13 反映包含了准确数据和精确计算的结果

A2. 职业生涯探索
通过这门课程的学习，学生将：
A2.1 明确并说明一系列与科学研究相关的职业(如气候学、图表医学、地质化学、光学物理)以及这些职业必需的教育和训练
A2.2 了解包括加拿大科学家在内的为当前科学研究领域作出贡献的科学家(巴舒雅，威廉·理查德·珀尔贴，艾莉丝·威尔森，威拉德·道尔)

11 年级化学(SCH3U)的科学探究能力期望

A. 科学探究能力和职业发展
总体目标
通过这门课的学习，学生能够：
A1. 在能力的四个方面(开始和计划，实施和记录，分析和解释，交流)发展科学研究能力(与探究和研究相关的能力)
A2. 识别和描述科学相关领域的职业，能描述科学家、加拿大人对这个领域的贡献
具体目标
A1. 科学研究能力
通过这门课程，学生能够：
开始和计划
A1.1 用公式表达相关的科学问题，包括观察到的关系、想法或问题，形成报告性预测，及/或用公式表达合理假设来聚焦探究或研究
A1.2 收集适当的仪器(比如：天平，玻璃仪器，滴定仪器)和材料(如，分子模型，溶液)，以及为每一项探究确定适当的方法、技术或过程
A1.3 确定和定位多种书籍和电子读物资源，以便对研究问题有充实的适当的定位
A1.4 当对研究进行计划时，能够应用知识和对实验室安全操作的理解，正确解释工作场所危险药品信息系统[WHMIS]的符号；能使用适当的技术处理和放置实验室仪器和实验药品；能进行适当的个人保护措施(如，戴护目镜)
实施和报告
A1.5 实施研究，控制相关变量，按照要求调整或拓展实验步骤，安全、精确、高效地使用适当的材料和仪器，收集观察结果和数据
A1.6 能够使用合适的格式，包括表格、流程图、图形及/或图表等，对来自实验等方面的数据进行编制，组织和汇报
A1.7 能够使用合适的格式和学术上相关文本的形式来收集、组织、汇报从多种资源中得到的与研究主题相关的信息，这些资源包括电子读物、印刷品、及/或其他来源
分析和解释
A1.8 综合、分析、解释、评价定性和定量数据；解决与定量数据相关的问题；确定证据是否支持前期的潜在预测或假设，其是否有科学理论依据；找出误差和错误的来源，对研究减少类似的错误提出改进意见
A1.9 从逻辑、精确性、可靠性、适当性和误差方面对实验中收集到的数据进行分析

A1.10 基于研究发现和研究结果给出结论，用科学知识证明结论
交流
A1.11 使用合适的语言和多种格式(如数据表格、实验报告、汇报、辩论、模拟、模型等)通过口头、书面及/或电子发表物等方式来交流想法、计划、步骤、结果等
A1.12 使用适当的数字、符号、图表形式进行表征，使用适当的测量系统(如国际单位制和皇家学会单位)
A1.13 精确严谨地表示任何与数据计算相关的结果，对实验数据计算结果的小数部分或有意义数据进行合理表达
A2 职业发展
通过这门课程，学生能够：
A2.1 确定并描述学习的科学领域相关的多种职业(如，药剂师、法庭科学家、化学工程师、食品科学家、化境化学家、职业健康与安全官员、水质分析师、大气科学家)及针对这些职业进行教育和培训的必要性
A2.2 描述科学家对这个领域的贡献，包括加拿大人的贡献(如，卡罗尔·安·巴德，爱德格·史迪斯，雷蒙德·来米克斯，路易斯·泰勒福，F. 卡奈斯·海尔)

这些技能应用于课程内容的所有区域，要发展这些技能必须结合其余四个系列内容的学习。为了突出在广泛研究领域中使用的技能和内容系列的课程期望之间的联系，在每个内容系列的前两组具体期望后面，用方括号中的缩写标示技能领域与具体内容期望之间的联系。(在标题“将科学与技术，社会，环境相连”和“发展研究与交流技能”之下)。缩写标识连接了一个具体期望到研究技能的应用领域。

10 年级科学(应用 SNC2P)化学反应系列的期望

C. 化学：化学反应
总体期望
这门课程结束时，学生将：
C1. 分析与化学反应相关的安全和环境问题，其中包含任何利用化学反应来应对环境挑战
C2. 通过探究，研究化学反应的特点
C3. 说明对一般化学反应原理的理解，用多种方式表达出来
具体期望
C1. 科学与技术、社会、环境相联系
这门课程结束时，学生将：
C1.1 在研究的基础上，分析与化学反应及其反应物，产物相关的安全和环境问题(如金矿开采中氰化物的应用，桥梁的金属支持结构的腐蚀，氯溴在娱乐泳池杀菌消毒的应用)[IP, PR, AI, C]
问题示例：氨和含氯漂白剂是两种常见的家用清洁剂。然而如果将两种物质混合，便会发生化学反应，产生剧毒气体氯氨
议题参考：为什么在使用含氯消毒剂处理泳池前必须了解其化学成分？什么化学反应可产生酸雨？其对环境有何影响？可以从什么渠道获知关于安全性或化学品、化学反应对环境影响上的信息？为什么确保信息来源是最新的非常重要？为什么明确 WHMIS 规范，为什么在使用化学品前阅读物质安全资料表非常重要？

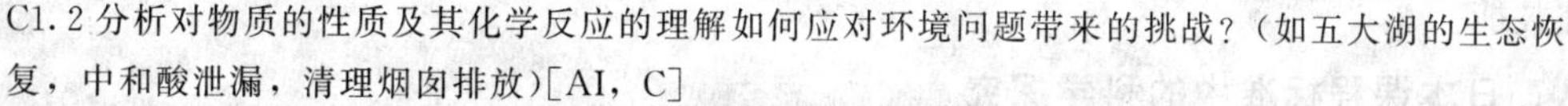

C1.2 分析对物质的性质及其化学反应的理解如何应对环境问题带来的挑战？(如五大湖的生态恢复，中和酸泄漏，清理烟囱排放)[AI, C]
问题示例：油轮的原油泄漏不但污染了海洋及其沿海岸线的环境，还剥夺了大量海鸟及水生生物的生命。生物去油剂有助于加快原油的降解，从而降低对环境的危害
议题参考：添加石灰水是如何达到防止水酸化的效果的？这个化学反应如何被用来改善受酸雨影响的湖泊？为什么在被重金属污染的土地要用酸来浸泡处理？
C2. 发展科学研究和交流的技能
这门课程结束时，学生将：
C2.1 正确使用相关化学反应的术语，不仅限于化合物，产物，反应物[C]
C2.2 构建分子模型来说明简单的化学反应中分子结构，形成这些模型的范式。(如 $C+O_2 \longrightarrow CO_2$；$2H_2+O_2 \longrightarrow 2H_2O$)[PR, C]
C2.3 研究简单的化学反应，包括合成反应，分解反应，置换反应，可以用各种形式将结果展示出来(如分子模型，文字方程式，配平的化学方程式)[PR, AI, C]
C2.4 使用必要地手段调查反应过程中的任何差异，探究化学反应过程中的质量守恒定律(如比较反应前后的分子量)[PR, AI]
C2.5 设计实验并进行探究以确定化学变化发生的证据(例如：气体和沉淀物的生成，颜色或气味的变化，温度的改变)[IP, PR, AI]
C2.6 设计实验并进行探究，将一些常见物质按照酸性、碱性、中性分类(例如：使用酸碱指示剂或者 pH 试纸分类一些家中常见的物质)[IP, PR, AI]

以下表述和图示体现了科学研究技能的发展进阶。

当学生从一个年级升入下一个年级，他们有更多的机会，更充分更独立地来练习这些技能。开始的时候，学生逐渐了解并熟悉每个新的技能，在实施研究中反思和实践这些技能，其间伴随着理解的深入。随着他们知识和信心的增长，学生能更加充分的应用这些技能。经过反复使用，他们能增加并提高每个技能的理解和应用能力。最后，当他们精通这些技能之时，他们就可以扩展技能，把这些技能应用到研究的其他领域以及日常生活中。

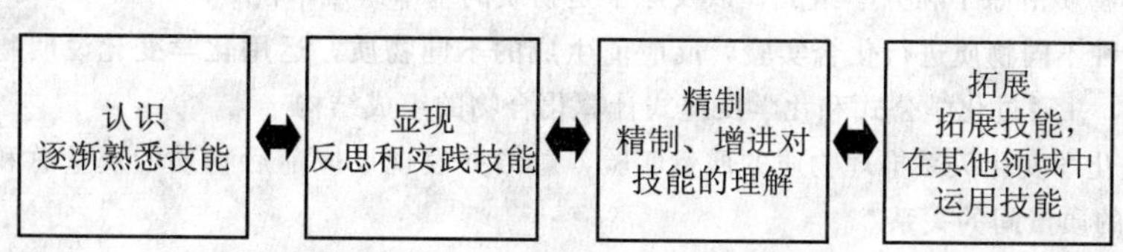

图 2　加拿大安大略省科学探究的发展进阶

综上所述，加拿大安大略省科学课标中突出强调科学探究技能的重要性，表现为将科学探究作为课程目标和课程系列进行描述。科学探究技能包括启动和计划、执行和记录、分析和解释、交流，并且对探究技能提出“认识—显现—精致—拓展”四个层级，但是并没有将进阶具体到各个年级的表述中。在各个内容系列的“科学与技术、环境、社会联系”“科学研究和交流技能”的具体期望后面，用字母标识相应的科学探

究技能。

八、日本课程标准中的科学探究

日本初中科学课标对理科目标的阐述是“提高对自然界的关注，培养学生有意识地观察和学习实践能力，让学生用正确的方法，养成科学的调研能力和学习态度，从而加深对自然界事物和各种现象的理解”。在各部分学习目标和内容中的表述“通过对物质和能量的观察学习提高对事物和现象的关注度，从中培养有意识地展开调查，发现规律，学会解决问题的方法”，表明科学研究能力(展开调查、发现规律)以观察事物和现象为起点，实现有意识地展开调查和发现规律。在内容部分的具体表述见下表，可见大部分内容表述都是“通过实验，观察……了解或掌握……”。

(1)身边的物质

A. 物质的形态

a. 通过对身边物质的不同性质的调查，包括物质的密度和电压，了解对物质加热过程中发现物质变化的共性，使用不同方法/器皿进行相同实验，掌握不同实验的记录和操作方法

b. 通过实验，对物质状态变化的观察，了解物质的熔点、沸点等在不同环境中不同的变化特点以及物质的不同分解规律。以及物质在状态变化、体积变化的情况下质量不变的规律

c. 通过气体如何产生的实验，了解气体的不同种类的特点，掌握气体产生的方法以及收集方法

B. 水溶液

a. 观察物质溶解在水中的变化过程，通过再结晶实验，了解物质在水溶后的分解过程，并从水溶后提取分解物的方法

b. 用酸和碱进行实验，在观察酸和碱的性质的同时，观察将两者中和后盐的产生

(2)化学变化和原子、分子

观察化学变化，通过实验，理解化合、分解物质后物质本身的变化及其质量的变化，由此现象观察原子和分子的结构关系变化

A. 物质的组成

a. 通过分解物质的实验，通过对物质的分解还原，推理物质的原本属性

b. 了解物质由原子和分子组成，以及原子是物质的基本组成单位

a. 将2种不同物质进行化合实验，反应前生成的不同物质，运用化学变化说明物质的原子和分子结构，并通过化学公式和化学反应式计算化合物的组成结构

b. 通过化学变化关系推理物质的质量实验，总结并发现反应前后物质的质量总和以及被反应的各物质的质量间的关系

(3)物质和化学反应的利用

观察物质的化学反应现象，通过实验，正确理解物质的化学反应的产生，并由此学习相关的日常生活中相关现象的正确对待方法

a. 氧化还原实验，通过实验，观察氧化和还原过程中氧气的作用

b. 化学变化过程中提取热和电的实验，学习化学变化中能量的导入和导出

日本高中科学课标在化学Ⅰ“目标”部分的表述为“观察化学性事物和现象，通过

实验，提高同学们对自然的关注和研究欲望，培养学生掌握化学性探究的能力和正确的学习方法的同时，掌握化学研究的基本概念和原理和法则，树立科学的自然观”，也强调了通过观察和实验，培养学生掌握化学性质探究的能力。在内容部分，提到“掌握物质研究的正确方法”，“观察物质的构成粒子，通过实验研究，理解基本概念，掌握关于物质的微视的学习方法”，强调了物质研究的方法，以及通过观察和实验研究促进学生理解并形成学习方法。

化学Ⅰ内容部分的每个主题(物质构成、物质的种类和性质、物质的变化)内，将研究活动作为内容主题的子主题之一，例如：物质构成的相关研究活动，物质的种类和性质的相关研究活动、物质的变化的相关研究活动。但是缺少对具体是什么研究活动的阐述。

化学Ⅰ“内容的选择”中，有如下表述：“关于研究活动，观察各部分学习的关联性，进行实验学习，辅导学生学习撰写个性化实验报告，并为他们创造发表的机会。借此，拟订实验的计划、实验检验标准、实验数据的分析、解释等学习方法。这里，灵活应用计算机教学方法。”

化学Ⅱ在目标部分的阐述与化学Ⅰ类似。在化学Ⅱ的内容部分单列“课题研究”，即“设定关于化学应用和发展的课题，通过观察学习研究，掌握化学研究的方法和解决问题的办法”。在内容选择部分说明——“从A和B中选择适当至少一个适当课题在适当的时期进行辅导教学，培养学生学习撰写研究报告并提供发表机会。在研究学习过程中，假设以下内容：实验的计划、实验检验标准、实验结果的分析、解释，推论等，辅导学生掌握正确的学习方法”。

综上所述，日本课标强调在观察的基础上，通过实验培养学生的探究能力，从而加深对基本概念、原理和法则、自然的理解。在高中设立专门的“研究活动”和“课题研究”发展学生的探究能力，在这些活动中，学生要拟订实验计划、实验实施、实验结果的分析解释推论，并撰写研究报告，教师辅导学生掌握学习方法。

九、韩国课程标准中的科学探究

在韩国科学课程标准中，科学探究既是一种课程目标，也是作为教学的方法。在3～10年级的科学课程目标中关于探究的表述是“培养科学地探究自然界的能力，活用于解决日常生活的问题”，在“评价”中相应地有“评价探究活动实行能力和将其应用于解决日常生活问题的能力”。

在“科学”课程的描述中，“‘科学’的内容是由运动和能量，物质，生命，地球和宇宙等领域构成，使基本概念和探究过程在学年和领域之间形成联系。并且为了能够提高学生对科学的兴趣以及加强创造力，包含了学生选择自身所感兴趣的主题进行探究的‘自由探究’”。“‘科学’根据学生的水平，使观察，实验，调查，讨论等多种探究活动为中心组织学习。不仅通过个别活动还通过集体性的活动，培养批判性，开放性，正直性，客观性，协同性等科学态度以及交流沟通的能力。”

在内容部分，对每个内容主题提出2～3个探究活动，下表所列为10年级科学课程中的化学相关主题的探究活动。

表 6　韩国 10 年级科学课程中的化学相关主题的探究活动

内容主题	探究活动
化学反应中的规律性	a. 质量守恒定律实验 b. 用模型说明定比定律
几种化学反应	a. 中和反应实验 b. 调查周围的化学反应
自然界中的能量	a. 调查可逆现象和不可逆现象事例 b. 讨论新、再生能源开发的必要性 c. 调查为活用太阳能而开发的多种技术

在科学课程的“教学、学习方法”中，指出：“将基础探究课程(观察、分类、测量、预测、推理等)以及综合探究课程(提出问题，作出假设，控制变量，资料分析，得出结论，应用普及等)和学习内容进行结合指导。”“分组进行探究活动时让学生们认识到科学探究中相互合作的重要性。”“自由探究中从选定题目，拟订计划，进行探究，到发表结果，以学生为主导进行创造性地进行。由于自由探究需要较长时间进行，在进行过程中随时检验进度并给予适当的鼓励和帮助。”

综上所述，韩国 9～10 年级课标强调培养学生的科学探究能力并将其活用于日常生活中。将探究分为基础探究和综合探究，基础探究主要指向观察、分类、测量、推理等基本操作和任务，综合探究则是提出问题、作出假设、控制变量、资料分析、得出结论、应用普及等要素，未阐明这些要素是否为顺序关系，“控制变量”类似于中国大陆探究中的“制订计划”，“资料分析”相当于中国大陆课标中探究的“进行实验”，强调“应用普及”，但是不涉及“反思评价”。为了培养学生的探究能力，有探究活动和自由探究这两种路径，首先，有观察、实验、调查、讨论等多种探究活动，指出通过小组活动培养学生的合作能力；其次，自由探究是由学生自主选题的探究活动。

11～12 年级的化学Ⅰ和化学Ⅱ的目标表述中有“培养科学探究物质现象的能力，将其活用于解决日常生活问题”。在课程描述中，“活用观察、实验、调查、讨论等多种活动培养探究的能力”。在评价部分的表述之一是“评价探究活动执行能力和将其应用于解决日常生活问题的能力”。

在化学Ⅰ和化学Ⅱ的教学、学习方法中，“将提出问题、探究设计以及实行、材料分析、得出结论等探究过程适当联系学习内容进行指导，加强探究能力”。并且都强调“分组进行探究活动时让学生认识到科学探究中合作的重要性”。在内容领域中对每个内容领域列出探究活动，见下表。从表中的探究活动可以看出，其中涉及的探究活动类型主要包括：关系推导、观察实验、调查等。

表 7　韩国课标化学Ⅰ各领域的探究活动

领域	探究活动
空气	a. 推导出气体的温度、压力、体积之间的关系 b. 寻找日常生活中随压力和温度气体的体积变化的实例并说明
水	a. 探究水的特性实验
溶液	a. 影响溶解度的因素的相关实验 b. 观察溶液的沸点升高或冰点降低现象实验
现代化学和我们的生活	a. 调查与化学相关的研究和职业 b. 调查发表尖端化学和新技术

表 8　韩国课标化学Ⅱ各领域的探究活动

领域	探究活动
原子结构和周期律	a. 解释元素周期性质的资料 b. 与科学史相关的探究活动
化学键	a. 比较不同化学键的物质的性质
化学反应和能量	a. 反应热实验
化学平衡	a. 通过分析资料推导出化学平衡定律
反应速率	a. 影响反应速率因素实验
酸碱反应	a. 中和滴定实验 b. 缓冲液实验
氧化还原反应	a. 化学电池实验 b. 调查实用电池

韩国课程标准从两个维度来看探究，一个是指向观察、分类、测量、推理等基本操作和任务的基础探究，另一个是包括提出问题、作出假设、控制变量、资料分析、得出结论、应用普及等过程要素(高中为：提出问题、探究设计以及实行、材料分析、得出结论)的综合探究。3～10 年级、11～12 年级都强调除了个人活动，还要通过小组合作培养学生的合作意识，都在内容主题中列出相应的探究活动，类型主要包括观察实验、推导、调查、讨论等，主要属于例举式的呈现。3～10 年级还设立"自由探究"，学生可以自主选题进行研究。这样就是我们从探究的功能、本体内涵、实现方式来看韩国课标中的科学探究。

第二节　美国课程标准中的科学探究和科学实践

美国的《大学理事会的大学科学入学标准》(在本章中以下简称《大学理事会标准》)和《科学教育框架》(在本章中以下简称《框架》)中，用科学实践代替科学探究，强调科学实践是科学家在实现目标或完成任务中用到的实践。《科学教育框架》除了考虑科学实践，还提到了工程实践，且二者具有共同的要素。我们需要关注标准中科学实践的内涵及其培养方式。

一、美国《大学理事会标准》中的科学实践

《大学理事会标准》认为除了发展学生对科学概念的理解，要发展学生的科学实践能力。科学家的实践主要是获取并使用证据来对自然现象构建和修正解释，并且做出预测。学生在参与科学实践的过程中，会有机会做确认假设、运用批判性思维、参与问题解决、确定证据的构成、考虑替代解释等任务。再者，通过参与科学实践，可以加深学生对学科知识的理解。有机会参与科学研究或者各种实验室实验的学生将会在不同情境下多次遇到这些科学实践。具体学科领域标准中的包含的研究为科学实践的发展提供了机会。这些研究可以有多种形式。

这些研究的一个关键聚焦点就是解释，它能够回应指导研究的科学问题或假设。"解释"指的是包含下列内容的一种陈述：至少应该有主张，与主张相关的证据，以及阐明主张与证据之间关系的推理。下表为标准中用于说明什么是"解释"的一个例子。

解释的表现预期
解释海底扩张的过程。用到能表明洋底年代的洋中脊横断面，沉积岩的厚度数据、地磁信息
解释
提出主张——地幔内部的对流造成了海底扩张。以造成洋底扩张的过程的形式，运用表明洋底年代洋中脊的横断面、沉积岩的厚度数据以及地磁信息作为证据来支持这一主张。基于地球层及其性质、对流、地球的磁极以及地球热能的内部来源建构将证据同海底扩张过程联系起来的论证。思考海底扩张的其他解释，说明这些解释之所以无效是因为证据的类型或质量的原因，或者是由于推理过程的错误
解释的组成成分
主张：提出地幔内对流造成了海洋扩张
证据：以造成洋底扩张的过程的形式，运用表明洋底年代洋中脊的横断面、沉积岩的厚度数据以及地磁信息作为证据来支持主张
推理：基于地球层及其性质、对流、地球的磁极以及地球热能的内部来源建构将证据同海底扩张过程联系起来的论证。思考海底扩张的其他解释，说明这些解释之所以无效是因为证据的类型或质量的原因，或者是由于推理过程的错误

另外，科学对话是科学学习的重要部分，但是由于英语标准中已经涉及科学的阅读交流，并且对话渗透在每一条标准中，因此没有将"科学对话"作为单独的一项标准。

基于对科学研究本质是构建解释这一认识，对 6～12 年级的四个学科领域的学生，提出 5 个共同的科学实践：(1)科学的提问和假设；(2)产生证据；(3)数据分析；(4)基于证据的解释和模型；(5)定量技术。关于科学实践的关系，本部分所描述的科学实践是相互联系并且非线性的，这些实践几乎总是重复的，例如：科学问题的提

出，修正后再提出。

科学实践标准是从三个层次进行描述的——标准、目标以及关键知识。每个科学实践对应于一个标准，每个标准拆解为若干个目标，对每个目标有相应的关键知识陈述。在“标准”中，具体描述学生在高中毕业时应该知道什么、能做什么。6～12 年级学生的科学实践是相同的，这样学生可以在不同的情境下实施和发展科学实践，从而有利于他们在不熟悉的情境下应用科学实践。“目标”指明学生展现其成功达成标准描述的目标的方式，是对标准的具体化。“关键知识”描述与科学实践相关的知识、技能和能力，例如：科学问题的本质、如何收集科学家认可的数据等。

科学实践必须在学科知识的情境下教学，因此，各学科标准的表现预期阐明了这些实践如何在不同的学科中具体化以及如何通过教学满足这些科学实践。也就是，科学实践标准注定要与学科知识整合在一起。在教学中，通过将学科概念与科学实践整合，教师可以帮助学生加深对科学学科知识的理解，以及使用学科知识思考新的情境或问题。整合科学知识的这两个维度，能帮助学生理解和参与科学实践，科学实践发展、延伸和修订学生学习的科学学科知识。

随着学生在各学科中参与科学实践的时间增长，他们将能够从一个由单一证据支持的简单主张，发展为能构建更复杂的解释——这些解释包括多重的相互连接的主张，以及多样化的主张，或者不支持原先主张的证据。

因此，以下我们将从科学实践标准和化学标准中的表现预期来研究科学实践的具体要求。

1. 科学实践标准

“科学的提问和假设”这一科学实践标准的目标分为提出科学问题、形成假设。假设是指对一定条件下可能发生什么的一种判断的主张。从目标的根本性知识中可以概括出主要有以下几个方面：(1)学生基于对自然界物体和事件的观察和测量及对世界的已有认知，提出通过科学研究或已有模型的证据可解决的问题，也就是可用实证证据支持或反驳的问题；(2)在设计研究的过程中修正科学问题，汇总相似的学习或问题、已有研究的信息为修正问题提供视角；(3)向他人提出科学问题，使之成为科学话语体系的一部分，也作为评价证据和解释的一部分；(4)基于直接观察和测量、自然现象的条件、他人收集的数据、学科知识或已有模型，提出对自然现象的假设；(5)随着知识发展或证据收集，进一步修正假设；(6)科学问题和假设为证据收集设定界限。总之，学生应该提出科学问题和假设，并修正科学问题和假设。

标准 SP.1　科学的提问和假设
·提出可实证检验的科学问题，并用可检验的假设形式组织这些问题
·学生提出关于现象、问题或议题的科学问题，这些问题都可以通过科学研究或者用已有模型的证据得以解决。所有科学知识都适合于这样的提问。记住这一点——每个现象和问题都是在一定具体条件下发生的，学生基于他们的科学知识、对自然界中物体和事件的观察、测量或者数据做出假设。这些假设像一个镜头能使数据收集回归到科学的问题上来。学生发展和修正科学的提问以及假设从而使得这些问题通过科学研究得以解决

续表

目标
SP. 1.1 科学的提问
·为了构建解释，学生辨识、提出、证明并修正可以解决的科学的问题
根本性知识
·所谓科学的问题指的是可以检验并且可以用实证证据支持或反驳的问题
·科学问题起源于对自然界中物体和事件的观察和测量以及对已知世界的认知
·在提出一个科学问题或者解决一个问题时，重要的是确认对所观察和测量的情境或条件有哪些了解和假定
·科学提问常常在设计研究的过程中得以修正(目标 SP2.1)。关于现象和问题的证据收集计划、证据本身、发展和精致化科学问题这三者之间存在着一种动态的关系
·将相似的学习、问题以及研究汇编出的信息收集起来，这种信息为提出或者修正一个科学的问题、一项收集证据的计划以及回答现象或问题的可用数据提供视角
·应该向同伴、教师、以及其他资源提出科学问题，使之成为科学话语体系的一部分，成为评价证据和解释的一部分。提出并研究科学问题旨在澄清个人对自然界的理解
·科学问题是构建解释的基石
SP. 1.2 假设
学生提出并证明关于自然现象的假设。假设和判断都建立在对世界的观察、学科知识、经验证据的基础上
根本性知识
·对一种自然现象的假设，可以基于：对自然界规律和模式的直接观察和测量、自然现象的条件，他人收集的数据，基于学科知识，或者关于现象的物质模型、思维模型(mental)或者数学模型
·假设就是指对一定条件下可能发生什么的一种判断的主张。这种判断可以基于原理和概念或者基于已有的经验证据
·假设应该考虑到已有的科学理论或模型、科学定律以及新数据
·当新的知识发展或者收集到实证证据时，进一步修正假设
·假设可能为实验参数设置界限(如数据的类型和数量；数据收集的频率和时长)

“产生证据”指的是收集数据以解决科学问题并支持假设，包括数据收集、评估作为证据的数据这两个目标。“数据收集”目标主要包括：(1)基于科学问题和假设，决定要收集的证据、收集方法、所需的精确度；(2)选择要观察或测量的变量，选择合适的观察和测量方法；(3)有序地系统地记录数据，可以采用技术和科学工具；(4)多次测量确保信效度。

“评估作为证据的数据”包括：(1)数据和证据的关系——回应科学问题或假设的数据，或可用于特定解释的数据；(2)作为证据的数据必须是可信的；(3)与科学问题、假设或解释不相关的数据不是证据，但是对于修订收集方法和问题，评估假设和解释是有价值的；(4)同行评议是决定数据可信度的一个重要环节。

“数据分析”是寻找观察和测量中的规律和模式。在科学问题或假设的导引下，分析和考查数据以寻找模式或关系。学生需要确定哪些数据是异常值或因数据收集过程不当所致，用技术和数学作为工具来分析科学数据或延伸科学数据的意义。选择和使用适当的表征来组织数据，在适当时以不同的形式重新表达数据，从而使模式显现出来。

“基于证据的解释和模型”是指运用证据和科学知识来建构科学的解释、模型以及表征，也就是，使用证据得出有关科学问题和假设的结论。解释应当包括主张、证据、推理(连接主张和证据)，学生应该能给出基于准确信息和良好推理的解释，并能识别和拒绝没使用科学证据和推理的主张。学生要区分描述和解释。表征和模型是帮助学生对证据、解释、理论和预测进行交流的工具。“基于证据的解释和模型”包括三个目标：建构解释、模型和表征、评估解释。“建构解释”包括科学解释的构成、考虑替代性的解释、在解释的推理中用到科学知识、支持解释的推理应包括逻辑表述(对数据的诠释、多种替代解释)。“模型和表征”是指在合适情境下和在形成解释过程中，建构、使用、重新表达并修正对模型和表征。模型和表征可以用于预测或解释自然现象，用于提出关于特定体系如何运转的科学问题。模型和表征具有与实际现象相似的关键要素，但是不能准确描述现象的全部方面。可以构建多个模型或表征来阐述目的和现象。“评估解释”是指以观察、经验证据、推理为基础，评估、比较和对比解释。

“定量应用”是指用数学推理以及定量技术解释和分析数据，从而达到解决问题的目标。使用这些定量应用的目的是聚焦于科学问题、数据、证据和解释之间的推理，数据分析，使算法概念化，诠释图表表征，以及发现关系。定量技术是工具，有时候也是语言，科学家借助定量技术以可测的方式理解和解释观察、诠释数值型数据、逻辑地评估其他科学家的观察。“定量应用”分为两个目标——变量之间的比例关系和双变量关系模式。

从以上的描述中，可以进一步理解这些科学实践之间的关系：它们并不存在线性的顺序关系，但是彼此之间存在关联，也不代表在一个科学研究中必须覆盖全部科学实践。可以从解释的构成——“主张—证据—推理”来看科学实践的联系：“提出科学问题和假设”是提出关于物体或事件的主张，“产生证据”和“数据分析”是为了获取和发现能够揭示模式、规律和关系的证据，“建构解释、模型和表征”则是基于证据和科学知识形成包括基于证据的推理形成具有解释力的主张，“定量技术”则是可以在数据分析、产生证据等实践中应用的。“产生证据”“建构解释、模型和表征”受到“科学问题和假设”的指导，并且需要在已有科学知识的基础上进行。在三个科学实践中，很重要的是建构和评估——提出科学问题和假设并在设计研究的过程中修订问题和假设，收集数据并评估其是否可以作为证据，建构并评估解释、模型和表征。

2. 化学标准中的科学实践

9～12 年级化学标准以物质结构、物质的变化、能量变化等三个核心学科概念作为基本架构。每个核心概念包括 3～6 个目标，在目标中具体描述学生应当学习的化学核心原理。在每个目标后面列出与之关联的学科内的其他目标或其他学科的目标。对于每个目标，会列出一套表现预期和一套关键知识陈述。表现预期描述为了建构关键知识和用关键知识推理，学生应该知道、理解和能做的事情，阐明学生如何通过参与科学实践发展其对学科内容目标的理解。

表现预期陈述中，主要有解释、预测、构建表征、找出、提供案例、描述、比较和对比等任务型动词，这与将科学视为构建解释和应用解释这一认识是相关的，因此，主要聚焦于解释、预测和构建表征。可以看出，解释、预测、构建表征等这些任务都属于科学实践的一部分，找出、提供案例、描述、比较和对比等不直接指向科学实践，但也是与科学实践相关的。在一条表现预期中可能会包括不止一个科学实践。

除此之外，表现预期中也有一些陈述是在一个情境下或对一些研究对象的系列化表现预期，下表为其中的具体例子。在这些"使用"或"研究"中，有些覆盖了全部科学实践，而有些则只涉及科学实践的一部分。在"研究气体行为"的系列表现预期中，涉及提出科学问题、产生证据(制订研究计划、收集和记录数据)、数据分析和定量技术(组织数据)、构建解释(提出主张、预测、解释)等科学实践。

核心概念"物质的结构"的目标"原子理论"
C-PE. 1. 1. 2 使用由符号表征(例如，$^{11}Na^{+}$)构成的数据，或使用不同原子、同位素或离子的微粒数量
C-PE. 1. 1. 2a 基于质子数，提出关于哪些是不同元素的原子的主张，并找出元素
C-PE. 1. 1. 2b 基于质子数和电子数，提出关于哪些是离子的主张，并找出离子
C-PE. 1. 1. 2c 基于质子数和中子数，提出关于哪些是同一元素的同位素的主张，并找出是哪些元素
C-PE. 1. 1. 2d 用同位素的概念解释为什么原子质量不以整数形式表达
C-PE. 1. 1. 2e 基于同位素丰度计算原子质量

核心概念"物质的结构"的目标"物质的状态"
C-PE. 1. 5. 3 研究气体的行为。利用理想气体定律，采用体积、压力、温度和气体量等进行概念上和数学上的研究
C-PE. 1. 5. 3a 提出关于气体行为的科学问题(例如，温度变化对一定量气体体积的影响)
C-PE. 1. 5. 3b 做出有关气体行为的研究计划
C-PE. 1. 5. 3c 收集和记录观察和测量
C-PE. 1. 5. 3d 组织数据，选择合适表征方法来展示出变量之间的关系
C-PE. 1. 5. 3e 利用数据分析，提出关于变量之间关系的主张
C-PE. 1. 5. 3f 利用变量(V，P，T，n)之间的关系预测一个变量的变化对另一个变量的影响
C-PE. 1. 5. 3g 使用可视化表征解释所观察到的变量之间的关系(V，P，T，n)
(界限：可视化表征聚焦于两个变量，并且是理想行为；相图已经超过了这些标准)

《大学理事会标准》实现了将科学实践与学科知识整合，在学科知识的学习中培养科学实践的能力，科学实践也促进学生对学科知识的理解。也就是，基于学科核心概念对科学实践进行了阐述，由此引出一个问题——哪些科学知识与哪些科学实践结合更有价值，这个问题并没有得到直接回应。

二、美国《科学教育框架》中的科学和工程实践

美国《框架》从科学和工程实践、交叉概念(跨学科共同的)、学科核心概念(物质科学、生命科学、地球和空间科学、工程技术和科学应用)等三个维度描述学生学习的内容、技能和学习顺序。与《大学理事会标准》相比，《框架》在学科内容领域中增加了工程技术领域，在"实践"中增加了工程实践，从而成为科学和工程实践。

美国《框架》提到，使用"实践"这个词而不用"技能"的原因是想强调参与科学研究需要知识和技能。用"实践"替代"探究"，是因为"探究"在科学教育界被用于表达很多种意思，希望用"实践"更好地明确科学领域的探究的内涵及其所需的认知的、社会的或物质的实践。

学生只有亲自经历和参与实践，才能真正理解科学实践和科学知识的本质。"学生通过参与科学实践，有助于其理解科学知识如何产生和发展，理解工程师的工作以及科学和工程之间的联系；有助于其理解科学和工程的学科概念和交叉概念；使得学生的知识更有意义并且深入到世界观里"。再者，可以激发学生好奇心、兴趣和学习动机，认识到科学家的工作是有创造性的并能影响我们生活的世界。

美国《框架》认为科学家和工程师的实践可以分为三个部分，如下图所示。第一个部分(左侧)的主要活动是研究和实证探究，第二个部分(右侧)的主要工作是用推理、创造性思维和模型建构解释或设计方案，第三个部分(中部)是分析、辩论和评价。

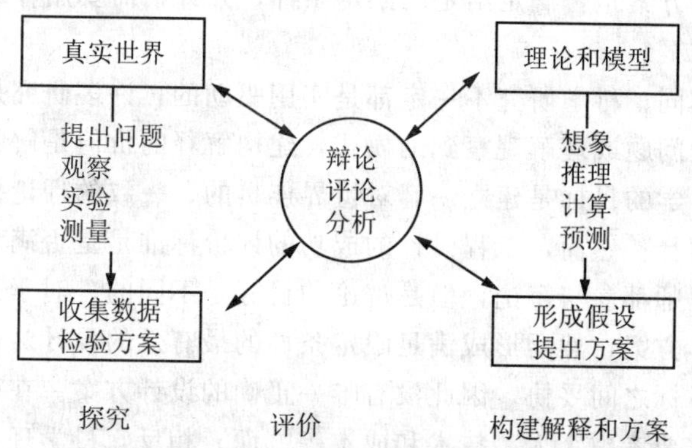

图3　美国科学教育框架中科学家和工程师的实践

左侧的部分是与实证研究有关的活动。科学家做出关于测量什么、观察现象、设计实验、观察程序、数据收集方法的决定，建立工具，参与学科的实地调查，找出不确定性的来源。工程师在这个部分，通过测试为设计方案提供数据(例如：设计高速路的工程师要测量地形、收集关于土壤和水流的数据)。

右侧是关于形成解释和方案的部分。科学家的工作是利用已建立的理论和模型、延伸理论或创造新的模型。他们经常构建能引出新的研究问题或替代解释的模型或假设。工程师的主要实践是产出方案。方案的发展需要建立模型，例如用计算机模拟各种条件下用于检验设计的新结构或过程，或者，在后续阶段检验物理原型。科学家和

工程师都要使用模型(包括示意图、图表、数学关系、模拟和物理模型)来提出关于体系可能行为的假设，以及收集数据以评估假设和修订模型。

中间部分的活动是有关评价的。这是在各个步骤重复的过程。在形成和修订想法(解释或方案)、或者实施调查时需要批判性思考。这个部分的主要活动是辩论和评论，辩论和评论会引起进一步的实验和观察或者改变原有的模型、解释或方案。科学家和工程师使用基于证据的辩论来阐明自己的想法，比如是否有新的理论或方案、收集数据的新方法、证据的诠释。他们及同行会尝试找出辩论中的弱点和局限性，最终目标是修订和提升科学模型或工程方案。

科学家和工程师在实际研究中，在这些部分之间顺序依次进行或者循环重复，如此循环往复，他们实施的活动可能同时包括 2 个部分或全部。这个图只是给出一个框架，帮助理解在科学家和工程师的工作中“实践”具备的功能、价值、范围和多样性，它展示出三类重叠的科学实践及其相互作用。

工程设计和科学研究都是反复的、系统的。工程设计的反复性体现在——基于对所了解的东西，检验和修订新的设计；系统性体现在——实施大量有特征的步骤。这些步骤包括：首先，确认问题并明确限制条件，另一个步骤是产生有关如何解决问题的想法(通常用头脑风暴，想出一些方案并设计替代方案)，还有一个步骤是通过建立和检验物理模型或数学模型或原型，检验可能的方案从而提供有价值的数据。工程师用掌握的数据分析方案是否满足给定的限定条件，并评估需要用什么来提高最好的方案或设计更好的方案。

与工程设计不同，科学研究不一定都是实用驱动的，许多研究是在好奇心的驱动下回答关于世界的问题或理解观察到的模式，建构解释的价值是解释本身，不考虑直接的实际应用。科学的目标是建立一套对世界连贯的、一致的理论描述，这种描述能对许多现象提供解释；然而，工程设计的成功的评价标准是是否满足人类需要。

科学家和工程师都参与辩论，但是辩论的目标是不同的。对于工程，辩论的目标是评价可能的设计方案，然后形成满足限定条件的最有效的设计。优化过程通常会涉及在相互冲突的目标之间妥协，因此没有唯一正确的设计方案。在很多个可能的方案中做出选择时，需要考虑个人、技术和成本等方面。相反，科学理论要满足的标准与工程设计不同，例如要满足简约性和解释的连贯性(尤其是新理论对现象的解释是否与观察匹配，以及是否能做出关于过去的预测或推论)。由于科学的目标是找到唯一的，具有连贯性和综合性，能解释一系列现象的理论，因此不希望出现多个可能的解释，希望通过数据来减少这些解释之间的矛盾，从而选出对问题中的现象最适合的解释或者建立新的更综合的理论。

美国《框架》并不要求学生能够建立新的科学理论，但是期望学生能够用观察到的证据建立基于理论的模型并用这些模型进行辩论，从而建立解释。实际上，构建基于证据的模型、辩论和解释是发展和展示对科学观点的理解的关键。

美国《框架》将科学和工程师的工作视为一系列实践，为 K～12 年级课堂确定了 8 个共同的科学和工程实践：(1)提出问题(科学)和界定问题(工程)；(2)建立并使用模型；(3)计划和实施研究；(4)分析和诠释数据；(5)使用数学和计算思维；(6)形成解释(科学)和设计方案(工程)；(7)参加基于证据的论证；(8)获得、评价和交流信息。

美国《框架》在对每个实践进行描述时，首先对该实践进行描述，然后是12年级结束时学生应达到的主要能力(目标)，接着勾画出能力水平的年级进阶。进阶的勾画主要是基于委员会的判断，因为至今关于每个科学实践发展轨迹的研究证据仍然很少，因此大致按照低年级、初中、高中的阶段划分，在描述上也略显粗糙。

美国《框架》指出，在科学或工程学习中，科学和工程实践是被反复使用的，并且是多个联合使用；不应该将其视为跟呈现顺序一致的线性的顺序步骤。

以下对美国《框架》中的每个科学实践的目标(12年级结束时的目标)和进阶进行概括阐述。

1. 提出问题和界定问题

提出问题有助于形成科学习惯，即使是将来不成为科学家或工程师，提出好问题的能力也是科学素养的重要组成，它有助于使一个人成为批判地接受科学知识的消费者。科学问题的来源可以是对世界的好奇心，理论或模型的预测，延伸或修正模型或理论，对某个问题寻找更好的方案的需要。在工程领域，工程师要能够提出探索性的问题以界定工程问题，例如：在这个问题之下，需要什么？好的方案的标准是什么？有什么限制条件？也有一些问题来源于产生可能的方案的过程中，例如：这个方案是否满足设计标准？

学习科学和工程的过程中，应当发展学生提问的能力，尤其是鼓励他们提出可以实证研究的好问题。从以下的目标陈述来看，可以发现：对于科学，提出的问题是关于自然世界和人造世界的问题；对于工程，提出的是关于需要和需求的问题；提出并修正可以用实证研究的问题，区分科学问题与非科学问题；除了研究问题，还要提出关于确认论证前提、进一步精致、修正研究问题或工程问题、质疑数据诠释的探索性问题；提出在观察中发现的特征、模式或矛盾相关的问题。

目标
12年级学生应该能：
·提出关于自然世界和人造世界的问题——例如：为什么有四季？蜜蜂做什么？为什么结构散掉？电能是怎样产生的？
·区分科学问题(例如，为什么氦气球上升)和非科学问题(哪个颜色的气球最好看?)
提出并修正能在科学课堂中用实证回答的问题，用这些问题来设计探究或构建实用的方案
·提出探索性的问题：为了确认论证前提的问题，要求进一步精致化的问题，有助于修正研究问题或工程问题，或者关于质疑数据诠释的问题——例如：你如何知道的？哪些证据支持那个论点？
·在观察中注意特征、模式或矛盾，并提出与之相关的问题
·对于工程，提出关于需要和需求的问题，目的是确认方案的限定和具体条件

关于这一科学实践的进阶：首先，要求全部年级的学生都能对阅读的文本、观察现象的特征、从模型或科学研究得到的结论提出问题，提出用于确认工程问题及其限定的问题；其次，随着年级升高，学生的问题会更加相关、聚焦和复杂，也就是精熟

度逐渐提高；最后，要求教师尊重并给学生提出问题和修正问题的机会。

2. 建立和使用模型

这里的模型是指概念模型，概念模型是在某些方面与要表征的现象相似的外显表征，是结构的、功能的或行为的类比物。虽然概念模型不能准确对应于实际上更复杂的实体，但是通过减小或模糊一些特点使得某些特点更加清晰。由于模型的适合度和前提假设限定了模型应用的效度范围及解释力的精确度，因此要注意模型的有限性。通过重复"对比模型预测与真实世界、修订模型"的过程，可以对模型进行评估和修正，从而获得对现象的理解。

科学家使用模型来表达他们对研究系统(或系统的一部分)的现有理解，辅助他们提出问题和解释，与他人交流观点。某种程度上概念模型是科学家心智模型的外显表达。建立对模型及其作用的理解，有助于学生构建和修正关于现象的心智模型，反过来，更好的心智模型可以加深其对科学的理解，增强科学推理。

工程领域利用模型来分析已有体系，使科学家能看到出现缺陷的条件或检验新问题的方案，利用模型使工程设计可视化并做高水平修正。与科学领域类似，使用模型的工程师必须清楚模型本身的局限性，必须在熟悉的情形下检验模型以确保可信度。

从目标表述可以看出，美国《框架》要求学生构建图表来表征事件或体系，并用于解释或预测；用多种模型表征和解释现象，并在不同模型间灵活转换；讨论模型的局限性和精确度，并基于经验证据或评论思考如何修正并修正模型；用计算机模拟或其他模拟方式；在工程领域建立和使用模型来检验工程设计或比较不同设计方案。也就是说，学生要基于对模型的理解构建并使用模型，在科学领域关注模型的解释或预测能力，在工程领域关注模型的检验和比较功能。

目标

12 年级学生应该能够：

- 构建图表来表征事件或体系——例如，画出具备标志性特征的昆虫图，表征水被太阳加热会发生什么，或表征真实物体的物理模型；并使用它作为对特定条件下体系行为进行解释或预测的基础
- 用多种模型表征和解释现象——例如，用 3D 模型或键图表征分子，根据目的在不同模型类型之间灵活转换
- 讨论模型作为对体系、过程或设计(工程方案)的表征的有限性和精确度，指明以什么方式改进模型可以更好地匹配证据或反映工程设计的具体化。基于经验证据或评论修正模型，以提高模型的质量及其解释力
- 使用(给出的)计算机模拟或由其他模拟工具形成的模拟作为工具来理解和研究体系的各个部分，尤其是用肉眼不易看到的部分
- 建立和使用模型来检验工程设计或者工程设计的一些方面，用模型比较不同设计方案的有效性

关于"建立和使用模型"的进阶：学生从低年级开始建立模型，低年级的模型主要是具体的图或物质比例模型；而高年级的模型是更抽象的对关系的表征，例如，物体受力图。要求学生用图表或其他抽象模型作为工具使他们完善观点或发现，发展自己

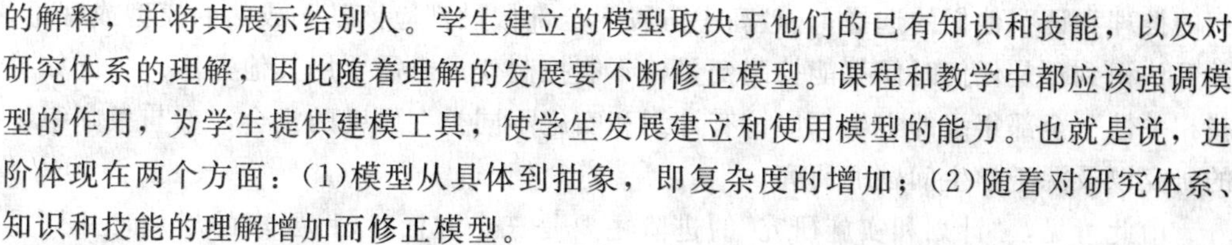

的解释，并将其展示给别人。学生建立的模型取决于他们的已有知识和技能，以及对研究体系的理解，因此随着理解的发展要不断修正模型。课程和教学中都应该强调模型的作用，为学生提供建模工具，使学生发展建立和使用模型的能力。也就是说，进阶体现在两个方面：(1)模型从具体到抽象，即复杂度的增加；(2)随着对研究体系、知识和技能的理解增加而修正模型。

3. 计划和实施研究

科学家和工程师研究和观察世界的目标是：(1)系统地描述世界；(2)发展和检验有关世界如何运转的理论和解释。在第一个目标里，通过仔细的观察和描述，就会发现有待解释的特征或需要探索的问题。第二个目标要求通过研究，来检验关于世界的解释模型和模型的预测，以及模型的推论是否能得到数据的支持。

计划和设计这样的研究，需要有设计实验或观察研究的能力，这些能力可以回答提出的问题或检验形成的假设。这个过程需要确认相关的变量，思考如何观察、测量和控制这些变量。因此，需要确定结果变量和输入变量，也就是设计变量控制，确定样本；进而考虑做哪些测量、测量要求的精确度水平、确定合适的测量工具，目标是尽可能准确地测量变量并减少误差来源。

在目标中，要求学生提出可以研究的问题，并且在合适的时候基于模型或理论提出假设(也就是可能的解释)；决定收集什么数据、需要哪些工具、如何记录；决定数据量以保证精确性和可信度；确定研究的程序，确定自变量和因变量，控制混淆变量或影响。可见，目标要求侧重于研究设计，而未提及研究实施；在研究设计中，关注需要什么数据，如何收集和记录，如何保证数据可信度，变量控制等方面。虽然没有直接强调数据收集等方面要接受研究问题和假设的指导，但是在这个部分提出可研究的问题并构建假设，也可以理解为要关注这一点。

目标

12 年级学生应该能够：

· 提出在课堂、学校实验室或有合适资源的场地中能研究的问题；在合适的时候，基于模型或理论构建假设(也就是可能的解释，这种解释能预测某种稳定的结果)

· 决定收集哪些数据，需要哪些工具、如何记录测量

· 决定需要多大量的数据以保证测量值可信，并考虑限制数据精确性的因素

· 计划实验或实地研究的程序，确定相关的自变量和因变量，并确定是否需要控制

· 考虑可能的混淆变量或影响，保证研究设计控制了这些变量

关于“计划和实施研究”的发展进阶，主要体现在：(1)小学阶段，学生学习找出待探究的特征，例如因果关系模式；随着对原有计划局限性的认识而不断修改研究计划；学生的设计研究经历主要是在教师指导下的，除了这样的经历外，学生应该有机会实施细致、系统的研究；(2)随着复杂度的升高，学生应该不只是提出研究问题，还要做出关于收集什么数据、控制哪些变量、采用什么工具和什么方式记录数据、考虑误差等决定；(3)年龄较大的学生应该提出假设以预测特定的稳定结果，并解释他

们的推理和证明他们的选择；(4)高中阶段，全部假设都应该基于成熟的模型或理论，并且认识到不是任何时候都能控制变量，不能控制变量时需要用其他方法——例如寻找相关性。全部年级的学生都应该有计划和实施不同类型研究的机会，参与教师组织的研究以及源于学生问题的研究。

由此可见，“计划和实施研究”的进阶主要是三个方面：(1)要素的增加，从侧重于找出待研究的特征(提出研究问题)到考虑研究设计的相关方面；(2)假设的基础，从提出假设到全部假设都基于成熟的模型或理论；(3)研究的复杂性，从可以控制变量到有些变量不能控制。

4. 分析和诠释数据

在收集数据以后，应该以能够揭示模式和关系，能与他人交流结果的形式呈现数据。分析和诠释数据的功能是——通过分析揭示数据的意义(模式和关系)及数据的相关性，从而数据可以用作证据。工程师常常通过建立模型或原型，以及收集大量数据来分析工程设计，也就是基于证据来判断某个设计是否是成功的。数据分析为方案决策提供依据，使表现的预测和评估成为可能，还可以帮助修正或弄清问题，确定经济可行性，评价替代方案和研究特征。数据分析的途径是以制表、作图、统计分析的方式组织和诠释数据。学生需要分析大量数据和确认相关性的机会。信息技术可以为学生获取更多数据并为数据的组织提供很好的途径。

在目标中，要求学生系统分析数据以找出隐在的模式，检查数据与起始假设是否一致，对于不一致的情况思考如何修正起始模型；为了核对、概括和展示数据以及探索变量之间的关系，采用数据表、数据库、图、统计等技术；采用数学和统计技术评估从数据得出的结论力度；识别数据中的模式，揭示值得进一步研究的关系，并区分因果关系和相关关系；在工程领域用物理模型收集证据并分析工程设计在各种条件的表现。

目标

12 年级学生应能够：

- 为了寻找隐在的模式或检验数据是否与起始假设一致，系统地分析数据
- 认识到数据与预期不一致的情况，并思考需要对起始模型做哪些修正
- 为了核对、概括和展示数据，以及探索变量之间的关系(尤其是输入和输出的变量)，使用电子数据表、数据库、表格、图、图像、统计、数学和计算机技术
- 基于适当年级水平的数学和统计技术，评估从数据得出的结论的力度
- 识别数据中的模式，这些模式体现值得进一步研究的关系；区分因果关系和相关关系
- 从物理模型收集数据，分析各种条件下工程设计的表现

关于发展进阶，分为小学、初中、高中三个阶段。小学阶段，学生在别人的帮助下认识到用画图、文字或数字的形式记录观察，并与他人分享；随着深入参与科学探究，学生应该开始收集定类数据或数值型数据，以有利于数据诠释的方式(例如，表格和图表)呈现数据，可以引入计算机或其他数字工具。初中阶段，学生应该学习如何展示、分析、诠释数据的标准化技术，例如：图表、确认异常值、求均值以减少测

量误差。应该让学生解释为什么需要这些技术。高中阶段，研究更加复杂，学生需要发展用其他技术展示和分析数据的能力；应该认识到需要用不同的方式展示数据，从而确认和展示重要的特征；应该有机会使用各种类型的科学数据，并且使用电脑或其他数字工具支持这些分析。从小学到初中和高中的进阶体现在两个方面：(1)小学主要是用数据记录和处理方式进行记录和呈现数据，初高中进展到分析和诠释数据，确认和展示重要的特征；(2)数据分析技术类型和复杂度的增加，以及数据类型的增加。

5. 使用数学和计算思维

数学和计算思维对科学和工程很重要。为描述和预测现象提供有力的模型，使变量的数值表征、物理实体之间关系的符号表征、预测结果成为可能；为收集和分析大量数据、找寻不同的模式、确认联系和重要特征提供支持；可以作为一种科学语言，作为交流的工具。工程设计通过建立数学模型，检验设计方案的表现，探索结构的限制条件，并评估是否在可接受的经费预算内完成工程。现代科学中大多数领域的预测和推论都采用了概率，计算工具(计算机等)的发展增强了数学的力量，可以为复杂系统建立模型。

目标要求包括在建模和研究时用数学或算法形式表达关系和量，在分析数据时采用相应年级的数学和统计理解，识别各个维度的量，将数学表达、计算机程序、模拟的结果与对世界的已有认识对比检查其是否有价值，认识到计算机模拟是建立在包含对现象和体系假设的数学模型基础上的。

目标

12 年级学生应能：

· 识别各个维度的量，在数学表达式和图表中正确使用单位
· 在科学建模和研究中以数学或算法形式表达关系和量
· 认识到计算机模拟建立在包括关于研究现象和体系的潜在假设的数学模型基础上
· 使用数学表达、计算机程序、模拟等简单测试案例——也就是，将它们的结果与对世界的已有认识对比，看它们是否有意义
· 在分析数据时，使用与年级水平匹配的数学和统计理解

关于发展进阶，主要体现在：学生学会数数之后，就应该开始使用数字来发现或描述自然界的模式。在合适的年级段，应该使用尺子、量角器、温度计等工具测量变量，并用数值表征这些变量，应用数学插入值并确定简单数据的特征。在低年级鼓励学生用计算机对简单的数据进行分析；后来，应该让学生开始利用计算机技术等，使用数学关系建立简单的计算机模型。每个年级的科学课堂都应该让学生逐渐使用这些工具。学生应该获得使用计算机记录测量结果、在不同形式间转换数据的经验。再者，用符号表达数据、预测结果、延伸得到更深入的关系，是相比于语言表达式的显著进步。

6. 建构解释和设计方案

科学的目的是建构解释，工程的目的是设计方案。科学通过发展科学理论来提供

解释。科学理论是基于大量知识和证据的构造，是在新证据支持下进行修订的，在其被广泛接受和应用之前必须经得住科学社群的审查。科学理论不是猜测，能够为很多情况提供解释。科学假设既不是科学理论也不是猜测，是对所观察现象的可行解释，能预测特定情境下会发生什么。科学假设建立在对与情境相关的已有理论的理解以及研究体系的具体模型基础之上。

科学解释是连接科学理论和观察或现象的说明。对于研究的情境，通常的情况是，首先以具体的科学模型表征理论，然后建立基于模型的解释。

让学生利用标准的科学解释，帮助他们获得对主要科学观点的理解，是科学教育的重要方面。基于学生的观察或学生建立的模型，通过发展学生自己对现行的解释，有助于实现学生的概念转变。也就是说，科学解释的间接性、类比性和对实证数据的内在需求，使得它具有教育价值。对最好的解释的决策，是辩论的一部分，标准是解释与全部可行数据的匹配程度、对复杂的简化、是否产生一定程度的理解。

科学家通过在模型和表征的辅助下建立理论及基于理论的解释，以及对数据和证据的利用，从而实现他们自己的理解。因此学生也应该发展其建立基于模型或基于证据的解释的能力。工程设计与科学解释的建立都是重复的、系统的过程，但是也有不同的方面——找出方案质量的限定条件和标准、形成设计计划、建立和检验模型或原型、在替代计划特征中选择从而优化实现设计标准、机遇原型或模拟的表现修正方案。

从目标要求可以看到，这个科学实践对学生的要求主要有两个方面：一个方面是，建构解释和设计方案——用科学理论构建自己对现象的解释，将解释与模型、证据连接起来；用一手或二手科学证据和模型来支持或反驳对现象的解释，基于科学知识水平给出适当的因果解释；应用科学知识解决工程设计问题，承担工程设计项目，参与设计循环的全部步骤，形成满足设计标准的计划，构建装置或实施设计方案。另一个方面是，评估解释和方案——确认解释(自己或别人的)的空白或弱点，基于共识的设计标准评估和评论备选设计方案。在建构解释和设计方案方面，强调应用科学理论和科学知识，以及基于模型和证据的解释。

目标

- 用科学理论构建自己对现象的解释，并将解释与模型和证据连接
- 用一手或二手科学证据和模型来支持或反驳对现象的解释
- 基于科学知识的水平给出适当的因果解释
- 确认解释(自己或别人的)的空白或弱点

在工程经验中，学生应该有机会做以下事情：

- 通过应用科学知识解决设计问题
- 承担工程设计项目，参与设计循环的全部步骤，形成满足设计标准的计划
- 构建装置或实施设计方案
- 基于共识的设计标准评估和评论备选设计方案

关于科学领域的进阶，主要体现在：(1)在科学教育早期，学生需要有机会参与构建解释和评论解释。鼓励学生发展对自己研究中观察的现象的解释，从解释和证据的一致性程度来评估他人的解释。随着学生知识的发展，他们能开始确定和分离变量，将观察融入到对现象的解释中；通过测量两个因素是否相互影响，建立因果陈述来解释观察到的现象；鼓励学生重新思考他们的初始观点并产生更完整的解释来说明观察。(2)在中学阶段，学生应该认识到许多科学解释依赖于对小得看不到或者大得看不到的实体的模型或表征。(3)在更高年级阶段，学生应该进展到使用数学和模拟来建立对现象的解释。

关于工程设计的进阶，主要体现在：(1)小学阶段，让学生在课堂上用提供的工具和材料解决一些特定问题；(2)初中阶段，重要的是让学生参与能应用在科学上学到的东西的工程设计项目，有机会计划和实施完整的工程设计项目；(3)高中阶段，能承担更复杂的有关当地、国家和世界议题的工程设计项目。

7. 参与基于证据的论证

科学家和工程师使用推理和论证来阐明自己的观点。知识的产生依赖于推理，在推理中要求科学家提出并阐述关于世界的主张。其他科学家试图找出主张里的弱点和局限性。论证可以是基于对前提的演绎、对已有模式的归纳概括、推测最可能的解释。在解决具体的问题(实验设计、数据分析技术、数据诠释等)时也需要论证。

在科学的正式场合和非正式场合，都充满了论证。新的观点难以被接受，需要论证。随着时间发展，在新数据下经受批判检验的观点能够获得科学社群的认可，通过讨论和论证使科学保持客观性和进步。

科学家和公民都需要具备检验“坏科学”的知识和能力。科学家要对自己的工作和他人的工作提出批判性判断，科学家和公民都要对科学媒介报告的效度及其对人类生活和社会的意义做出评价型判断。通过评论和评价判断科学论证的价值，能够培养批判性的科学消费者。

在工程领域，推理和论证对于找出问题的最可能方案也是很重要的。在设计早期，比较或综合不同的观点以建立初始设计，通过论证有关设计目标的不同观点的价值做出选择；在设计的后期，工程师以重复的方式检验可能的方案，收集数据、修正设计。这些结果通常以证据的形式呈现，从而论证一个特定设计的优点或不足。

目标要求中，区分科学论证的主要特征和要素——主张、数据、推理，建构科学论证并说明数据如何支持主张，找出科学论证中存在的弱点并用推理和证据讨论，找出自己的论证的弱点并根据评论修正，说明科学观点发展过程中的论证和争论，说明科学社群如何评判关于知识的主张，以批判的方式阅读报告并确认其优缺点。

目标
- 构建科学论证，在其中说明数据如何支持主张
- 确认科学论证中可能的弱点，基于学生的知识水平，用推理和证据讨论这些弱点
- 找出自己的论证中的缺点，根据评论对其进行修正和提高
- 认识到科学论证的主要特征是主张、数据、推理，并在具体例子中区分这些要素
- 解释科学观点发展过程中争论的本质，描述围绕它的论证，说明为什么某个理论成功
- 解释关于知识的主张如何被科学社群评判，说明同行评议的价值和局限性及其对重要研究的独立复现的重要性
- 以批判的方式阅读媒体科学或技术报告，从而确认其优势和弱点

关于发展进阶，体现在：年幼的学生可以论证对自己观察到的现象和收集的数据的诠释，在教师的支持下，除了简单地提出主张，可以增加对证据的推理和参考，开始区分证据和观点。随着学生论证能力的增长，可以利用大量的证据和推理，认识到证据的哪些方面能够支持或反驳某个论证。通过提出关于自己或他人研究的问题来进行评论，开始接触对话论证的语言，例如：主张、推理、数据等。探索科学史片段，可以为学生提供机会确认职业科学家的观点、证据和论证。鼓励学生认识判断新知识主张的标准，以及评价科学观点的手段，认识到同行评议和独立证明的实践有助于维持科学的客观性和可信性。

学生应该为自己建构的解释进行论证，辩护他们对相关数据的诠释，支持他们提出的设计，同时，应当学习如何批判性评价他人的科学论证并提出反驳的观点。这样为学生提供了使用科学知识证明解释和识别他人论点的弱点的机会，也提供了建立他们自己的知识和理解的机会。

8. 获取、评价和交流信息

阅读、诠释和制造文本(指各种可用于交流的形式)是重要的科学实践。书面或口头交流是科学的另一个重要实践，要求科学家准确地描述观察、阐明他们的想法，阐述他们的论证。要成为科学和工程产品的批判性消费者，需要阅读或审视出版或网络的科学报告的能力，以及识别凸显的科学、找出误差和方法缺陷、区分观察和推论、区分论证和解释、区分主张和证据的能力。工程也需要交流观点和发现、交换信息。与科学一样，工程交流也不只是包括书面和口头语言，许多工程观点都是以草图、图表、模型和产品的形式展现的。工程手册也被广泛使用。

目标要求包括：用多种方式交流理解或提出有关的问题；阅读与科学和工程资料并用科学知识解释资料中的主要观点；识别写作和对话的主要特征，建立表达观点和成就的书面信息或口头报告，参与阅读一级科学文献或媒体科学报告，讨论数据、假设和结论的信效度。

目标
·使用文字、表格、图表和图像，以及数学表达来交流他们的理解或提出有关研究系统的问题 ·阅读科学和工程资料，包括表、图、图像，与科学知识匹配地解释其中表达的主要观点 ·识别科学和工程写作和说话的主要特征，能够制造用于表达观点和成就的书面信息或口头报告 ·参与批判性的阅读——一级科学文献（调整为课堂使用的）或者媒体的科学报告，讨论数据、假设和结论的效度和信度

关于发展进阶：从科学教育的起始阶段开始，学生应该参与科学交流，尤其是关于他们实施的研究和观察。从低年级开始，仔细描述观察、清晰表述观点，基于别人的质询修正问题、向别人提出问题以弄清别人表述的内容。从小学高年级和初中开始，诠释书面资料的能力变得更加重要，包括诠释表格、图表和图像，协调书面信息等。

在整个科学教育阶段，学生不断地接触新术语，还学习更一般的学术语言，例如“分析”“相关”。学生应该写出对自己工作的阐述，并用日志记录观察、想法、观点和模型，在日志中用图、表及书面文本表征数据和观察。学生开始用报告或海报的形式，向他人呈现自己的工作。随着学生阅读和书写的增加，向学生介绍科学文本特有的风格——研究报告、基于论证的解释、实验程序以及探索的目标。学生应该有机会参与对观察和解释的讨论，做有关结果和结论的口头报告，通过提出问题和讨论报告呈现的议题来参加与其他同学的讨论。

高中阶段，通过为学生提供更复杂、更多类型的文本（泛指信息），进一步发展这些实践。例如：网络上的专业报告或科学文献。学生需要有机会用批判的眼光阅读和讨论面向一般大众的报告，阅读调整后的一级文献样例。

在工程中，学生需要在工程设计的计划和发展阶段、最终方案展示的阶段，适当结合草图、模型和语言交流观点。

第三节　启示与思考

一、国际课程标准科学探究和科学实践要求的趋势

通过对各个国家和地区课标有关科学探究（或科学实践）表述的对比分析，可以看到其化学课标对科学探究的功能、科学探究的要素的设定。下表是对各国课标中的科学探究相关内容进行的简要概括。

表 9　不同国家和地区课程标准中的科学探究概要

国家（地区）	功能	要素	特点
芬兰	· 主要指化学实验 · 通过化学实验帮助学生抓住科学的本质，形成新的科学概念、原理和模型 · 发展学生进行实验工作及合作的技巧和能力	· 观察研究与生活环境相关的物质和现象 · 描述、解释和说明实验现象的能力 · 实施简单的科学实验（初中） · 观察、制订计划、进行测量和实施实验（高中） · 安全使用仪器和试剂 · 口头或书面表述实验结果 · 解释和处理实验结果（初中） · 解释实验结果、对实验结果建模和评价（高中） · 得出结论并应用结论	1. 提出实验对象和任务 初中 · 知道怎样研究物质的属性 高中 · 检测有机化合物的性质及其反应，熟悉分离和鉴别的方法，知道怎样配制溶液 · 研究关于物质结构、性质及其反应的现象 · 研究关于化学反应、化学反应速率及化学反应机理等实验现象 · 研究与金属及电化学有关的现象 · 研究与化学平衡相关的现象 2. 体现了初中到高中进阶 ①探究对象和任务的增加 ②要素的增加 · 从初中的“实施简单的科学实验”到高中的“观察、制订计划、进行测量和实施实验” · 从初中的“解释和处理实验结果”到高中的“解释实验结果、对实验结果建模和评价” · 高中增加“得出结论并应用结论” · 高中增加模型，表述为“通过实验和模型方法研究”

续表

国家(地区)	功能	要素	特点
法国	· 为了让学生获得技能，教师要向学生传授实验科学的方法、技能产生的过程，包括：科学方法(科学探究)、实验研究、历史法、与其他学科的联系、信息和通信技术的使用 · 与科学问题相关的实验研究能帮助学生培养批判精神和掌握科学技能	科学方法(科学探究)部分： · 科学探究的三大方面技能：观察、建模、动手 · 科学探究不能简化成顺序过程 · 教师把科学方法传授给学生，从而学生有能力推理实践以提出问题、提出假设、比较实验记录和形成批判精神 · 基于知识储备和查找组织的信息，提出恰当的假设 · 推理、辩论、演示和小组作业 · 写作和言语交流活动，以介绍自己运用的方法步骤和获得的结果 实验活动部分： ·(基于问题)制订实验步骤、完成实验、比较理论和实验结果、运用实验结果 设计和实施包含假设验证过程的实验方案 · 把实物和表现形式作比较，对所得结果和要证明的假设的合理性进行批判 作图并进行相应的观察 · 测量并分析，估计测量精度 · 用合适的方式写出结果 信息和通信技术部分： · 实验活动中计算机辅助实验、实验数据自动化输入和处理、对测量进行统计分析、对理论和实践进行讨论	从科学方法(科学探究)和实验研究活动这两个部分描述 1. 科学探究分为观察、建模、动手三个方面技能 · 强调基于信息和知识储备提出假设 · 重视推理、辩论、交流的方法步骤和结果 2. 系统解析实验研究活动 · 制订实验步骤、完成实验、作图并观察 · 列出实验技能(以实验任务或活动的形式存在) · 重视假设验证过程、比较事物和表征方式、对结果和假设进行合理批判 · 强调测量精度，用适当的方式表示结果 · 用信息和通信技术辅助实验、数据输入和处理、统计分析

续表

国家(地区)	功能	要素	特点
澳大利亚维多利亚州		· 评价假设的质量以及模型、数据和结论的局限性 · 独立或合作完成实践性调查 · 进行调查，包括收集、处理、记录、分析定性和定量数据 · 根据收集的信息得出结论 · 评价调查过程和数据的可靠性 · 提出问题(及假设)、做出计划或设计，并进行调查 · 确认和处理不确定问题的来源 · 进行调查研究和汇报时，考虑科研伦理 · 与他人化学交流的有效沟通技能	· 重视评价假设、模型、数据和结论，评价过程和数据的可靠性 · 强调设计和进行调查研究、得出结论，其次是提出问题(及假设) · 与他人进行化学交流、汇报研究 · 在“学习活动”中，用“调查”“研究”表述学习活动，未具体到探究要素
英国	· 在科学课程的四个阶段都强调“教学应当保证将科学探究贯穿于所选的教学内容当中”	1. 科学中的猜想与证据 2. 探究技能 · 制订计划 (提出问题、信息资源与数据证据、预想可能的结果、数据收集方法) · 获得与展示证据 (使用仪器、观察与测量并记录、交流结果) · 对证据的思考与评估 (找出数据的模式与联系、得出结论、结论与预言的关系、总结与评述) · 交流技能(仅第四阶段) · 科学的应用与启示(仅第四阶段)	· 以证据、证据与猜想的关系为核心，将探究技能分为三个主要部分——制订计划、获得与展示证据、对证据的思考与评估 · 在每个阶段(相当于年段)具体阐述各个探究技能的要求，具有系统性 · 体现探究技能的年级进阶 · 未将探究技能与学科知识联结

续表

国家(地区)	功能	要素	特点
中国 台湾		· 设计简单的实验，经由观察及归纳等过程去寻求问题的答案及看法，并能用图表呈现并解释探究的结果(初中) · 了解同一现象有不同的观点，尊重别人的观点及能与他人合作处理问题 ·(教师教学时)辅导学生观察现象、发现问题，适时提供学生进行提出假设、设计实验步骤等探究的机会 · 实验过程中获得过程技能(基本操作技能)，示范实验中可学习观察、提问、讨论、论述、报告、资料检索等技能	· 提到“探究知识的能力”“探究机会”等，但是缺少对探究的专门、系统阐释 · 侧重于提出假设、设计实验，用图表呈现并解释探究结果 · 侧重于实验过程技能，学生亲自操作可培养基本操作技能，说明示范实验对学生的发展价值
加拿大 安大略省	· “发展学生科学探究技能、策略和思维习惯”是科学课程目标之一 · 科学研究技能作为课程内容系列之一	将科学研究技能分为： · 启动和规划 (制订科学问题和提出假设、选择合适工具和材料、找出相关的资源、应用安全措施) · 执行和记录 (控制变量、收集记录数据和观察结果、用合理的形式组织记录数据、记录与研究主题相关的信息) · 分析和解释 (定性/定量分析讨论数据，通过分析实验结果是支持还是反驳预测或假设来找出误差或不确定因素的来源，分析数据减小误差、得出结论并证明) · 交流技能 (口头或书面总结交流想法、设计、过程和结果；用数字、符号、图形模型及度量单位；反映包含准确数据和精确计算的结果)	· 系统地解构科学研究技能 · 重视交流技能，强调对比实验结构和分析和减小误差 · 在9～12年级各化学课程的科学研究技能系列中，描述了相应的总体期望和具体期望，且各年级大致相同 · 将科学研究技能与化学内容系列结合——在各个内容系列的“将科学与技术，社会，环境相连”和“发展研究与交流技能”的具体期望表述后面，用缩写符号表明其中涉及的科学研究技能 · 指明科学研究技能并不是必须在一次活动中全部覆盖，也不是单一顺序的 · 初步划分探究技能的水平： 认识—显现—精制—拓展

续表

国家(地区)	功能	要素	特点
日本	· 观察事物和现象，通过实验，提高同学们对自然的关注和研究欲望，培养学生掌握化学性质探究的能力和正确的学习方法，掌握化学研究的基本概念和原理法则	在每个内容主题的研究活动中： · 进行实验学习，辅导学生学习撰写个性化实验报告，并创造发表机会 · 借此，拟订实验的计划、实验检验标准、实验数据的分析、解释等 · 灵活应用计算机教学方法 单列的“课题研究”： · 培养学生学习撰写研究报告并提供发表机会 · 在研究学习过程中，假设以下内容：实验的计划、实验检验标准、实验结果的分析、解释、推论	· 侧重于化学实验，强调通过实验培养探究能力和学习概念原理 · 重视实验计划、实验检验标准、实验结果分析、解释，推论 · 通过每个主题的“研究活动”和主题外的“课题研究”，培养学生的研究能力 · “研究活动”只落到主题，未进入更具体的拆分和描述
韩国	· 科学探究是一种课程目标，也是教学的方法 · “培养科学地探究自然界的能力，活用于解决日常生活的问题” · 为了能够提高学生对科学的兴趣以及加强创造力，通过学生选择自身感兴趣的主题进行探究的“自由探究”	· 观察、实验、调查、讨论等多种探究活动 · 通过个别活动和集体活动，培养科学态度及交流沟通的能力 · 基础探究课程(观察、分类、测量、预测、推理等) · 综合探究课程(提出问题、做出假设、控制变量、资料分析、得出结论、应用普及等) · 提出问题、探究设计以及实行、材料分析、得出结论等探究过程	· 强调将探究能力活用于解决日常问题 · 强调应用普及探究的结论 · 提到“使基本概念和探究过程在学年和领域之间形成联系” · 强调将探究过程与学习内容进行结合指导 · 每个主题内有“探究活动”，在主题外安排“自由探究” · 内容主题中列出的“探究活动”，主要是观察实验、调查、关系推导等

续表

国家(地区)	功能	要素	特点
美国《大学理事会标准》	· 科学能力需要将关于自然界如何运行的知识，与关于知识如何建立、延伸和修订以及如何用于熟悉和陌生情景的理解进行整合 · 学生以类似于科学家常用的方式参与到科学中，有助于科学概念理解的发展和思维习惯形成	五个科学实践： · 科学的提问和假设 · 产生证据 · 数据分析 · 基于证据的解释和模型 · 定量技术 (科学实践相互联系并且非线性，这些实践几乎总是重复的) · “科学的提问和假设”不只是包括研究问题，还包括评价证据和解释时向他人提出问题；基于观察、测量和对世界的已有认知提出问题和假设；重视修正问题和假设 · 在“产生证据”中包括数据收集和评估作为证据的数据，关注数据和证据的关系及其可信度 · “数据分析”强调寻找观察和测量的规律和模式，并适当地表征数据 · “基于证据的解释和模型”包括建构解释、模型和表征、评估解释；关注替代解释的选择 · “定量应用”聚焦于科学问题、数据、证据和解释之间的推理，数据分析、使算法概念化、诠释图表表征、发现关系	· 以构建科学解释(由主张、证据和推理构成)为核心的科学实践 · 突出“数据分析”和“定量技术” · 在“关键知识”中对科学实践进行具体阐述 · 指出科学对话也是实践的一部分，但是没有作为独立的实践 · 强调将科学实践与学科概念整合，在各学科标准的表现预期中体现二者的融合 · 表现预期的表述以构建解释和预测为主，包含对一个情境或研究对象的系列化表现

续表

国家(地区)	功能	要素	特点
美国《科学教育框架》	学生只有亲自经历和参与实践，才能真正理解科学实践和科学知识的本质；有助于： · 理解科学知识如何产生和发展 · 理解工程师的工作以及科学和工程之间的联系 · 理解科学和工程的学科概念和交叉概念，激发好奇心、兴趣和学习动机	八个科学实践： · 提出问题和界定问题 · 建立并使用模型 · 计划和实施研究 · 分析和诠释数据 · 使用数学和计算思维 · 形成解释(科学)和设计方案(工程) · 参加基于证据的论证 · 获得、评价和交流信息 (科学实践是被反复使用的，并且是多个联合使用；不应该将其视为跟呈现顺序一致的线性的顺序步骤)	· 将科学实践和工程实践整合 · 基于科学家和工程师实践活动“研究和实证探究——建构解释或设计方案——分析、论证和评价”，提出 8 个科学实践 · 科学实践为相对独立又有一定联系的要素 · 在科学实践的描述中，初步设定各个实践的进阶 · 提出通过表现预期将科学实践

二、中国大陆化学课程科学探究要求的前瞻

作为科学教育的重要内容，科学探究承载使学生理解科学家的活动，培养学生学习科学的动机和兴趣，培养学生参与科学活动的能力，促进学生深入理解学科概念等功能。通过比较各个国家和地区的科学探究，我们应该关注以下方面的问题：

1. 各个国家和地区课标的科学探究内涵有不同的取向和重点

芬兰、法国、中国台湾、日本等课标侧重于实验活动，尤其是芬兰完全从实验活动的各个方面来阐述，法国、中国台湾、日本的课标在侧重于实验活动的同时也提出科学探究的部分要素。英国、加拿大安大略省、美国、法国对科学探究(美国课标里是科学实践)进行了系统地拆解，并且呈现出各自取向的不同。英国课标从证据与猜想的关系出发，围绕“证据”将探究技能主要分为“制订计划”“获得与展示证据”“对证据的思考与评估”等，在课程的第四阶段加入“交流技能”“科学应用与启示”。与英国课标类似，加拿大安大略省课标将探究技能分为启动和规划、执行和记录、分析和解释、交流技能。法国课标将科学探究分为观察、建模和动手，美国的《大学理事会标准》围绕建构科学解释为核心提出 5 个相互联系又彼此独立的科学实践，美国《框架》增加工程领域提出 8 个科学和工程实践，其核心是科学家和工程师的三个方面实践活动——研究和实证探究、建构解释或设计方案、分析、论证和评价。

中国大陆初中化学课标提出科学探究包括提出问题、猜想与假设、制订计划、进行实验、收集证据、解释与结论、反思与评价、表达与交流等八个能力要素。虽然课标指出在探究活动中各要素呈现的顺序不是固定的，“‘进行实验’可作为收集证据的途径，也是提出问题或作出假设的一种证据”，但是这样的陈述仍然容易产生误

解——科学探究的过程是按照这些要素依次有先后顺序的过程。另外，为了更加简洁并结构化，对于八个要素可以进行适当的归并，并增加更多与科学本质相关的内涵。最后，还需进一步思考如何融合科学探究和实验技能。

2. 需要关注科学探究与学科内容知识的结合

各个国家和地区的课标强调学生要亲身经历科学探究(科学实践)活动，以及将科学探究与学科知识结合起来，例如：英国、美国、加拿大安大略省等明确指出这一点，其他国家和地区课标也在其整体呈现中体现了这一点。因此，我们需要思考科学探究与科学知识以什么样的方式结合，以及在哪个层面结合的问题。与中国大陆课标类似，日本和韩国在内容主题中列举相应的研究活动，都并未具体到探究要素层面，这样的表述很容易让老师们认为每个研究活动都需要完整覆盖全部要素，也就加重了学生和教师的负担。

相比较而言，加拿大安大略省和美国的课标在更具体的维度上(要素层面)将科学探究与学科内容知识进行整合。加拿大安大略省课标在各个内容主题的"将科学与技术，社会，环境相连"和"发展研究与交流技能"具体期望陈述后面，用缩写字母标注相应的研究技能。美国的《框架》和《大学理事会标准》在表现预期中将学科概念和各个科学实践融合表述，并标出相应的科学实践。基于《框架》，美国 NRC 制订的《下一代科学教育标准》主要呈现了不同年段的表现预期，并标识出表现预期中相应的科学实践、交叉概念和学科概念。

3. 需要重视学生探究技能的发展进阶

从科学教育的初始阶段开始，学生就应该开始经历科学探究活动，从而可以更好地理解科学和学习科学。但是对于探究技能的发展进阶，只有英国、美国体现了明确的进阶陈述，加拿大安大略省课标开始关注探究技能的水平层次，但是也并未关注年级进阶，芬兰课标以实验活动为核心，也体现出了年级进阶。芬兰的年级进阶主要体现在初中到高中的探究要素增加、探究对象和任务的增加。英国课标在四个阶段课程的科学探究表述中，探究要素基本上是共同的(在第四阶段凸显交流技能)，呈现了从简单到系统研究，从定性到定性或定量，从独立到独立或合作，数据、证据、理论与解释之间关系的进阶。美国《框架》中从两个层次体现了年级进阶，一个体现在对各个科学实践的进阶描述中，另一个是跨年段表现预期的描述中。在科学实践的进阶描述中，大致从低年级和高年级两个阶段(有一些是小学、初中、高中)描述科学实践的复杂度提高，以及科学实践与科学知识关系密切度的增加。

第七章

中学化学课程评价的国际比较研究

课程评价是化学课程论研究的重要课题，是整个化学课程改革、化学课程体系的重要环节之一；是课程研发的基本问题与核心环节。一般来讲，课程评价是系统的运用科学方法，对课程方案的设计、实施、改善或结果等，收集信息资料，并做出价值判断的过程[1]。化学课程评价是系统地运用科学方法，对化学课程的过程和产物，收集信息资料并做出价值判断的过程。课程评价本身属于方案评价的范畴。课程方案，简单地讲，是课程规划或设计的产品。广义的课程评价包括对课程方案设计、实施、效果的评价，而本研究侧重对课程方案设计进行评价，即对课程文本中的课程评价部分进行研究和评价。

世界典型国家和地区的中学化学课程标准文件，是这些国家或地区在分析和把握当地经济、文化发展背景，了解其化学课程需求的基础上，设计研发的化学课程规划。当然有些国家或地区的化学课程作为科学课程的一部分，写在科学课程文本当中。课程评价作为课程方案研发的重要组成要素，在各个国家和地区的课程方案中都有所涉及。通过分析世界典型国家和地区高中化学课程评价的设计，我们可以从中发现各个国家和地区课程评价的特点；通过比较世界典型国家和地区高中化学课程评价的设计，我们可以从中总结其共性与差异，从而得出课程评价设计的趋向。

本专题根据在国际大型测试(如 PISA，TIMSS)中有突出表现以及对中国大陆在经济、政治和文化上具有重要价值的原则来选择研究对象，主要选取美国、加拿大安大略省、芬兰、韩国、澳大利亚维多利亚州、中国台湾等中学化学课程标准文件或科学课程标准文件作为研究对象，研究其中课程评价的相关内容，分析、总结其特点。继而在此基础上进行横向比较，得出国际化学课程评价的特点及其发展趋势，以期对我国化学课程评价的完善提供参考和借鉴。

第一节　典型国家和地区的中学化学课程评价

一、中国大陆化学课程评价

1. 中国大陆化学课程评价简介

中国大陆高中化学课程标准没有单列评价部分，而在课程标准第四部分“实施建议”中给出了“评价建议”。

从评价的目标和功能来看，中国大陆高中化学课程评价既要促进全体高中生在科学素养各个方面的共同发展，又要有利于高中生的个性发展。中国大陆高中化学课程评价积极倡导评价目标多元化，包括知识与技能、过程与方法、情感态度与价值观三个维度。

从评价的方式来看，中国大陆高中化学课程评价积极倡导评价方式的多样化，体现在坚持终结性评价与过程性评价相结合，定性评价与定量评价相结合，学生自评、互评与他人评价相结合，努力将评价贯穿于化学学习的全过程。高中化学课程倡导评价方式的多样化，体现在以促进学生在知识与技能、过程与方法、情感态度与价值观三个方面都得到发展；采用纸笔测验、学习档案评价和活动表现评价等多种评价方式。

纸笔测验是一种重要而有效的评价方式。在高中教学中运用纸笔测验，重点应放在考查学生对化学基本概念、基本原理以及化学、技术与社会的相互关系的认识和理解上，而不宜放在对知识的记忆和重现上；应重视考查学生综合运用所学知识、技能和方法分析和解决问题的能力，而不是强化解答习题的技能；应注意选择具有真实情景的综合性、开放性的问题，而不宜孤立地对基础知识和基本技能进行测试。学习档案评价是促进学生发展的一种有效评价方式。应培养学生自主选择和收集学习档案内容的习惯，给他们表现自己学习进步的机会。学生在学习档案中可收录自己参加学习活动的重要资料，如实验设计方案、探究活动的过程记录、单元知识总结、疑难问题及其解答、有关的学习信息和资料、学习方法和策略的总结、自我评价和他人评价的结果等。教师应鼓励学生根据学习档案进行反省和自我评价，将学习档案评价与教学活动整合起来。活动表现评价是一种值得倡导的评价方式。这种评价是在学生完成一系列任务(如实验、辩论、调查、设计等)的过程中进行的。通过观察、记录和分析学生在各项学习活动中的表现，对学生的参与意识、合作精神、实验操作技能、探究能力、分析问题的思路、知识的理解和应用水平以及表达交流技能等进行评价。活动表现评价的对象可以是个人或团体，评价的内容既包括学生的活动过程又包括学生的活动结果。活动表现评价要有明确的评价目标，应体现综合性、实践性和开放性，力求在真实的活动情景和过程中对学生在知识与技能、过程与方法、情感态度与价值观等方面的进步与发展进行全面评价[2]。

从评价的内容和标准来看，中国大陆高中化学课程标准以模块和模块内的要素体现评价的基础性、多样性和选择性。

首先，课程标准设计了不同模块体现基础性、多样性和选择性。高中化学课程包括2个必修模块(化学1和化学2)和6个选修模块(化学与生活、化学反应原理、有机化学基础、物质结构与性质、化学与技术、实验化学)。必修阶段(修满6学分)包括2个共同必修模块(化学1和化学2)和1个选择性必修模块(文科生学化学与生活模块，理科生大多学化学反应原理模块)，体现基础性。在必修学习结束后，学生通过学业水平考试拿到高中毕业证书；选修阶段学生可以在6个选修模块中进行选择，体现多样性和选择性；高中阶段的学习结束后，学生通过高考获得大学入学资格。

在一个内容模块中，评价标准以“内容标准”和“活动与探究建议”相结合的方式列述了每个知识点学生应达到的水平。以必修模块化学1为例，其内容标准分列为5条，活动与探究建议分列为3条；其中内容标准是学生必须达成的要求，活动与探究建议是供选择的学习内容。

表1 认识化学科学

内容标准	活动与探究建议
1. 知道化学科学的主要研究对象，了解化学科学发展的趋势 2. 了解人类对物质结构认识的历史，认识研究物质结构与性能的关系对人类认识自然的作用 3. 认识化学计量的基本单位——摩尔，能运用于相关的简单计算，体会定量研究的方法对研究和学习化学的重要作用 4. 认识实验、假说、模型化、比较、分类等方法对化学科学研究的作用 5. 认识化学科学对提高人类生活质量和促进社会发展的价值，赞赏化学科学的重要作用	①查阅20世纪化学发展过程中重大事件的资料（或观看录像），与同学交流讨论 ②讨论合成氨、药物的合成、合成材料、单晶硅片的制造等对提高人类生活质量的影响 ③结合本主题的学习，制作一期相关内容的展板，或举办一期专题报告会

从课程的实施来看，中国大陆高中化学课程标准中明确提出：(1)实施多样化评价，促进学生全面发展；(2)根据课程模块的特点选择有效的评价策略；(3)实施学分管理，进行综合评定。课程标准明确指出，要根据课程模块的特点选择有效的评价策略。高中化学课程需要多种评价方式和策略的相互配合，应充分考虑不同课程模块的具体特点，有针对性地选择合理有效的评价方式和评价策略。例如，对于必修课程模块，应综合使用纸笔测验、学习档案和活动表现等方式对学生进行评价。"化学与生活"课程模块的纸笔测验试题应提倡开放性、应用性，密切结合生活实际，考查学生对身边化学现象和生活中化学问题的分析能力。同时，提倡通过开展辩论、角色扮演、小型调查等活动对学生进行表现性评价。"实验化学"课程模块的学习评价应在实验过程中进行，从实验设计、实验过程、实验操作、实验报告、交流讨论、合作意识以及实验态度等方面予以考察[2]。

2. 中国大陆化学课程评价的特点

中国大陆高中化学课程评价呈现出以下特点。

(1)围绕科学素养三个维度界定评价的目标，评价方式多样化。

中国大陆高中化学课程评价的目标围绕新课程提倡的科学素养三个维度，即知识与技能、过程与方法、情感态度与价值观展开，提倡多样化的评价方式，包括纸笔测验、学习档案评价和活动表现评价等。

(2)评价内容和标准兼顾基础性、多样性和选择性。

中国大陆高中化学课程标准以模块和模块内的要素体现评价的基础性、多样性和选择性。

所有学生必须学习必修模块(化学 1 和化学 2)，认识常见的化学物质，学习重要的化学概念，形成基本的化学观念和科学探究能力，认识化学对个人生活和社会发展的重要作用及其相互影响，进一步提高学生的科学素养。不同的学生学习不同的模块，培养不同的化学素养。

选修模块 1(化学与生活)：认识日常生活中常见物质的性质，探讨生活中常见的化学现象，体会化学对提高个人生活质量和保护环境的积极作用，形成合理使用化学品的意识，培养运用化学知识解决有关问题的能力。

选修模块 2(化学与技术)：了解化学在资源利用、材料制造、工农业生产中的具体应用，在更加广阔的视野下，认识化学科学与技术进步和社会发展的关系，培养社会责任感和创新精神。

选修模块 3(物质结构与性质)：了解人类探索物质结构的重要意义和基本方法，研究物质构成的奥秘，认识物质结构与性质之间的关系，提高分析问题和解决问题的能力。

选修模块 4(化学反应原理)：学习化学反应的基本原理，认识化学反应中能量转化的基本规律，了解化学反应原理在生产、生活和科学研究中的应用。

选修模块 5(有机化学基础)：探讨有机化合物的组成、结构、性质及应用，学习有机化合物研究的基本方法，了解有机化学对现代社会发展和科技进步的贡献。

选修模块 6(实验化学)：通过实验探究活动，掌握基本的化学实验技能和方法，进一步体验实验探究的基本过程，认识实验在化学科学研究和化学学习中的重要作用，提高化学实验能力。

必修模块体现基础性，选修模块体现多样性和选择性，针对不同的学生设计不同的学习内容，对应不同的评价；最典型的是理科生需要在高考中考化学，而文科生高考不考化学；但是所有学生都要通过高中毕业考试，而文科生和理科生高中毕业考试的内容不同。

(3)以“评价建议”的形式提出评价实施的要求。

中国大陆高中化学课程标准没有单列评价部分，而在课程标准第四部分“实施建议”中给出了“评价建议”，其中明确提出：①实施多样化评价，促进学生全面发展；②根据课程模块的特点选择有效的评价策略；③实施学分管理，进行综合评定。对应每条评价建议，提出细化建议，如针对“实施多样化评价，促进学生全面发展”，提出“评价方式主要包括纸笔测验、学习档案评价和活动表现性评价”。课程标准给出了纸笔测验的例子，学习档案中收录的内容，活动表现评价的内容、对象等。但是，三者的具体化程度明显不同，纸笔测验更细，给出了具体实例；后两者则没有给出具体实例。总体而言，中国大陆课程标准的评价部分主要提出了评价的建议，没有具体操作指标。

二、美国化学课程评价

1. 美国化学课程评价简介

美国《科学教育框架》(2011 年)(在本章中以下简称《框架》)是继 1996 年美国《国

家科学教育标准》之后全美科学教育纲领性的文件，在近年来美国关于核心概念以及学习进阶、科学探究等相关研究的基础上，《框架》提出了科学教育将向一种在以下三个方面更连贯的趋势发展：学科核心概念、跨领域的大概念、科学和工程实践。换言之，《框架》虽然没有明确提出科学素养的内涵，但是从其行文和后续的《下一代科学教育标准》（在本章中以下简称《下一代标准》）以及相关文件中不难看出，学科核心概念、跨领域的大概念、科学和工程实践的融合是美国新一代科学课程标准所提倡的科学素养的内涵。这不仅仅是内容标准中的学习内容，也是课程评价的内容。"《框架》的目的是引导对科学标准、课程及评估的发展，并为科学教师提供观点来指导他们的教学计划和教学活动。"[2]

《框架》将学科核心概念、跨领域的大概念、科学和工程实践进行融合，形成成绩预期，用主题、内容、实践、表现、标准逐层细化评价学生的学业成就。成绩预期用于描述学生可以期望实现的活动和成果，可以作为证明他们理解和应用在主题观点中被描述的知识的手段。这样的成绩预期是一种工具，用于界定期望学生了解、理解的知识和做的事件，这些反过来又有助于指导设计以及教学和评估的发展。"成绩预期指出了哪些学生应该知道、理解并能够做到……他们还阐明学生如何参与科学实践来发展一个更好的基本知识的了解。这些预期目标可以通过提供可被测量和观察的任务予以检测。"

我们选择物质结构领域 9～12 年级学生成绩预期为例，列述《框架》中对这部分学生学业成就的评价。

表 2　美国《框架》9～12 年级物质结构的成绩预期

主题	内容	实践	表现	标准
物质结构（9～12 年级）	原子结构。周期表中的图分析，可与最外层电子的物质在模式中相关联，这是那些涉及化学性质的结合。电子吸引力和排斥力涉及电气和原子核有助于解释结构和许多物质的性质	建立模型	学生发展模型来显示为什么某些元素的原子很容易与其他原子发生反应	该模型应显示以下内容：原子有叫原子核的内核，内核由质子和中子组成，即原子核中的质子数决定元素，而且原子核的体积比原子小很多。原子的外层部分为电子。在一个中性的原子中，电子的个数与质子的个数相匹配，因为质子和电子有个相反的电荷。电子占据的每一层的前几个给定组数允许用"分层"状态。（2，8，8）。最外层电子对应的位置是最不受束缚的电子。"最外层"的填充水平可以被用来解释元素属性，包括为什么某些元素与其他元素起反应，通过"共享"或"交换"它们的"外部"电子来给予填补

对于学生具体的表现，《框架》在学习进阶部分进行了详细的解释和说明，用实例描述学生对同一核心概念在不同年级应有的发展，并即学习进阶。用这种方式给出教学和评价的参考。

表 3 关于物质结构的学习进阶

年段	问题	阐述
6～8年级	我们怎样才能可靠地区分出不同的物体？	· 每一种纯净物都有特定的物理性质(密度、熔沸点、溶解性) · 和化学性质，这些性质不受样品数量的影响，因此对于区分物质很重要 · 测量物体固有的性质有助于区分不同的物质。测量越精确，或者不同性质越多，结论越可靠 · 单质可以分为很活泼的金属、较活泼的金属、很活泼的非金属以及一些不活泼的气体 · 许多物质可以通过一定方式与其他物质发生化学反应，形成具有不同性质的新物质。性质上的变化是源于原来物质中的原子排列方式的变化
9～12年级	一种物体的性质来源于什么？	· 对物质的性质有更多的了解不仅有助于区分物质，而且为物质的有效利应用提供了更多信息 · 一种物质数量不同但性质仍然相同。但是随着一种样品的量在大量和单个原子或分子之间转变，物质的固有性质开始变得不太可靠。因此新物质通常是出乎意料的，能导致新功能的性质常常会被观察到 · 四类单质(金属、非金属、准金属、惰性气体)的分类是基于他们如何与其他单质反应，这一点与他们的电子结构有关 · 物质不同性质是源于其中原子构型的不同 · 单质的化学性质取决于原子结构，特别是最外层电子

如果说《框架》给出了课程评价的理念、思想和操作的指导，那么《下一代标准》则将学生的成绩预期更为详细地表达出来，并且给出了学习的说明和评价界限。

表 4 物质结构和性质的成绩预期、学科核心概念、跨领域的大概念、科学和工程实践

物质结构和性质
学生能够： HS-PS1-1 用元素周期表作为模型，基于原子最外层能级的电子模式预测元素的相对性质 【说明：基于模式预测的性质，可以包括金属反应性、成键类型、键的数量、氧化反应。】 【评价界限：限定在主族元素内；不包括超越相对趋势对电离能的定量理解。】 HS-PS1-3 计划并实施研究以收集证据来比较宏观尺度物质的结构，从而推测微粒间作用力的强度 【说明：重点是理解微粒间的作用力强度，而不是命名具体的分子间作用力(例如偶极-偶极)。微粒可以包括离子、原子、分子和网状材料(石墨)。物质的宏观性质可以包括熔点、沸点、蒸汽压和表面张力。】

续表

<table>
<tr><td colspan="3">物质结构和性质</td></tr>
<tr><td colspan="3">【评价界限：不应包括蒸汽压拉乌尔定律的计算。】
HS-PS1-8 形成模型来阐述原子核组成的变化，以及在裂变、聚变和放射衰变过程的能量释放
【说明：重点是定性模型，比如图像或图表，以及核变化过程相对于其他变化的能量。】
【评价界限：评价不包括释放出能量的定量计算，应限定在 α、β、γ 放射性衰变。】
HS-PS2-6 表达为什么分子水平结构在设计材料的功能上很重要的科学和技术信息
【说明：重点放在决定材料功能的吸引力和排斥力，例子可以包括导电材料通常由金属制成，柔性和持久的材料由长链分子制成，药物设计用于与具体的受体相互作用。】
【评价界限：应限定在给出人工设计材料的分子结构。】</td></tr>
<tr><td>科学和工程实践
形成和使用模型
9～12 年级进阶到使用、综合和发展模型来预测和展示变量之间（体系之间或体系组分之间）的关系
·基于证据发展模型来阐述系统之间的关系或系统要素之间的关系（HS-PS1-8）
·使用模型来预测系统之间的关系或系统要素之间的关系（HS-PS1-1）
计划和实施研究
9～12 年级进阶到提供证据的研究，以及检验概念、数学、物质、经验模型的研究
·独立地或合作地计划和实施研究和设计，来产生数据作为证据的基础：决定产生可信测量的数据类型、多少和准确度，思考数据精度的局限性（例如：实验次数、成本、风险、时间），相应地完善设计（HS-PS1-3）
获取、评价和交流信息
进阶到评价命题、方法和设计的效度和信度
·以不同形式（包括口头的、图像的、文本的、数学的）交流科学和技术信息（例如：一个提出的过程或体系的开发、设计和表现的过程）（HS-PS2-6）</td><td>学科核心概念
PS1. A 物质的结构和性质
·单个原子是一个带电荷的结构，有质子和中子构成的核，被电子环绕（HS-PS1-1）
·周期表按照原子核的质子数横向排列元素，把化学性质相似的元素排成列。周期表的重复模式反映了外层电子状态的模式（HS-PS1-1）
·宏观层面物质的结构和相互作用，取决于原子之间和原子内部的静电力（HS-PS1-3），（secondary to HS-PS2-6）
PS1. C 核变化过程
核过程，包括聚变、裂变、不稳定核的放射性衰变，包括能量的释放和吸收。中子与质子的总数在核过程中并不变化（HS-PS1-8）
PS2. B 相互作用的类型
·原子尺度上电荷的吸引力和排斥力，可以解释物质的结构、性质和转化，以及物体之间的连接力（HS-PS1-1），（HS-PS1-3），（HS-PS2-6）</td><td>跨领域的大概念
模式
·在不同尺度研究体系，可能观察到不同模式，不同的模式提供解释现象的因果证据（HS-PS1-1）（HS-PS1-3）
能量和物质
·核过程中，原子并不守恒，但是质子和中子总数守恒（HS-PS1-8）
结构和功能
·研究或设计新的体系或结构，需要仔细的研究不同材料的性质，不同组分的结构和组分之间的关系，从而揭示它的功能（HS-PS2-6）</td></tr>
</table>

比如对于第一条成绩预期“用元素周期表作为模型，基于原子最外层能级的电子模式预测元素的相对性质”的评价界限是“限定在主族元素内；不包括超越相对趋势对电离能的定量理解”。

在《下一代标准》中，所有成绩预期都是将科学和工程实践、学科核心概念、跨领域的大概念融合在一起的表达。

2. 美国化学课程评价的特点

美国高中化学课程评价呈现出以下特点。

(1)注重评价的内容和标准

无论是在《框架》还是《下一代标准》中，很难寻觅到评价的目标与方式的文字。在美国课程文本中，更多关注的是学生应该学习的科学内容，比如学科核心概念中的物质结构、性质和化学变化，跨领域的大概念中的模式、结构与功能，科学实践中的使用模型等。

(2)融合了核心概念、跨领域的大概念、科学和工程实践三个维度

对学生的学习应该到达的水平表述融合了学科核心概念、跨学科的交叉概念和科学实践三个维度。在《框架》中分别介绍了这三个维度都包括的内涵要素，比如跨领域的大概念包括稳定与变化、形式与功能等7个交叉概念。而学生应到达的水平，即成绩预期的表达则融合了三个维度。

(3)注重描述不同年级的学生在同一内容的学习要求

《框架》的一个特色就是用学习进阶来表达不同年级学生的学习要求。这一点在《下一代标准》中得到延续并被细化。《下一代标准》详细界定了从幼儿园到12年级学生对同一内容应达到的不同发展水平。

三、加拿大安大略省的化学课程评价

1. 加拿大安大略省化学课程评价简介

加拿大安大略省科学课程标准(2008年)[3](在本章中以下简称加拿大安大略省《标准》)中有完整的评价设计——“评价和评估学生的成绩”，在这份课程文本中区分了评价和评估。其评价和评估的维度覆盖了评价的目标、方式、内容、实施以及结果的反馈。

(1)明确评价与评估的目的、含义、依据

①评价和评估的目的。评价和评估的主要目的是改善学生的学习。通过评价收集的信息帮助教师弄清楚学生在达成课程期望中的优势和劣势。这些信息也引导教师找到适合学生需要的课程和教学方法，评价教学计划和课堂实践的整体效果。

②评价与评估的含义。加拿大安大略省《标准》明确区分了评价和评估。评价是收集各种来源的信息的过程(包括作业、日常观察、谈话或会议、展示、项目、表现和测试)，它准确反映了学生在某门课程中达成课程期望的情况。作为评价的一部分，教师要给学生提供描述性反馈，引导学生努力完善。评估指的是在既定标准的基础上评定学生工作质量的过程，并且通过赋值来表示这个质量。

③评价和评估的依据。评价和评估应基于省级课程期望和文件中概述的成就水平。

(2)评价方式多样化

加拿大安大略省《标准》中明确提出评价方式多样化。对学生的学业评价分为过程

性评价和终结性评价。过程性评价占最终成绩的70%，其中评估学生在课程中呈现的五类学习技能——独立工作、团队合作、组织、工作习惯和主动性；学习技能的评价使用四点量表(E—优秀，G—良好，S—符合要求，G—需要改进)。终结性评价占最终成绩的30%，其形式包括期末考试、课堂表现、论文和/或其他适合这门课程内容管理要求的考核方式。

(3)用科学成就图评估学业成就

科学成就图是一个全省范围内供教师使用的标准，它用来帮助教师基于清晰的行为标准和一段时间收集的证据对学生作业做出判断。该成就图的目的是：①提供一个通用框架，包括文件中概述的所有课程期望；②引导开发高质量评价任务和工具(包括评价量规)；③帮助教师制订教学计划；④协助教师提供对学生有意义的反馈；⑤提供各种类别和标准，用以评价和评估学生的学习。

科学成就图的构成要素包括四部分：知识和技能类别、指标、描述语和限定词。

知识和技能的类别以明确的标准来衡量，代表知识和理解、思考和研究、交流、应用这四大领域的知识与技能在每个学科的每门课程中都是有组织的。这四个类别相互关联，反映了学习的整体性和互联性。教师将确保以均衡的方式评估和/或评价这四方面的学生作业，具体期望成就也被放到合适的类别中。

科学成就图的每个类别里提供了指标，作为各部分“知识和技能”的子集(每个类别的指标见下表)。

表5　科学成就图的构成要素

知识和技能的类别	指标	描述语	限定词
知识和理解	(1)内容知识 (2)内容的理解	准确性	1级：有限 2级：一些 3级：大多 4级：高水平/全部
思考和研究	(1)启动和规划技能和策略的使用 (2)过程技能和策略的使用 (3)批判性/创造性思维过程、技能和策略的使用	有效性	
交流	(1)以口头、视觉和/或书面形式 (2)以口头、视觉和/或书面形式针对不同的观众进行交流 (3)以口头、视觉和/或书面形式使用公约、词汇和学科术语	有效性	
应用	(1)在熟悉的环境中应用知识与技能 (2)在陌生的环境中应用知识和技能 (3)联系科学、技术、社会和环境 (4)提出实践行动课程，处理有关科学、技术、社会和环境的问题	有效性	

描述语反映了学生就某一特定指标所表现的特点，用于界定评估和评价。在科学

成就图中，有效性是对于"思考和研究""交流""应用"各项指标的描述语。对于任意一份表现性评价工作来说，有效性的构成因素应考虑特定标准。有效性的评价可能因此关注于一个特质，如适当、清晰、准确、精密、逻辑、相关性、重要性、流畅性、灵活性、深度和广度，酌情参考具体指标。例如，在"思考和研究"类中，有效性的评估可能关注一个分析中的相关度或表现的深度；在"交流"类，则关注表达的清晰度或思维的逻辑组织性；在"应用"类，关注适当或广泛的联系。同样，在"知识和理解"类，知识评估可能侧重于准确性，而理解的评估可能集中于解释的深度。描述语有助于教师将他们对于知识和技能所做的评估和评价定位于某一范畴和标准中，以帮助学生更准确地理解评估和评价到底是什么。

一个限定词常常与一个描述语一起使用，构成一个在特定水平上表现程度的描述。

加拿大安大略省《标准》中的科学成就图按照知识的四种类型分别列述，我们摘录了其中的应用部分列述如下表。其中的水平用百分比表示，在课程结束时，若一个学生的成绩低于50%，则无法获得这门课程的学分。

表6　9～12年级科学成就图——应用

类别	50%～59% （水平1）	60%～69% （水平2）	70%～79% （水平3）	80%～100% （水平4）
应用——将知识和技能用于不同情境之内或之间				
·在熟悉的环境中应用知识与技能	·在熟悉的环境中应用知识与技能，仅体现出有限的有效性	·在熟悉的环境中应用知识与技能，体现出一些有效性	·在熟悉的环境中应用知识与技能，大多体现出有效性	·在熟悉的环境中应用知识与技能，体现出高度的有效性
·在陌生的环境中应用知识和技能	·转移知识与技能到不熟悉的环境中，体现出有限的有效性	·转移知识与技能到不熟悉的环境中，体现出一些有效性	·转移知识与技能到不熟悉的环境中，大多体现出有效性	·转移知识与技能到不熟悉的环境中，体现出高度的有效性
·联系科学、技术、社会和环境	·在联系科学、技术、社会和环境时，体现出有限的有效性	·在联系科学、技术、社会和环境时，体现出一定有效性	·在联系科学、技术、社会和环境时，大多体现出有效性	·在联系科学、技术、社会和环境时，体现出高度的有效性
·提出实践行动课程，处理有关科学、技术、社会和环境的问题	·提出的实践行动课程体现出有限的有效性	·提出的实践行动课程体现出一些有效性	·提出的实践行动课程大多体现出有效性	·提出的实践行动课程体现出高度的有效性

(4)将核心概念、基本概念融合为各级目标作为评价标准

对于具体内容的学习标准，则写在加拿大安大略省《标准》的相应学科特定年级的

内容标准中。评价的内容分为核心概念和基本概念。

加拿大安大略省《标准》按照学生未来发展意向，如进入综合大学、进入学院等划分为不同的学习内容。以12年级化学学科（进入综合大学）的课程为例，其核心概念见下表。

表7 加拿大安大略省12年级化学核心概念

	核心概念
有机化学	(1)有机化合物具有代表性的结构和可以预测的物理性质和化学性质 (2)有机化学反应及其应用对社会、人类健康及环境都有重要的意义
物质结构与性质	(1)物质中的微粒之间的吸引力决定物质的性质和应用的限制 (2)基于原子和分子结构原理的技术装置能给社会带来的益处和损失
反应能量与速率	(1)化学反应中的能量及速率的改变可以被定量描述 (2)化学反应的效率可通过使用理想条件进行改进 (3)能量转换的技术对于环境和社会具有两面性
化学系统和平衡	(1)化学系统是动态的，是依条件而变的，是可预测的 (2)化学平衡的应用对自然和工业都有重要意义
电化学	(1)氧化和还原是成对的化学反应，电子从一种物质转移到另一种物质，这种转移是可以预测的 (2)氧化还原反应的控制和应用对工业、健康安全以及环境都有重要意义

除此之外，还界定了基础概念：物质、能量、系统和相互作用、结构和功能、可持续发展和管理、改变和连续性。

将核心概念与基本概念结合，按照总体目标、具体目标、示例（包括示例事件与示例问题）逐步细化为学生具体内容的学习要求。

表8 加拿大安大略省12年级物质结构与性质学习要求（摘录）

总体目标	具体目标	示例
C1 能针对应用物质结构与性质的产品和科技给人类带来的好处给予评价（将科学与科技、社会、环境相联系）	C1.1 针对基于原子和分子结构设计的技术进行评价（如核磁共振成像，核能，光谱和质谱的医学应用）[AI, C] C1.2 针对基于对物质结构与化学键的科学研究而开发的特殊材料对社会和环境的影响进行评价（如，防弹衣，纳米技术，超导体，即时胶黏剂）[AI, C]	示例事件1：在医药方面，放射性元素与化合物连接形成放射性示踪剂，被广泛应用在患者的血液中。这种放射性示踪剂能使医生获得有机体系统的图像，使得疾病能够及早被发现。但是，为了避免放射性污染，这种材料在使用、储存、处理上必须谨慎。 示例问题1：在犯罪调查中怎样使用红外光谱？X射线结晶学以及质谱如何促进我们对于原子核结构的理解？这些进步的社会效益是什么？

续表

总体目标	具体目标	示例
		示例事件 2：纳米粒子在医药方面有很多潜在应用，包括药物载体系统的改进，诊断图像的增强，外科机器人的应用等，这些都能对我们医疗系统的高效性提供帮助。但是，纳米粒子对环境有负面影响。 示例问题 2：保护人类健康和安全不受纳米材料侵害有何安全预警？一次性尿布有什么性质使得可以吸那么多水？这种尿布对环境有什么广泛的影响？像尼龙这种合成纤维对环境会造成什么样的影响？如果生活中没有塑料，我们的生活会变成什么样？硅芯片是怎样改变了世界？

(5)评价实施的保障

为了保障评价的实施，加拿大安大略省《标准》中明确指出，为了确保评价和评估是有效可靠的，引导学生改善学习，教师必须使用评价和评估 11 条策略。比如：评价方法多样化，评价持续一段时间，为学生提供机会去展示他们学习全过程；确保给出了每位学生改进的清晰方向；提高学生自评和制订具体目标的能力等。

(6)用报告卡的形式呈现学生的成绩

加拿大安大略省《标准》指出：学生成绩必须使用 9～12 年级的省报告卡正式传达给学生和家长。在每学年或每学期的特定时间，该报告卡提供百分比形式的成绩记录，表示学生每门课程达成课程期望的程度。这个百分比代表学生达到的总体成绩相对于课程全部期望的比例以及针对相应学科成绩表所示的成绩评定等级。每门课程都要记录期末成绩。当学生的期末成绩达到或超过总分的 50％时，成绩会记录下来并给予相应的学分。该报告卡还会用四点量表的形式记录学生在这门课程中展现的五种学习技能。

2. 加拿大安略省化学课程评价的特点

加拿大安大略省高中化学课程评价呈现出以下特点。

(1)对课程评价进行完整设计

加拿大安大略省的课程文本中有独立的评价部分——“评价和评估学生的成绩”。其评价设计包括评价目标、评价方式、评价内容和标准、评价的实施、评价结果的反馈等多个方面。除此之外，还界定并区分了评价和评估。明确括出评价是收集各种来源的信息的过程(包括作业、日常观察、谈话或会议、展示、项目、表现和测试)，它准确反映了学生在某门课程中达成课程期望的情况。作为评价的一部分，教师要给学生提供描述性反馈，引导学生努力完善。评估指的是在既定标准的基础上评定学生工作质量的过程，并且通过赋值来表示这个质量。其中的评价更多是指日常教学中的形成性评价；评估则更多指向终结性评价。

(2)用科学成就图来评价/评估学生的学业成就

科学成就图是根据科学知识和技能来确定的，它是一个全省范围内供教师使用的标准，用来帮助教师基于清晰的行为标准和一段时间收集的证据对学生作业做出判断。从某种意义上讲，科学成就图是教师用来评价学生是否达到学习要求的指南，这个指南具有超内容的特性。

四、韩国化学课程评价

1. 韩国化学课程评价简介

在韩国，化学学习分别融合到科学、化学Ⅰ、化学Ⅱ中进行。其中科学是3年级到10年级的所有学生都要学习的一门学科；是为理解科学的基本概念，培养科学探究能力和态度，培养创造性地、合理地解决日常生活中的问题所必备的科学素养的一门学科。化学Ⅰ的授课对象是将要学习科学的学生，其目标为了培养作为民主市民要具备的化学素养。化学Ⅱ的授课对象是以已修化学Ⅰ，并有意愿专攻科学技术领域的学生。

科学、化学Ⅰ、化学Ⅱ都设计了化学相关内容的学习，我们按照评价的内容、方法等分列韩国三类化学课程的评价要素。

表9　韩国三类高中化学课程的评价设计

评价要素	科学	化学Ⅰ	化学Ⅱ
学段和性质/对象	3年级到10年级 科学素养	“化学Ⅰ”是为了培养作为民主市民要具备的化学素养	“化学Ⅱ”是在“化学Ⅰ”的基础上，并有意愿专攻科学技术领域的学生
评价的内容	均衡评价对基本概念的理解，科学探究能力以及科学态度，尤其关注： ·评价基本概念的理解及其应用能力 ·评价探究活动实施能力以及将其应用于解决日常生活问题的能力 ·评价对科学的兴趣和价值认识，参与科学学习的积极性、协同性，科学解决问题的态度以及创造性等	评价对基本概念的理解，科学探究能力，科学态度，尤其关注： ·评价物质的性质以及化学现象等相关的基本概念综合性理解的程度 ·评价探究活动执行能力和将其应用于解决日常生活问题的能力 ·评价对科学的兴趣和价值认识，参与科学学习的积极性、协同性，科学解决问题的态度以及创造性等	“化学Ⅱ”中评价对概念的整体理解，科学探究能力，科学态度，尤其关注： ·评价与物质和化学反应等相关的基本概念的综合理解程度 ·评价探究活动执行能力和将其应用于解决日常生活问题的能力 ·评价对科学的兴趣和价值认识，参与科学学习的积极性、协同性，科学解决问题的态度以及创造性等

续表

评价要素	科学	化学Ⅰ	化学Ⅱ
评价的方法	·评价时使用选择型、叙述型以及论述型、观察、检查报告、实际测试、面谈、评价文件夹等多种方法。尤其在“自由探究”中避免纸笔型评价，而是灵活运用观察学生活动、检查报告等方法 ·尽可能实现信度和效度较高的评价，积极开发通用的评价工具		
评价的依据和作用	·评价根据已设定的成绩标准实施，将其结果活用于树立学习指导计划和改善指导办法，前程指导等		
评价的步骤	·评价要经过树立评价计划，开发评价文本和工具，实行评价，处理评价结果，灵活运用评价结果等		

2. 韩国化学课程评价的特点

韩国化学课程评价具有以下特点：评价目标和内容分级；评价方式多样化；注重工具开发及其依据标准；提出了评价的依据和作用；给出了评价的步骤。

五、芬兰化学课程评价

1. 芬兰化学课程评价简介

(1)评价的内容

化学教学评价应重视学生理解和应用化学知识的能力。另外，化学教学评价必须重视发展学生获取实验信息和处理信息的技能，包括：

·观察，制订计划，进行测量和实施实验；

·安全使用仪器和试剂；

·口头或书面表述实验结果；

·解释实验结果、对实验结果建模和评价；

·得出结论并应用结论。

(2)评价的方法

化学教学中的常用的评价方法包括课程测验，监测学生积极参与的程度，实验工作，工作报告，工作计划或者研究论文等[4]。

2. 芬兰化学课程评价的特点

芬兰高中化学课程评价的特点体现在：评价内容重视发展学生理解和应用化学知识的能力以及获取实验信息和处理信息的技能；评价方法多样化。

六、澳大利亚维多利亚州的化学课程评价

1. 澳大利亚维多利亚州化学课程评价简介

澳大利亚维多利亚州高中化学课程标准中有独立的评价部分——“评估和报告”。其课程评价设计完整。

从评价目标来看，有独立、明确、具体的 11 条评价目标。化学学习将使学生能够：

• 发展学生对化学用语、化学过程以及主要化学观念的理解；

• 了解实验证据在发展和创造新的化学思想和知识上的作用；

• 了解化学知识的组织、挑战、修订和扩展方式；

• 评价假设的质量以及模型、数据和结论的局限性；

• 发展在设计以及安全地进行实际调查的技能，包括风险评估、危险源辨识和废弃物处理；

• 发展所需的知识和技能，完成实验过程和程序，进行调查研究；

• 开展实际调查，收集、解释和分析数据和证据，从而得出结论；

• 发展和其他人进行化学交流的有效沟通技能；

• 意识到科学研究中的伦理问题，并在化学研究中加以注意；

• 了解化学与科学技术的其他领域之间的联系；

• 意识到社会、经济和环境对化学新兴领域及相关技术的影响。

澳大利亚维多利亚州的高中化学课程分为两部分，对于选学化学要取得证书以顺利升入大学的学生而言，他们可以根据自身基础对课程进行选择：学习第1～4单元，或者跳过第1、2单元直接学习第3、4单元。

表10 澳大利亚维多利亚州课程评价设计

评价的内容	评价主体	评价方式和分数	评价的参照
第1、2单元（可免修）	学校（教师）	成绩水平等级分数（A＋到E或UG［不计分］）、质性评价或其他评价方式 50％/单元	当年的VCE和VCAL分级管理手册上评估和研究成绩计算规则
第3、4单元（必修）	学校（教师）	成绩水平等级分数（A＋到E或UG［不计分］）、质性评价或其他评价方式 17％/单元	当年的VCE和VCAL分级管理手册上评估和研究成绩计算规则
	州课程和评价中心	年中考试（第3单元）：33％ 年末考试（第4单元）：33％	州课程和评价中心出纸笔测试题目

澳大利亚维多利亚州的评价类型，包括(1)过程性评价和终结性评价；(2)活动表现性评价和标准化测验（纸笔）。澳大利亚维多利亚州的评价主体包括学校（教师），评价平时学习，主要是活动表现（实验、调查等，每单元占17％）；州课程和评价中心负责纸笔测验（每单元占33％）。评价结果的呈现包括等级分数、最终州考试分数（3、4单元）。

澳大利亚维多利亚州用活动表现性评价作为1～2单元的评价方式，采用等级分数、质性评价或其他评价方式进行学业评定（这部分成绩不纳入获得证书的总成绩，只是作为获得证书学习内容的铺垫）。若想获得证书，学生需要通过纸笔测验和活动表现性评价来实现，其评价方式包括等级分数、纸笔测验成绩。

现以第3单元“化学研究方法”为例，列述澳大利亚维多利亚州高中化学课程评价方式和类型多样化的特点。

第3单元学生学业评价包括州考和学校课程评价两部分。

州考试由维多利亚州课程及评价中心委任一个小组出题。学生将回答一系列由考试小组设置的问题。第3单元所有关键的基础知识以及核心技能都是可能考查的内容。结果1和2同样可能被考查。考试由两类试题构成：第一部分多项选择题，第二部分简答题。

考试将在下列条件下完成：(1)持续时间1.5小时；(2)日期一般在年中，每年日期由维多利亚州课程及评价中心规定；(3)维多利亚州课程及评价中心考试规则适用，这些规则的详细资料载于每年的VCE和VCAL行政手册；(4)考试的特点将是由维多利亚课程及评价中心委任一个小组来完成；(5)州考占总成绩的33%。

学校课程评价占总成绩(3、4单元)的17%。下表列述了第3单元学校课程评估指南。

表11 澳大利亚维多利亚州课程文本第3单元化学研究方法学校课程评估指南[5]

结果	分数分配	评价任务
结果1 评估化学分析用的技术和仪器的适用性 结果2 识别和解释官能团在有机反应中的作用，用有机分子构建有机反应途径	50 25 25	完成一个研究领域1或研究领域2的扩展的实验研究 并且 · 这一研究领域并没有做过扩展实验研究 · 一份关于实践活动的书面报告 并且 其中有一项是源于下列各项： · 以书面、口头、视听或多媒体形式对材料进行回应 · 使用结构化的问题对一手数据和/或二手数据进行分析 · 采用书面、口头、视听、多媒体或网页的形式介绍有关有机反应路径
	总分100	

活动表现性评价是获得证书的重要组成部分(占总成绩的34%)。

澳大利亚维多利亚州的活动表现性评价不仅仅停留在理念层面，而是作为获得证书必须完成的部分(占总成绩的34%)；这种方式作为1～2单元的主要评价方式，记录学生的学习过程。真正体现了学习的过程和结果的统一。

澳大利亚维多利亚州高中化学课程评价核心知识的理解、核心技能的掌握；其中核心知识的理解融为每个单元的学习内容；课程文本中特别强调科学技能的评价，明确列述了科学地进行调查和探究、应用化学理解、交流化学信息和理解三个维度的核心技能。

表 12　澳大利亚维多利亚州课程文本中列述的核心技能

核心技能	科学地进行调查和探究	应用化学理解	交流化学信息和理解
细目	· 在完成所有实践性调查(包括适当处理废弃物)的时候，能够安全且负责任地按照需要独立或合作完成工作 · 进行调查，包括收集、处理、记录、分析定性和定量数据；根据调查和收集的信息得出相应的结论；评价过程和数据的可靠性 · 提出问题(及假设)；做出计划和/或设计，并进行调查；确认和处理不确定问题的可能来源 · 在进行调查研究和汇报的时候，考虑科研伦理问题	· 建立概念之间的联系；处理信息；在新旧情境中应用理解 · 使用一手、二手资料和证据，来说明化学概念和理论是如何的发展并随着时间的推移不断完善的 · 分析有关科技发展的问题及其影响 · 分析和评价公共领域中的化学相关信息和观点的可靠性	· 准确、有效地解释、说明和交流化学信息和化学思想观念 · 根据听众和用途的不同，采取相应的沟通方式 · 正确使用科学的语言和习俗，包括化学方程式和化学计量单位

澳大利亚维多利亚州课程文本中保障评价实施的手段可分为保障学校课程评估的实施手段和保障州考实施的手段两个方面。

一方面，在澳大利亚维多利亚州课程标准中，每个单元都提供了评估任务的详细内容，还在给教师的建议部分举出了更为详尽的学习活动的范例。另外，澳大利亚维多利亚州课程及评价中心公布的评估手册中包括关于第 3、4 单元的评估任务以及活动表现性评价的意见。作为学校课程评估主体的教师，必须“能够提供他们水平的证明”。基于上述 3 种手段保障学校课程评估的实施。

另一方面，作为获得证书顺利结业的重要组成部分——州考，命题人员由州课程和评价中心委任，题目形式和考试时间有明确的规定。

澳大利亚维多利亚州的高中化学课程是证书制的，通过即获得证书，可获得下一阶段学习资格。

在学校将每个单元的学习结果向澳大利亚维多利亚州课程及评价中心报告为 S(满意)或 N(不满意)，并由维多利亚课程及评价中心颁发了成绩证书之后，学生的课程学习便结业了。学校可汇报关于成绩水平的补充信息。

2. 澳大利亚维多利亚州化学课程评价的特点

澳大利亚维多利亚州高中化学课程标准中有独立的评价部分，其课程评价特色在于：第一，有完整的评价设计；第二，针对学习内容提出明确、详细的学习要求；第三，评价类型和方式多样化，评价主体多元化；第四，活动表现评价纳入总评成绩，作为考试的重要组成部分。

(1)有完整的评价设计

维多利亚州课程标准中有对课程评价整体性、分层次的设计。其课程评价从理念到设计，再到每单元内容的评价指标逐步细化。

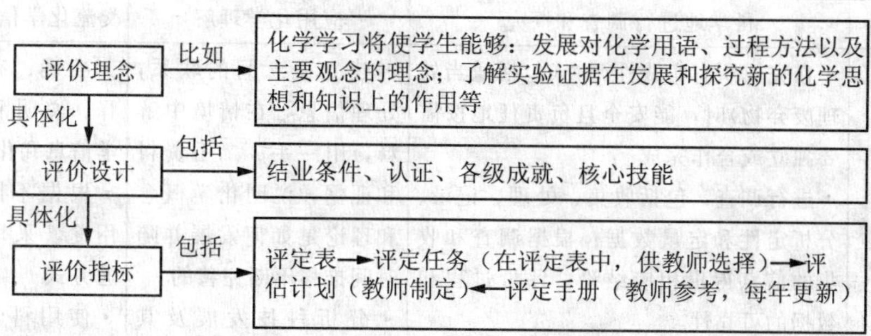

图 1　澳大利亚维多利亚州高中化学课程评价的设计

(2)针对学习内容提出明确、细化的学习要求

澳大利亚维多利亚州课程标准针对学习内容提出了明确的学习要求。在澳大利亚维多利亚州课程标准中，按照“学习要求”→“学习活动示例”→“详细示例”提出学习要求。其中“学习活动示例”和“详细示例”是对“学习要求”的进一步解析。以第一单元“主要的化学观念”中的“周期表”为例，这一主题的学习要求是“使用证据来制订或完善化学思想和知识”，学习活动示例列出细化的学习要求，详细示例中通过“根据性质进行元素分类”的活动给出在具体活动任务中的学习要求示例。

表 13　澳大利亚维多利亚州高中化学“周期表”学习要求

学习要求	学习活动示例	详细示例
使用证据来制订或完善化学思想和知识	1. 讨论为化学知识分类制订框架的优势 2. 对一组数据进行整理；分析元素的物理和化学性质，并根据性质的相似性进行分类	数据分析任务：根据性质进行元素分类 A. 实践：研究元素及其化合物（钠、钙、镁、铝、石墨、铁、锌、铜、硫，及一系列离子化合物），按照性质和分子式将元素进行分类；指出分类依据；说明为什么按照框架整理化学知识是有益的 B. 资料整理：记录至少 30 个元素性质的数据；按元素性质分类，并按相对原子量递增的顺序排序；分类的依据是对不同要素进行比较 C. 对照门捷列夫元素周期表：将自己的分类和门捷列夫的分类进行比较，仔细思考两者的异同。分类时遇到什么困难？还有什么信息可能是有用的？为什么门捷列夫表是有缺陷的？门捷列夫表是如何成为有用的预测工具的？

(3)注重对核心技能的评价

澳大利亚维多利亚州课程标准注重对核心技能的评价。核心技能包括科学地调查和探究、应用化学理解、交流化学信息和理解。核心技能的评价贯穿 1～4 单元，其评价方式是活动表现评价。

表 14 澳大利亚维多利亚州课程评价中的核心技能

核心技能	科学地进行调查和探究	应用化学理解	交流化学信息和理解
细目	·在完成所有实践性调查(包括适当处理废弃物)时，能安全且负责任地按需要独立或合作完成 ·进行调查，包括收集、处理、记录、分析定性和定量数据；根据调查和收集的信息得出相应结论；评价过程和数据的可靠性 ·提出问题(及假设)；做计划(设计)，并进行调查；确认和处理不确定问题的可能来源 ·在进行调查研究和汇报时，考虑科研伦理问题	·建立概念间的联系；处理信息，在情境中解释，用一手、二手资料和证据，说明化学概念和理论是如何发展并随时间推移不断完善的 ·分析科技发展及其影响 ·分析和评价公共领域中化学信息和观点的可靠性	·准确、有效地解释、说明和交流化学信息和化学观念 ·根据不同听众和用途，采取相应沟通方式 ·使用科学的语言和正确的习惯，包括化学方程式和化学计量

(4)评价多元化

澳大利亚维多利亚州的评价多元化，表现在：①评价类型多样化，包括过程性评价、终结性评价、活动表现评价和纸笔测验。②评价主体多元化，学校负责评价平时学习，主要评价活动表现(实验、调查等，每单元占 17%)；州课程和评估中心负责纸笔测验(每单元占 33%)。③评价结果呈现方式多样化，包括等级分数——评价活动表现评价和考试分数——评价纸笔测验成就。

(5)落实活动表现评价

澳大利亚维多利亚州的活动表现评价没有仅仅停留在理念层面，而是作为获得证书必须完成的部分(占总成绩的 34%)，体现了学习过程和结果的统一，知识和技能的统一。以第三单元“化学研究方法”为例，这一单元学校课程评价结果占证书成绩的 17%，针对分析化学和有机化学两个主题完成 3 个评价任务，包括：①实验(50 分)，②调查报告(25 分)，③材料分析、数据分析、主题报告三个任务中任意一项(25 分)。

七、中国台湾化学课程评价

1. 中国台湾化学课程评价简介

中国台湾高中化学分为必修和选修两个阶段。

必修阶段着重在基础的化学原理及应用与实验活动学习，认识并了解物质的组成、结构、性质及其中的能量变化，并借认识科学发展史学习科学知识的产生及发展。加强科学基本素养，培养化学兴趣，认识科学方法，增进个人解决问题、自我学习、推理思考、表达沟通的能力，成为具有科学素养的国民。选修阶段继续必修的基础化学教育，加强化学原理与知识的培养，及实验能力与操作技巧的养成，增进学生对物质科学的认知，为衔接大学或进阶课程，确立博学、审问、慎思、明辨、笃行的基本治学方针。

从评价方式来看，中国台湾高中课程注重评价方式多样化，并注重评价的诊断、反馈功能。为了解学生的学习状况与成就，教师在教学过程中，应适时进行形成性评量、动态性评量、诊断性评量、另类评量、多元评量与总结性评量工作，以诊断教学的成效，并适当地评估学生的学习成绩，加以改进与补救，以达成预期的教学目标。

平时考查项目的评量方式除纸笔测验外，还可以课堂问答、阅读报告、专题评论、习题作业、趣味游戏、自制模型、设计实验之报告、活动记录之内涵等方式展开，依据其思考的周延性、逻辑推理的严谨性、反应的灵敏性及创意的精致性等各项表现，加以考评。

从评价内容来看，其评价的核心能力分别如下。

(1)必修阶段

①化学作为基础科学的核心学科，最重要的是建立科学思考的基本方法与态度。对论证、思辨、理解、批判、解析、创新、发现及解决问题等智能的培养，应为学习的核心。

②化学与物理同为物质科学的两大柱石，包含理论、现象与应用方面的学习。学科能力应注重概念的理解与应用，数据图表的转化与解读，并能就生活中与科学相关的事件或现象寻求证据导向及理性判断的思考与观点。

(2)选修阶段

①化学作为基础科学的核心学科，最重要的是建立科学思考的方法与态度。对论证、思辨、理解、批判、解析、创新、发现及解决问题等智能的培养，应为学习的核心。

②化学与物理学同为物质科学的两大柱石，包含理论、现象与应用的学习。学科能力培养应注意熟念专业语言、建构重要概念、认识量化分析及化学信息解析、操作实验技巧及思考法则、建立实用及生活中的化学知识。

评价的容，应以学习目标为导向，在认知方面，则按记忆、理解、应用、分析、综合、评鉴等不同层次，制作评价试题，而题型宜生动活泼，从生活中取材，并求难易适中；在技能方面，则考评学生实验操作技巧、科学过程技能、设计实验及综合判断的能力；在情感方面，则注重科学精神和求真、求实之科学态度的含蕴，及求知与参与的热忱。

2. 中国台湾化学课程评价特点

中国台湾高中化学课程评价具有以下特点。

(1)注重评价的诊断和反馈功能；注重评价学生的思维发展。

中国台湾的高中化学课程评价实施多样化的评价方式，包括形成性评价、动态性评价、诊断性评价、另类评价、多元评价与总结性评价工作，以诊断教学的成效，并适当地评估学生的学习成就，加以改进与补救，以达成预期的教学目标。

通过多样化的评价方式评价学生的思维发展。中国台湾课程评价注重平时考查项目的评价方式除纸笔测验外，还可以课堂问答、阅读报告、专题评论、习题作业、趣味游戏、自制模型、设计实验的报告、活动记录的内涵等方式展开，依据其思考的周延性、逻辑推理的严谨性、反应的灵敏性及创意的精致性等各项表现，加以考评。

(2)按照认知、技能、情意三个维度细化评价标准

在中国台湾的课程文本中明确提出，在认知方面按照记忆、理解、应用、分析、综合、评鉴等不同认知层次制作评价试题；在技能方面，按照实验操作技巧、科学过程技能、设计实验及综合判断的能力进行考查；在情意方面，则注重科学精神和求真、求实的科学态度的含蕴，以及求知与参与的热忱，即注重态度和参与度。

第二节 不同国家和地区高中化学课程评价的比较研究

课程评价的研究和制订是课程标准研制的核心工作之一。课程评价一般关注下列10个问题：评价如何定义？评价的对象是什么？对于每个对象应搜集什么样的资料？根据什么标准来判断一个评价对象的价值或有缺点？评价的目标和功能是什么？应该使用什么方法？评价的标准是什么？进行评价的过程是怎样的？谁作评价？评价应该为谁服务？用什么标准对评价再进行评价？[6]

为了更好地实施课程方案，国内外诸多研究者对评价的模式进行了研究，不同的课程评价模式代表不同研究者在课程评价范畴的关注点差异。

课程评价之父泰勒特别关注评价的目标导向，他提出目标达成模式的评价，旨在确定课程方案达成目标的程度。泰勒认为："评价过程实质上是一个确定课程与教学计划实际达到的教育目标的程度的过程。"[7]目标达成模式的评价程序包括如下步骤：(1)拟定一般目标或具体目标；(2)将目标加以分类；(3)用行为术语界定目标；(4)确定应用目标的情境；(5)发展或选择测量目标的技术；(6)收集学生的行为表现资料；(7)将收集到的资料与行为目标比较。斯塔夫尔比姆注重评价的动态性和发展性，认为课程评价不应局限在评定目标达到的程度，课程评价是一种过程，旨在描述、取得及提供有用资料，为判断各种课程计划、课程方案服务[8]。他将课程评价分为形成背景评价、输入评价、过程评价、结果评价四类。斯太克指出，课程评价既需要描述，也需要评判。描述包括两类材料：打算做的和观察到的。评判包括两个方面：根据计划实现的内容所作的判断和根据实际观察到的情况所作的判断。

由此可见，斯太克关注评价的应然层面和实然层面，并注重两者的结合。斯太克指出：不论是描述还是评判，其材料都是建立在3个来源上：(1)前提条件，指教学之前业已存在的可能与结果有关的条件。如学生的兴趣、经验、教师的意愿、课程内容的特点、社会的背景；(2)相互作用，即教学的过程因素，如师生关系、师生的交往、作用的氛围；(3)结果，就是课程计划实施后的效果，如学生的成绩、态度、动作技能、对教师和学校的影响。

斯太克认为，课程评价有不同的方法，没有哪一种方法是唯一正确的。但要使评价产生效果，必不可少的一点是，评价应该向听取评价结果的人提供他们所关心的信息，要充分地了解他们所关心的问题[9]。应答模式具有以下三个特点：(1)更关心方案的活动而不是方案的内容；(2)对听取人要求的信息做出反应；(3)根据不同的价值观，报告方案的成败。

不同的评价模式或预成，或生成/应答；或关注终结性评价，或关注形成性评价；或强调评价的目标，或强调评价的过程。但无论其关注点有什么差异，其评价的关注点没有超越课程评价关注的10个问题，并且特别聚焦在评价的设计、过程和结果这三个层面，集中讨论一些评价要素，比如评价的目标、方法、标准或内容、实施或过程、结果。

泰勒特别强调课程目标的导向性功能，因为目标是可以预成和设计的，评价的目标决定了评价的方法、内容和标准。斯太克提示我们要关注评价的应然水平和实然水平的差距，这对于我们对课程评价进行反思和评价是有帮助的。评价实施的保障策略、评价结果的呈现与反馈虽然可以预成，但主要是在评价实施过程中；需要得到评价结果，即评价对象的实际发展水平才能够反思和评价。不同评价模式分别都关注了评价的动态性和发展性。因此，课程评价融合了课程评价的设计、(实施)过程、结果这三个动态层面，需要考虑评价的目标、评价的方法、评价的标准或内容、评价的实施、评价结果呈现与反馈等多个要素。

其中，评价的目标决定评价方法、评价标准或内容；不同的评价标准或内容所采取的评价方法不同，比如对于化学实验的评价多采用活动表现评价，而对于概念理解的评价多采用纸笔测试的评价方法，因此评价方法与评价标准或内容存在相互作用，同时又影响评价目标的达成。评价的设计决定评价的实施过程，评价的设计、实施过程决定评价结果。评价结果可以用来反思评价设计与评价实施。

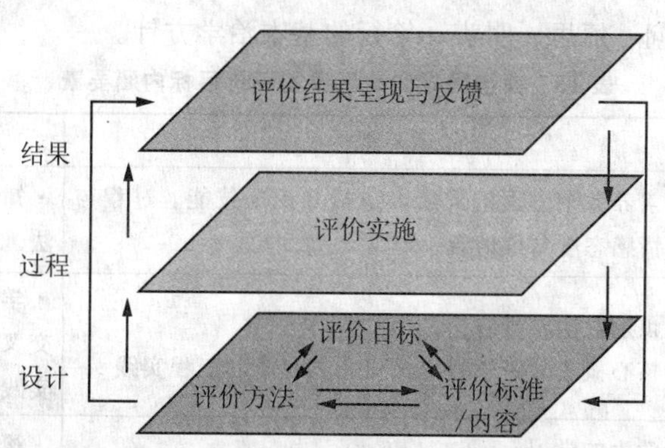

图2　国际上高中化学课程评价比较的框架

国际上高中化学课程评价比较的框架关注课程评价的设计、过程和结果，按照课程评价目标、评价方法、评价标准或内容、评价实施、评价结果呈现与反馈5个方面展开，进行世界各个国家和地区课程评价的横向比较。

一、化学课程评价目标的比较

中国大陆高中化学课程评价的目标和功能在于促进学生在科学素养各个方面的发展，包括知识与技能、过程与方法、情感态度与价值观。

美国高中化学课程虽然没有明确提及评价的目标和功能，但从其课程文本及其他参考文献来看，其评价目标指向学生的科学素养，科学素养的评价是融合了学科核心概念、跨领域的大概念、科学和工程实践三个维度的表现。

加拿大安大略省高中化学课程评价和评估的主要目的是改善学生的学习。通过评价收集的信息帮助教师弄清楚学生在达成课程期望中的优势和劣势。这些信息也引导教师找到适合学生的课程和教学方法，评价教学计划和课堂实践的整体效果。

韩国高中化学课程评价的目标按照科学、化学Ⅰ、化学Ⅱ各不相同。其中科学旨在评价学生的科学素养；“化学Ⅰ”评价民主市民要具备的化学素养；“化学Ⅱ”评价已修“化学Ⅰ”并有意愿专攻科学技术领域的学生的化学素养。

芬兰高中化学课程评价旨在评价学生理解和应用化学知识的能力以及获取实验信息和处理信息的技能。

澳大利亚维多利亚州高中化学课程提出11条评价目标。化学学习将使学生能够：发展他们对化学用语、化学过程以及主要化学观念的理解；了解实验证据在发展和创造新的化学思想和知识上的作用等。

中国台湾高中化学分为必修和选修两个阶段。必修阶段着重在基础的化学原理及应用与实验活动学习，认识并了解物质的组成、结构、性质及其中的能量变化，并借认识科学发展史学习科学知识的产生及发展。加强科学基本素养，培养化学兴趣，认识科学方法，增进个人解决问题、自我学习、推理思考、表达沟通的能力，成为具有科学素养的国民。选修阶段继续必修的基础化学教育，加强化学原理与知识的培养，及实验能力与操作技巧的养成，增进学生对物质科学的认知，为衔接大学或进阶课程，确立博学、审问、慎思、明辨、笃行的基本治学方针。

表15　典型国家和地区课程评价目标内涵要素

国家(地区)	内涵要素	维度
中国大陆	·科学素养各个方面的发展，包括知识与技能、过程与方法、情感态度与价值观	·知识与技能、过程与方法、情感态度与价值观
美国	·成绩预期，学习进阶 ·学科核心概念、跨学科交叉概念、科学和工程实践	·学科核心概念、跨学科交叉概念、科学和工程实践
加拿大安大略省	·改善学生的学习 ·评价教学计划和课堂实践的整体成效	·诊断和改进学习 ·诊断和改进教学
韩国	·科学，科学素养 ·化学Ⅰ：民主市民要具备的化学素养 ·化学Ⅱ：有意愿专攻科学技术领域的学生的化学素养	·科学素养 ·化学素养
芬兰	·理解和应用化学知识的能力、获取实验信息的技能和处理信息的技能	·知识 ·技能

续表

国家(地区)	内涵要素	维度
澳大利亚维多利亚州	·发展对化学用语、化学过程以及主要化学观念的理解 ·了解实验证据在发展和创造新的化学思想和知识上的作用 ·了解化学知识的组织、挑战、修订和扩展方式 ·评价假设的质量以及模型、数据和结论的局限性 ·发展在设计以及安全地进行实际调查的技能，包括风险评估、危险源辨识和废弃物处理 ·发展所需的知识和技能，完成实验过程和程序，进行调查研究 ·开展实际调查，收集、解释和分析数据和证据，从而得出结论 ·发展和其他人进行化学交流的有效沟通技能 ·意识到科学研究中的伦理问题，并在化学研究中加以注意 ·了解化学和科学技术的其他领域之间的联系 ·意识到社会、经济和环境对化学新兴领域及相关技术的影响	·核心知识 ·核心技能
中国台湾	·必修：成为具有科学素养的国民——基础的化学原理及应用与实验活动，认识并了解物质的组成、结构、性质及其中的能量变化，认识科学发展史学习科学知识的产生及发展。加强科学基本素养，培养化学兴趣，认识科学方法，增进个人解决问题、自我学习、推理思考、表达沟通的能力 ·选修：化学原理与知识、实验能力与操作技巧，对物质科学的认知，为衔接大学或进阶课程，确立博学、审问、慎思、明辨、笃行的基本治学方针	·知识、技能、情意 ·科学素养 ·化学素养

通过上述概括与分析，我们发现：典型国家和地区的课程评价目标有共性，也有差异。

共性在于：从课程评价目标的内涵来看，各国和地区课程评价目标大多涉及评价的对象、评价的功能。

差异在于：和其他国家或地区课程评价目标不同，加拿大安大略省的课程评价目标更强调其诊断性功能，即学习诊断、反馈的功能与诊断教学、改进教学的功能，强调了课程评价的学生主体和教师主体。

其他国家或地区课程评价的目标主要是提高学生的科学素养，但是不同国家或地区对科学素养内涵的界定略有差异，主要包括以下类型。(1)以中国大陆和中国台湾为代表的关注知识、技能、情感的多维课程评价目标体系；(2)以芬兰、澳大利亚维多利亚州为代表的关注核心知识和核心技能的课程评价目标体系；(3)以美国为代表的综合核心概念、跨学科交叉概念、科学和工程实践于成绩预期、学习进阶的刻画学生科学素养水平的课程评价目标体系。

韩国、中国台湾分阶段设定课程评价目标。低水平课程指向公民科学素养的评价，高水平课程指向学生化学素养的评价。

二、化学课程评价方法的比较

中国大陆高中化学课程积极倡导评价方式的多样化，坚持终结性评价与过程性评价相结合、定性评价与定量评价相结合、学生自评互评与他人评价相结合，努力将评价贯穿于化学学习的全过程。主要评价方式主要包括纸笔测验、学习档案评价和活动表现评价等。

加拿大安大略省高中化学课程评价方式多样化。对学生的学业评价分为过程性评价和终结性评价。学习技能的评价使用四点量表：(E—优秀，G—良好，S—符合要求，G—需要改进)。终结性评价占最终成绩的30%，其形式包括期末考试，表现、论文和/或其他适合这门课程内容管理要求的考核方式。

韩国高中化学课程评价方式多样化。评价时使用选择型、叙述型以及论述型、观察、检查报告、实际测试、面谈、评价文件夹等多种方法。尤其在“自由探究”中避免纸笔型评价，而是活用观察学生活动、检查报告等方法。

芬兰化学教学中的常用的评价方法包括课程测验、监测学生积极参与的程度、实验工作、工作报告、工作计划或者研究论文等。

澳大利亚维多利亚州高中化学课程的评价多元化，表现在：①评价类型多样化，包括过程性评价、终结性评价；活动表现评价、纸笔测验。②评价主体多元化，评价者包括学校，负责评价平时学习，主要评价活动表现(实验、调查等，每单元占17%)；州课程和评估中心，负责纸笔测验(每单元占33%)。③评价结果呈现方式多样化，包括等级分数——评价活动表现评价、考试分数——评价纸笔测验成就。

中国台湾高中课程注重评价方式多样化。为了解学生的学习状况与成就，教师在教学过程中，应适时进行形成性评量、动态性评量、诊断性评量、另类评量、多元评量与总结性评量工作，以诊断教学的成效，并适当地评估学生的学习成就，加以改进与补救，以达成预期的教学目标。平时考查项目的评价方式除纸笔测验外，亦可以课堂问答、阅读报告、专题评论、习题作业、趣味游戏、自制模型、设计实验的报告、活动记录的内涵等方式展开，依据其思考的周延性、逻辑推理的严谨性、反应的灵敏性及创意的精致性等各项表现，加以考评。

表 16　典型国家和地区课程评价方法内涵要素

国家(地区)	内涵要素	维度
中国大陆	·终结性评价与过程性评价相结合、定性评价与定量评价相结合、学生自评互评与他人评价相结合 ·评价方式主要包括纸笔测验、学习档案评价和活动表现评价等	·类型多样 ·主体多元 ·方式多样
美国	——	——
加拿大 安大略省	·对学生的学业评价分为和终结性评价 ·过程性评价(70%)——技能，四点量表 ·终结性评价(30%)，其形式包括期末考试，表现、论文、和/或其他适合这门课程内容管理要求的考核方式	·过程性—终结性 ·技能 ·活动表现
韩国	·评价时使用选择型、叙述型以及论述型、观察、检查报告、实际测试、面谈、评价文件夹等多种方法。尤其在“自由探究”中避免纸笔型评价，而是活用观察学生活动、检查报告等方法	·方式多样 ·活动表现
芬兰	·课程测验、监测学生积极参与的程度、实验工作、工作报告、工作计划或者研究论文等	·方法多样
澳大利亚 维多利亚州	·评价类型包括过程性评价、终结性评价；活动表现评价、纸笔测验 ·评价者包括学校，负责评价平时学习，主要评价活动表现(实验、调查等，每单元占17%)；州课程和评估中心，负责纸笔测验(每单元占33%) ·评价结果呈现方式多样化，包括等级分数——评价活动表现评价、考试分数——评价纸笔测验成就	·类型多样 ·主体多元 ·评价结果呈现方式多样 ·活动表现
中国台湾	·形成性评量、动态性评量、诊断性评量、另类评量、多元评量与总结性评量工作，以诊断教学的成效，并当地评估学生的学习成就，加以改进与补救，以达成预期的教学目标 ·平时考查项目的评价方式除纸笔测验外，还可以课堂问答、阅读报告、专题评论、习题作业、趣味游戏、自制模型、设计实验的报告、活动记录的内涵等方式展开，依其思考的周延性、逻辑推理的严谨性、反应的灵敏性及创意的精致性等各项表现，加以考评	·类型多样 ·方式多样

通过上表，我们发现：典型国家或地区的课程评价方法有共性，也有差异；共性大于差异。

具体而言，世界各国或地区在评价类型和方式上呈现出多样化特点，注重在课程中设计过程性评价和终结性评价，注重发挥纸笔测试、活动表现性评价等各自的优势，发挥评价的诊断、反馈功能，注重评价在教学反馈的指导作用；在评价主体上呈现出多元化特点，包括学生自评、教师评价、学校评价、地区评价相结合的多元主体评价学生表现的多元评价主体。特别值得注意的是，活动表现性评价作为过程性评价的主要方式，技能成为过程性评价的主要内容之一。这一特点在地区课程文本中体现得尤为突出，与此同时地区课程评价方式更多样(比如澳大利亚维多利亚州和加拿大安大略省的课程设计)。

三、化学课程评价标准(内容)的比较

中国大陆高中化学课程从评价的内容和标准来看，围绕科学素养的三个方面，即知识与技能、过程与方法、情感态度与价值观，课程标准以模块体现基础性和选择性；以"内容标准"和"活动与探究建议"相结合的方式列述了每个知识点学生应达到的水平。其中内容标准是学生必须达成的要求，活动与探究建议是供选择的学习内容。

美国高中化学课程内容将学科核心概念、跨领域的大概念、科学和工程实践融合了术语，形成成绩预期，用主题、内容、实践、表现、标准逐层细化评价学生的学业成就。成绩预期用于描述学生可以期望实现的活动和成果，可以作为证明他们理解和应用在主题观点中被描述的知识为手段。对于学生具体的表现，在学习进阶部分进行了细化的解释和说明，用实例的方式描述学生对同一核心概念在不同年级应有的发展，即学习进阶。用这种方式给出教学和评价的参考。

加拿大安大略省高中化学课程用科学成就图评价/评估学生的学业成就将核心概念与基本概念结合，按照总体目标、具体目标、示例(包括示例事件与示例问题)逐步细化为学生具体内容的学习要求。

韩国高中化学课程评价分科学、化学Ⅰ、化学Ⅱ学习不同的内容，体现选择性。

科学课程均衡评价基本概念的理解，科学探究能力以及科学态度，尤其关注：

·评价基本概念的理解及其应用能力。

·评价探究活动执行能力和将其应用于解决日常生活问题的能力。

·评价对科学的兴趣和价值认识，参与科学学习的积极性、协同性，科学解决问题的态度创造性等。

化学Ⅰ评价对基本概念的理解，科学探究能力，科学态度，尤其关注：

·评价物质的性质以及化学现象等相关的基本概念综合性理解的程度。

·评价探究活动执行能力和将其应用于解决日常生活问题的能力。

·评价对科学的兴趣和价值认识，参与科学学习的积极性、协同性，科学解决问题的态度创造性等。

"化学Ⅱ"中评价对概念的整体性理解，科学探究能力，科学态度，尤其关注：

·评价与物质和化学反应等相关的基本概念的综合理解程度。

·评价探究活动执行能力和将其应用于解决日常生活问题的能力。

·评价对科学的兴趣和价值认识，参与科学学习的积极性、协同性，科学解决问

题的态度创造性等。

芬兰评价内容上重视发展学生理解和应用化学知识的能力以及获取实验信息的技能和处理信息的技能。

澳大利亚维多利亚州高中化学课程的评价围绕核心知识和核心技能，针对学习内容提出明确、细化的学习要求。澳大利亚维多利亚州课程标准针对学习内容提出了明确的学习要求。在澳大利亚维多利亚州课程标准中，按照“学习要求”→“学习活动示例”→“详细示例”提出学习要求；其中“学习活动示例”和“详细示例”是对“学习要求”的进一步解析。

中国台湾高中课程注重评价核心能力，但是必修阶段和选修阶段的核心能力有共性，也有差异。

(1)必修阶段

①化学作为基础科学的核心学科，最重要的是建立科学思考的基本方法与态度。对论证、思辨、理解、批判、解析、创新、发现及解决问题等智能的培养，应为学习的核心。

②化学与物理学同为物质科学的两大柱石，包含理论、现象与应用面向的学习。学科能力应注重概念的理解与应用，数据图表的转化与解读，并能就生活中与科学相关的事件或现象寻求证据导向及理性判断的思考与观点。

(2)选修阶段

①化学作为基础教育的核心学科，最重要的是建立科学思考的方法与态度。对论证、思辨、理解、批判、解析、创新、发现及解决问题等智能的培养，应为学习的核心。

②化学与物理学同为物质科学的两大柱石，包含理论、现象与应用的学习。学科能力培养应注意熟念专业语言、建构重要概念、认识量化分析及化学信息解析、操演实验技巧及思考法则、建立实用及生活中的化学知识。

中国台湾高中化学课程评价的内容，应以学习目标为导向，在认知方面，则按记忆、理解、应用、分析、综合、评鉴等不同层次，制作评量试题，而题型宜生动活泼，从生活中取材，并求难易适中；在技能方面，则考评学生实验操作技巧、科学过程技能、设计实验及综合判断的能力；在情感方面，则注重科学精神和求真、求实的科学态度的含蕴，以及求知与参与的热忱。

表 17 典型国家和地区课程评价标准(内容)的内涵要素

国家(地区)	内涵要素	维度
中国大陆	·围绕科学素养的三个方面，知识与技能、过程与方法、情感态度与价值观，以“内容标准”和“活动与探究建议”相结合的方式列述了每个知识点学生应达到的水平。其中内容标准是学生必须达成的要求，活动与探究建议是供选择的学习内容。分阶段、分模块的化学课程，差异的评价内容	·内容标准(刚性) ·活动与探究建议(建议性) ·知识与技能、过程与方法、情感态度与价值观 ·阶段、模块

续表

国家(地区)	内涵要素	维度
美国	·将学科核心概念、跨领域的大概念、科学和工程实践融合形成成绩预期；学习进阶描述学生对同一核心概念在不同年级应有的发展	·成绩预期 ·学习进阶 ·核心概念、交叉概念、科学 ·实践融合
加拿大安大略省	·用科学成就图评价/评估学生的学业成就将核心概念、基本概念结合，按照总体目标、具体目标、示例细化学习要求 ·分模块的化学课程，差异的评价内容	·核心概念、基本概念(交叉)融合 ·总体目标、具体目标、示例逐步细化 ·科学成就图 ·分模块的化学课程，差异的评价内容
韩国	·科学课程 均衡评价基本概念的理解，科学探究能力以及科学态度，尤其关注： ◇评价基本概念的理解及其应用能力 ◇评价探究活动执行能力和将其应用于解决日常生活问题的能力 ◇评价对科学的兴趣和价值认识，参与科学学习的积极性、协同性，科学解决问题的态度创造性等 ·化学 1 评价对基本概念的理解，科学探究能力，科学态度，尤其关注： ◇评价物质的性质以及化学现象等相关的基本概念综合性理解的程度 ◇评价探究活动执行能力和将其应用于解决日常生活问题的能力 ◇评价对科学的兴趣和价值认识，参与科学学习的积极性、协同性，科学解决问题的态度创造性等 ·“化学Ⅱ”中评价对概念的整体性理解，科学探究能力，科学态度，尤其关注： ◇评价与物质和化学反应等相关的基本概念的综合理解程度 ◇评价探究活动执行能力和将其应用于解决日常生活问题的能力 ◇评价对科学的兴趣和价值认识，参与科学学习的积极性、协同性，科学解决问题的态度创造性等	·科学课程、化学课程 ·分阶段的化学课程，差异的评价内容 ·科学：基本概念的理解和应用 ·化学 1：物质的性质以及化学现象等相关的基本概念综合性理解 ·化学Ⅱ：与物质和化学反应等相关的基本概念的综合理解

续表

国家(地区)	内涵要素	维度
芬兰	·重视发展学生理解和应用化学知识的能力以及获取实验信息的技能和处理信息的技能	·知识 ·技能
澳大利亚维多利亚州	·围绕核心知识和核心技能，针对学习内容提出明确、细化的学习要求。针对学习内容提出明确的学习要求。按照“学习要求”→“学习活动示例”→“详细示例”提出学习要求；其中“学习活动示例”和“详细示例”是对“学习要求”的进一步解析 ·分阶段、分模块的化学课程，差异的评价内容	·核心知识、核心技能 “学习要求”→“学习活动示例”→“详细示例” ·分阶段的化学课程，差异的评价内容 ·分模块的化学课程，差异的评价内容
中国台湾	·核心能力 必修 (1)科学思考的基本方法与态度；对论证、思辨、理解、批判、解析、创新、发现及解决问题等 (2)理论、现象与应用；概念的理解与应用，数据图表的转化与解读，并能就生活中与科学相关的事件或现象寻求证据导向及理性判断的思考与观点 选修 (1)科学思考的方法与态度；论证、思辨、理解、批判、解析、创新、发现及解决问题等 (2)理论、现象与应用；熟念专业语言、建构重要概念、认识量化分析及化学信息解析、操演实验技巧及思考法则、建立实用及生活中的化学知识 评量之内容，应以学习目标为导向，在认知方面，则按记忆、理解、应用、分析、综合、评鉴等不同层次，制作评量试题，而题型宜生动活泼，从生活中取材，并求难易适中；在技能方面，则考评学生实验操作技巧、科学过程技能、设计实验及综合判断的能力；在情感方面，则注重科学精神和求真、求实之科学态度的含蕴，及求知与参与的热忱	·分阶段的化学课程，差异的评价内容 ◇相同：科学思考的基本方法与态度，理论、现象与应用 ◇差异：必修：接近生活。数据图表的转化与解读，就生活中与科学相关的事件或现象寻求证据导向及理性判断的思考与观点

通过上述概括与分析，我们发现：典型国家和地区的课程评价内容存在共性与差异。

(1)评价内容按照对科学素养的界定细化，这是共性。但是，各个国家或地区对科学素养的界定不同，其评价内容的细化逻辑存在差异。中国大陆按照知识与技能、过程与方法、情感态度与价值观细化评价要求；美国将核心概念、交叉概念、科学实践融合为表现预期；韩国评价学生理解基本概念、科学探究能力、科学态度；芬兰与澳大利亚维多利亚注重核心知识和技能的培养；中国台湾注重对核心能力，包括：①科学思考的基本方法与态度，②理论、现象与应用的评价。

(2)评价内容分为低水平课程和高水平课程，低水平课程评价学生作为社会公民的科学素养；高水平课程评价学生的化学素养，并为学生进入高一级学校和继续学习化学及相关专业打基础。从课程文本中可以看出分级课程的代表性国家和地区包括：韩国、中国大陆、中国台湾和澳大利亚维多利亚州。

(3)评价内容按照不同模块存在差异，比如有机、原理等。不同内容模块的具体评价有所差异。从课程文本中可以看出分模块评价的代表性国家和地区包括中国大陆、加拿大安大略省和澳大利亚维多利亚州。

(4)评价内容指标化。很多国家和地区细化了评价的指标，比如中国台湾明确提出按照知识/认知、技能、情意三个维度细化评价指标；认知维度按照记忆、理解、应用、分析、综合、评鉴等不同层次评价等。加拿大安大略省用科学成就图描述评价指标。澳大利亚维多利亚州详细列出核心技能的指标要点。

四、化学课程评价实施的比较

中国大陆高中化学课程从评价的实施来看，提出：(1)实施多样化评价，促进学生全面发展；(2)根据课程模块的特点选择有效的评价策略；(3)实施学分管理，进行综合评定。

加拿大安大略省高中化学课程明确列述了评价实施的保障。为了确保评价和评估是有效可靠的，引导学生改善学习，教师必须使用评价和评估的11条策略。比如：评价方法多样化，评价持续一段时间，为学生提供机会去展示他们学习全过程；确保给出了每位学生改进的清晰方向；提高学生自评和制定具体目标的能力等。

韩国高中化学课程评价的实施提出：评价根据已设定的成绩标准实施，将其结果灵活运用于树立学习指导计划和前程指导等。评价要经过树立评价计划，开发评价文本和工具，实行评价，处理评价结果，活用评价结果等步骤进行。

澳大利亚维多利亚州高中化学课程的评价一部分评价学生学习过程，主要以活动表现性评价在学校实施，州课程和评估中心给出具体的评价建议和示例供教师参考。另一部分由州课程和评估中心委任专家小组开发设计纸笔测试的工具。进而保障课程评价实施的科学性和准确性。

表 18　典型国家和地区课程评价实施内涵要素

国家(地区)	内涵要素	维度
中国大陆	·实施多样化评价，促进学生全面发展 ·根据课程模块的特点选择有效的评价策略 ·实施学分管理，进行综合评定	·方式多样 ·根据模块优选策略 ·学分管理综合评定
美国	——	——
加拿大安大略省	·为了确保评价和评估是有效可靠的，引导学生改善学习，教师必须使用评价和评估的 11 条策略	·11 条评估策略
韩国	——	——
芬兰	——	——
澳大利亚维多利亚州	·过程—活动表现—学校—指南 ·结果—纸笔测试—州—评估小组	·指南 ·评估专家小组
中国台湾	——	——

通过上表，我们发现并不是所有典型国家或地区都在其课程文本中详细界定评价实施要点的。中国大陆在评价建议中涉及实施，但只局限为建议，并未设计详细步骤和可操作性的做法。加拿大安大略省和澳大利亚维多利亚州的评价实施界定最为清晰；其中加拿大安大略省给出了 11 条保障评价实施的策略；澳大利亚维多利亚州给出了学校评估的详细指南，并明确指出纸笔测试由州评估专家小组出题，最后学生成绩由学校成绩和州考成绩共同构成。

五、化学课程评价结果呈现的比较

加拿大安大略省高中化学课程明确提出以报告卡的形式呈现学生的成绩。学生成绩必须使用 9～12 年级的省报告卡正式传达给学生和家长。在每学年或每学期的特定时间，该报告卡提供以百分比形式进行成绩记录，表示学生每门课程达成课程期望的程度。这个百分比代表学生达到的总体成绩相对于课程全部期望的比例以及针对相应学科成绩表所示的成绩评定等级。每门课程都要记录期末成绩。当学生的期末成绩达到或超过总分的 50%时，成绩会记录下来并给予相应的学分。该报告卡还会用四点量表的形式记录学生在这门课程中展现的五类学习技能。

澳大利亚维多利亚州的高中化学课程是证书制的，通过即获得证书，可获得下一阶段学习资格。在学校将每个单元的学习结果向维多利亚课程及评价中心报告为 S(满意)或 N(不满意)，并由维多利亚课程及评价中心颁发了成绩证书之后，学生的课程学习便结业了。学校可汇报关于成绩水平的补充信息。另一方面，作为获得证书顺利结业的重要组成部分——州考，命题人员由州课程和评价中心委命，题目形式和考试时间有明确的规定。

表 19　典型国家和地区课程评价结果的反馈方式

国家(地区)	内涵要素	维度
中国大陆	——	——
美国	——	——
加拿大安大略省	·报告卡 ·百分比形式进行成绩记录，表示学生每门课程达成课程期望的程度 ·四点量表的形式记录学生在这门课程中展现的五类学习技能	·报告卡
韩国	——	——
芬兰	——	——
澳大利亚维多利亚州	·证书制 过程—活动表现—学校—每个单元的学习结果向维多利亚课程及评价中心报告为 S(满意)或 N(不满意)—得证书，下一阶段学习资格 结果—纸笔测试—州—证书	·证书制
中国台湾	——	——

通过上述概括分析，我们发现并不是所有国家和地区都详细界定了评价结果的反馈方式和内容。加拿大安大略省和澳大利亚维多利亚州在这一方面界定较为详细。其中以澳大利亚维多利亚州的界定方式可操作性最强，其评价结果的反馈直接指向课程毕业的结果。

第三节　启示与思考

根据典型国家和地区课程标准的分析结果，我们将各个国家或地区课程评价的特色列表进行比对。

表 20　典型国家和地区课程评价的特色

国家(地区) 要素	中国大陆	美国	加拿大安大略省	韩国	芬兰	澳大利亚维多利亚州	中国台湾
独立学科课程标准	化学	科学(化学)	科学(化学)	科学(化学)	科学	化学	化学
细致程度	高	高	高	高	低	中	中
特色	科学素养三个维度	表现预期/学习进阶	科学成就图	分级课程	明确内容侧重和评价方式	完整设计评价实施	评价的三个维度/认知评价的层级

美国和加拿大安大略省、芬兰、韩国没有独立的化学学科课程标准，用科学课程标准，但是有独立的化学部分。其中美国、加拿大安大略省课程标准描述细致；芬兰课程标准细致程度较低；韩国课程标准细致程度较高，且呈现分级课程评价；中国台湾课程标准的细致程度居中，呈现分级课程，并且列述了评价的三个层面(认知、技能、情意)和认知评价的层级(记忆、理解、应用、分析、综合、评鉴)；澳大利亚维多利亚州的课程标准细致程度居中，但评价部分细化程度较高。

表 21　典型国家和地区课程评价涉及的要素

评价要素 国家(地区)	评价目标	评价方式	评价内容和标准	评价的实施	评价结果解释与反馈
中国大陆	√	√(多样化)	√	√	
美国	√		√		
加拿大安大略省	√	√(多样化)	√	√	√
芬兰	√	√(多样化)	√		
澳大利亚维多利亚州	√	√(多样化)	√	√	√
韩国	√	√(多样化)	√	√	
中国台湾	√	√(多样化)	√	√	

典型国家或地区课程标准中的评价部分既有共性，又各有特点。共性在于：(1)大多有明确的评价目标，这些评价目标大多和课程目标是一致的。(2)大多在课程标准中明确提倡评价方式多样化；(3)对评价的内容和标准列述清楚。

美国注重评价内容标准的设计；芬兰重在评价内容和方式的设计；中国大陆、中国台湾、韩国注重评价目标、方式、内容和标准、实施的系统设计；加拿大安大略省和澳大利亚维多利亚州综合评价目标、评价方式、评价内容和标准、评价实施、评价结果反馈 5 个方面进行综合设计，具有可操作性。

一、国际化学课程评价的趋势

通过分析，我们发现典型国家和地区高中化学课程评价存在一些趋势性的课程评价走向。

1. 评价目标围绕科学素养内涵展开，注重评价的诊断性功能

一些国家和地区将科学素养分划为科学素养和化学素养，这以韩国的科学课程和化学课程并行为代表；很多国家或地区的化学素养又细化为高低两个水平，低水平课程评价目标指向公民的化学素养，这种化学素养更接近与化学相关的科学素养，高水平课程目标指向化学家的化学素养，这种化学素养更偏重学科本质。

课程评价的目标主要是提高学生的科学素养，但是不同国家或地区对科学素养内涵的界定略有差异，主要包括以下类型：(1)以中国大陆和中国台湾为代表的关注知识、技能、情意的多维课程评价目标体系；(2)以芬兰、澳大利亚维多利亚州为代表的关注核心知识、核心技能的课程评价目标体系；(3)以美国为代表的综合学科核心

概念、跨领域的大概念、科学和工程实践于表现预期、学习进阶的刻画学生科学素养水平的课程评价目标体系。从中我们不难看出中国大陆和中国台湾的课程评价目标体系其内在要素是知识、技能、情意三个维度，这三个维度指向学生的发展；芬兰和澳大利亚维多利亚州课程评价目标偏重学科知识和技能，突显学科本质；美国的课程评价目标评价综合能力，这种能力既包括概念理解与应用又包括科学实践，更加注重实际应用和问题解决。

课程评价不仅要发挥总结甄别的功能，更要发挥其诊断、反馈、定向作用。这种诊断、反馈、定向既针对学生的学习，也指向教师的教学。加拿大安大略省的课程评价目标更强调其诊断性功能，即学习诊断、反馈的功能与诊断教学、改进教学的功能；强调了课程评价的学生主体和教师主体。

2. 评价方式多样化

典型国家和地区在课程评价方式上都呈现出多样化的特点。具体而言，在评价类型上呈现出多样化特点，注重在课程中设计过程性评价和终结性评价。注重评价方式多样化，注重发挥纸笔测试、活动表现性评价等各自的优势，发挥评价的诊断、反馈功能，注重评价在教学反馈的指导作用。在评价主体上呈现出多元化特点，包括学生自评、教师评价、学校评价、地区评价相结合的多元主体评价学生表现的多元评价主体。

特别值得注意的是，在一些国家和地区活动表现性评价作为过程性评价的主要方式，技能成为过程性评价的主要内容之一。这一特点在地区课程文本中体现得尤为突出，与此同时地区课程评价方式更多样，比如澳大利亚维多利亚州和加拿大安大略省的课程设计。

3. 评价内容设计围绕科学素养多维细化，评价内容指标化

世界各国和地区课程评价内容设计按照对科学素养的界定细化，这几乎是所有国家或地区的共性。但是，各国或地区对科学素养的界定不同，其评价内容的细化逻辑存在差异。中国大陆和中国台湾按照知识与技能、过程与方法、情感态度与价值观细化评价要求；美国将核心概念、跨领域的大概念、科学实践融合为表现预期；韩国评价学生理解基本概念、科学探究能力、科学态度；芬兰与澳大利亚维多利亚州注重核心知识和技能的培养；中国台湾注重对核心能力(科学思考的基本方法与态度，理论、现象与应用)的评价。

中国台湾在多维设计的同时呈现出不同线索，其内容设计线索之一是按照知识、技能、情意设计评价内容；线索之二是按照科学本质，即①科学思考的基本方法与态度，②理论、现象与应用设计评价内容。

中国台湾明确提出按照知识/认知、技能、情意三个维度细化评价指标；认知维度按照记忆、理解、应用、分析、综合、评鉴等不同层次评价等。加拿大安大略省用科学成就图描述评价指标。澳大利亚维多利亚州详细列出核心技能的指标要点。

4. 课程评价内容分层级与模块，体现差异性

世界各国和地区课程评价内容分为低水平课程和高水平课程，低水平课程评价学

生作为社会公民的科学素养；高水平课程评价学生的化学素养，并为学生进入高一级学校和继续学习化学及相关专业打基础。

5. 注重设计评价实施的保障和评价结果的反馈，注重评价的可操作性

完整的评价设计，包括评价实施的保障和评价结果的反馈对于提高评价的针对性和可操作性至关重要，因为评价设计是评价实施过程和评价结果的前提和保障。并不是所有典型国家和地区都在其课程文本中详细界定评价实施要点和评价结果反馈的。加拿大安大略省和澳大利亚维多利亚州的评价实施界定最为清晰；其中加拿大安大略省给出了11条保障评价实施的策略；澳大利亚维多利亚州给出了学校评估的详细指南，并明确指出纸笔测试由州评估专家小组出题，最后学生成绩由学校成绩和州考成绩共同构成。加拿大安大略省重在提出详细策略；澳大利亚维多利亚州则提出保障实施的评估指南，更为细化、可操作。加拿大安大略省和澳大利亚维多利亚州在评价结果的反馈方式和内容界定相对详细清楚。

二、中国大陆化学课程评价改革的前瞻

自从泰勒将评价引入课程设计，课程评价发展至今已经经历了从目标取向到促进学生发展取向的沿革。这一点无论从世界典型国家和地区的课程文本当中还是相关国家教育规划纲要中都可见一斑。

中国大陆高中化学课程评价的重点是学业评价，其主旨是要促进学生的发展，其功能主要是促进学生的有效学习，改善教师的教学，进一步完善课程实施方案。从形式上，高中阶段的化学学业评价，包括形成性评价和终结性评价。无论是哪种形式的学业评价，都应严格根据课程标准来确定评价的目标、测评的范围和方式，以确保学习目标、教学要求和学业评价之间的一致性。

1. 注重评价目标的多元化，注重发挥评价的诊断性功能

中国大陆现行高中课程标准中虽然提及了多元化评价，但是尚未细化设计。从评价主体上多元化的评价应该包括国家、省(市)、学校三级课程评价，包括教师、学生、家长等多个主体；课程评价应促进学生、教师、学校等主体的发展。从教学层面来看，课程评价的目标和功能应更多指向学生学习的改进和教师教学的改进，促进学生和教师的双重发展。

2. 注重对学科本质的研究

纵观各个国家和地区的课程文本，对学科本质的研究日趋深入。美国用核心概念体系和科学实践体系整合对学生学科本质的评价；澳大利亚维多利亚州用核心知识和核心技能整合对学生学科本质进行评价。各国和地区对学科本质的研究多分为两类，一类是以核心概念建构为代表的认识发展，一类是以科学实践为代表的技能、探究与问题解决能力的发展。这分别体现了化学学科内容的两个典型体系——核心概念体系和实验探究体系。

特别值得关注的是，美国将学科核心概念和跨学科概念的整合。跨学科概念既包括能量这样具有特定内容载体的概念，也包括系统和系统性思考等指向思维能力的概

念。中国大陆的高中化学课程应立足学科，深入研究核心概念背后的教学价值和功能，特别是培养学生思维能力的功能。

在另一个体系，美国将科学实践与概念体系的整合值得关注。从化学学科视角来看，这是将做实验和实验背后的思考有机融合。这样的实践或实验应该不是细碎庞杂的现象实验，需要更多的推理融入。

美国对科学本质的研究启示我们，关于“教什么”的研究非常重要。学科知识背后的价值和功能不是需要增加的设计点，而是评价内容设计的出发点。

3. 注重评价指标的细化设计

从世界典型国家或地区评价指标设计来看，典型国家或地区对其评价指标的细化都围绕着其评价目标，特别是科学素养的内涵进行多维设计。

从知识理解层面来看，布卢姆的教育目标分类框架是应用较广泛的评价指标。例如中国台湾明确提出其认知层面的目标按照这一分类框架细化评量。其他国家和地区虽未明确指出，但是在其评价内容中多有涉及，比如加拿大安大略省的科学成就图。

从技能掌握与科学实践来看，澳大利亚维多利亚州明确细化了化学学科的核心技能，包括科学地进行调查和探究、应用化学理解、交流化学信息和理解，并在此基础上对每个核心技能进行细化，用于评价活动表现。中国台湾明确指出评价的技能包括实验操作技巧、科学过程技能、设计实验及综合判断的能力。芬兰明确指出评价的技能包括观察、制订计划、进行测量和实施实验；安全使用仪器和试剂；口头或书面表述实验结果；解释实验结果、对实验结果建模和评价；得出结论并应用结论。美国的科学实践包括提出问题；建模；提出可检验的假说；收集、分析和解释数据；建构并进行批判性论证；交流并解释科学和技术文章。综观各个国家或地区课程评价的设计，澳大利亚维多利亚州凸现活动表现性评价，其技能维度细化程度最高，可操作性较强。其他国家或地区在理念和设计上注重了技能维度的设计，但是其细化程度较低，可操作性尚待检验。

从情感态度发展层面来看，中国台湾将情意细化为科学精神和求真、求实的科学态度和求知与参与的热忱。科学态度、参与度作为衡量情意维度的标准。但是从其课程文本中不能看出更为细化的指标。

中国大陆现行高中化学课程按照知识与技能、过程与方法、情感态度与价值观评价学生的科学素养，而每个维度应细化设计评量指标，才能够科学有效地评价学生科学素养的发展。

4. 切实保障评价实施和评价结果反馈

课程评价设计固然重要，要想落实好还需要在实施层面加强保障。这些保障应该是课程评价设计所考虑的内容，比如落实的策略、手段、方法以及评价结果的反馈。

从课程标准修订的思路来看，评价建议的修订必然是向具体化、可操作的方向发展。值得借澳大利亚维多利亚州和加拿大安大略省的做法。

其一，澳大利亚维多利亚州的做法。澳大利亚维多利亚州课程标准有完整的评价设计，包括评价的内容、方式、类型、成绩的给出；其活动表现性评价成为学校评价的评价方式，并且活动表现性评价在课程标准中规定为获取证书所占比例的34%。

其二，加拿大安大略省的做法。明确区分评价和评估的不同功能，突显评估对改进教学的作用，用科学成就图指导老师平时对学生的评估。

再有，评价结果的呈现方式上，加拿大安大略省运用成绩报告卡将学生学业成就报告给学生和家长的方式值得我们关注。

参考文献

[1]钟启泉．课程论[M]．北京：教育科学出版社，2007.

[2]National Research Council. A Framework for K～12 Science Education：Practices，Crosscutting Concepts，and Core Ideas[M]. Washington，D. C.：THE NATIONAL ACADEMIES PRESS，2011.

[3]Ontario Ministry of Education. The Ontario Curriculum Grades 11 and 12 Science(2008)[EB/OL]. http://www.edu.gov.on.ca/eng/curriculum/secondary/2009science11_12.pdf

[4]Finnish National Board of Education. National Core Curriculum for Upper Secondary School 2003. [EB/OL]. http://www.oph.fi/download/47678_core_curricula_upper_secondary_education.pdf

[5]Victorian Curriculum and Assessment Authority. Victorian Certificate of Education Study Design[EB/OL]. http://www.vcaa.vic.edu.au/vce/studies/chemistry/chemindex.html

[6]Nevo，D. The conceptualization of educational evaluation：an review of the literature[J]. Review of educational research，1983，53(1)：117-128.

[7][美]泰勒著，施良方译．课程与教学的基本原理[M]．北京：人民教育出版社，1994.

[8]Stufflebeam，D. L. Evaluation as enlightenment for decision-making[M]//H. B. Walcott. Improving educational assessment and an inventory of measures of affective behavior. Washington，DC：Association for supervision and Curriculum Development and National Education Association，196：41-73.

[9]Stake，R. E. Program evaluation，particulary responsive evaluation[M]//G. F. Madaus，et al. Evaluation models. Boston：Kluwer-Nijhoff，1983.

后 记

本书是教育部基础教育司“普通高中理科课程标准国际比较与前瞻性研究”项目化学分课题的研究成果。全书共分七章，分别为中学化学课程目标国际比较研究；中学化学课程结构国际比较研究；中学化学课程内容选取与组织的国际比较研究；中学化学课程标准中知识学习进阶和表现预期的国际比较；中学化学课程能力培养要求的国际比较研究；中学化学课程中科学探究与科学实践的国际比较研究；中学化学课程评价的国际比较研究。每一章都介绍了典型国家和地区化学课程标准中相应主题的内容和特点，随后展开多方面的比较分析，进而针对国内课程标准相应主题的修订改进提出建议。

本书的主编是“普通高中理科课程标准国际比较与前瞻性研究”项目化学分课题的负责人，北京师范大学化学学院王磊教授。参加本书编写的核心作者有：王磊(绪论)，姜言霞(第一章、第二章)，王维臻(第三章)，黄鸣春(第四章)，张荣慧(第五章、第六章)，张莉娜(第七章)。王磊负责全书的统稿。

感谢教育部基础教育司对本课题以及本书的大力支持，感谢“普通高中理科课程标准国际比较与前瞻性研究”项目的总负责人刘恩山教授、物理分课题负责人郭玉英教授、地理分课题负责人王民教授等对于本课题的热心帮助，感谢北京师范大学出版社基础教育分社和责任编辑对于此书顺利出版所付出的努力。

由于时间和能力水平有限，书中一定会存在许多缺陷和不足，敬请批评指正。

作者

于北京师范大学

2014 年 1 月 12 日